# HOMAGE TO BRUNO DAMIANI FROM HIS LOVING STUDENTS AND VARIOUS FRIENDS A FESTSCHRIFT

Edited by
**Filippo Maria Toscano, Ph.D.**
Delaware State Universtiy

UNIVERSITY
PRESS OF
AMERICA

Lanham • New York • London

Copyright © 1994 by
**University Press of America,® Inc.**
4720 Boston Way
Lanham, Maryland 20706

3 Henrietta Street
London WC2E 8LU England

All rights reserved
Printed in the United States of America
British Cataloging in Publication Information Available

**Library of Congress Cataloging-in-Publication Data**

Homage to Bruno Damiani : from his loving students and various friends : a festschrift / edited by Filippo Maria Toscano, Ph.D.
p.    cm.
English, Italian, and Spanish.
Includes bibliographical references.
1. Spanish literature—History and criticism.
I. Damiani, Bruno Mario.   II. Toscano, F.
PQ6004.D36H66      1994      860.9—dc20      94–26240 CIP

ISBN 0–8191–9636–3 (cloth : alk. paper)

 The paper used in this publication meets the minimum requirements of American National Standard for Information Sciences—Permanence of Paper for Printed Library Materials, ANSI Z39.48–1984.

I HAVE THE HONOR, WITH GRACIOUS
PERMISSION;
TO DEDICATE THIS BOOK TO :


BRUNO MARIO DAMIANI

# CONTENTS

1. Doctissimo Viro     1

2. Filippo M. Toscano     7
"Political Themes in the Religious Theater of Don Luigi Sturzo"

3. Mario Aste     17
"A Sardinian 'Questione della lingua'"

4. Joan F. Cammarata     31
"Mystical Psychagogue, Cultural Other: St. Teresa"

5. Hector Brioso     43
"La imagen del mar y la navegación en la literatura del Siglo de Oro"

6. Salvatore Zumbo     65
"Sannazaro y Garcilaso: Den Pan a los ríos"

7. Giulio Massano     83
"Riqueza expresiva de los refranes de La desordenada codicia de los bienes agenos"

8. Diana Hartunian     95
"Gender politics in Montemayor's La Diana"

9. Luigi Imperiale     109
"Escritura del signo y signo de la escritura en La Lozana Andaluza"

9. Jesus J. Pindado     145
"La poesia de la guerra civil española como posible antecedente de la revolucionaria hispanoamericana"

10. John E. Keller                                              163
"*The blessed Virgin Mary and the little sins of the women in King Alfonso's* Cantigas de Santa Maria"

11. Sean O'Malley                                        171
"*Literary Criticism in the Exordia of Spiritual Writers of Siglo De Oro*"

12. Richard Kinkade                                   185
*A Royal Scandal and the Rebellion of 1255*

13. Gerardo Ferracane                                199
"*Italia en la obra de Neruda*"

14. Barbara Mujica                                     213
"*Staging Calderón* El gran teatro del mundo *for a Modern Audience*"

Appendix                                                                         227

## Preface

This is a series of essays dedicated to the honor of Bruno Damiani. Several of his former students and colleagues were contacted to provide these works and all accepted the task enthusiastically. If there is a unifying theme, it would be our immense respect for our mentor and the role which he has played in our lives. The authors come from many walks of life, but have an interest in humanities in common and a realization of how the study thereof has bettered their lives.

The editor would like to thank for their help two outstanding friends and colleagues. Dr. Wendell Gorum has provided technical assistance in the printing and formatting of this document and his help made it possible for this book to be finished in a timely fashion. Dr. John Leonard has provided many hours of hard work in editing, material retrieval, constructive criticism, and a myriad of other useful ideas to make this monumental task possible. Students too numerous to mention have given their help in typing odd sections, library research, and other not less important tasks.

\* \* \*

## DOCTISSIMO VIRO

Bruno Mario Damiani was born in Pola, now part of Trieste, when that was still part of Italy, on April 15, 1942. Following World War II, his family moved to Bergamo where he attended elementary school as a brilliant but hopeful youth as well as the scuola media. It was there that Bruno was first exposed to the love of his life, the classics, to the masters of Italian and European literature, and to the study of languages, at first Latin and French, and later Spanish.

In June of 1955 the Damiani family emigrated to the United States. Like countless immigrants before them, the Damianis left their native country to seek a better future in the New World. They settled in Columbus, Ohio, where the father quickly found work in heavy industry, the mother began working as a seamstress; and where the two older sons found ready employment, one in a technical field, the other in a roller bearing factory. Bruno, the youngest, was soon admitted to Aquinas College High School, a distinguished Dominican preparatory school for college-bound youth. Armed with only the basics of English, Bruno struggled during the first few months of school, but by the second semester he was holding his own in his new language. His progress was so rapid that by the end of the second year at Aquinas he was awarded a prize, accompanied by a radio interview, for the best essay in a state-wide competition. The topic of his paper: "The Quest for Democracy", giving him his first exposure to the American way of life.

Admired for his rapid assimilation of English, Bruno was also commended for his superior academic performance in other fields, a record which earned him a high school diploma <u>summa cum laude.</u> One month following his graduation from high school, Bruno entered Ohio State University where he enrolled as a double major in the odd combination of biological sciences and Romance languages. His thoughts of perhaps entering medical school were challenged in his senior year by the inspiring force of a brilliant and caring professor of Spanish, Elias Rivers, who won the battle for young Bruno's mind. Impressed and heartened by the engaging intellect of his professor, Bruno pursued an M.A. in Spanish at Ohio State, under the tutelage of Professor Rivers. When his mentor was named chairman of the Department of Romance Languages at the Johns Hopkins University, Bruno followed him there, and two years later, in 1967, he was awarded the Ph.D. in Romance Languages and Literatures.

What developed in the professional life of Bruno Damiani in the years following Johns Hopkins can be appreciated by glancing at his distinguished resume'. The depth and breadth of his scholarship has been attested time and time again in over one hundred reviews of his major publications. His contributions to Delicado studies, the picaresque, and the pastoral have become standard reference reading. His editions of La Celestina, La Lozana andaluza, and La Picara Justina are used in the classroom as basic texts in undergraduate and graduate courses both here and abroad. When Warner Brothers produced the film "La Lozana Andaluza" in 1976, Bruno's name was quoted in all major advertisements of the film throughout Spain, adding temporal fame to his academic achievements.

In addition to his numerous books, editions, articles, and reviews Professor Damiani has also edited or co-edited homage volumes in honor of Helmut Hatzfeld (1974), Gerald Wade (1979), D.W. McPheeters (1986), and Elias Rivers (1988).

Professor Damiani has been the recipient of grants and honors from the American Philosophical Society, the American Council of Learned Societies, and the Program for Cultural Cooperation between Spain's Ministry of Culture and U.S. Universities.

Professor Damiani has served on the Editorial Board of the Quaderni Ibero-Americani, Critics Hispanica, Kentucky Romance Quarterly, Journal of Hispanic Philology, Revista de Literature. The Comparatist and Dovehouse Editions of the Centre for Reformation and Renaissance Studies (Ottawa). He has been consultant to the Institute of Modern Languages, the U.S. Office of Education and the National Endowment for the Humanities. He is a Corresponding Member of the Hispanic Society of America and is the Chairman of the Board of SCRIPTA HUMANISTICA.

With all his impressive scholarly activities, Bruno, the teacher and friend, has gained the admiration and respect of his countless students. Evidence of his fondness of the teaching profession and his superior skills in the classroom is given by the **BRUNO M. DAMIANI AWARD** established in his honor in 1985 by the Graduate Students Association of the Catholic University of America, "In recognition of outstanding achievement and professionalism in graduate teaching in the Department of Modern Languages". As a further tribute to Bruno, the Catholic University of America confers this award yearly to a distinguished professor in various disciplines.

* * *

In 1988 while travelling In Puerto Rico, Damiani met a young Italian, Luigi Imperiale, a teacher of French at the Alliance Française and Italian at the Interamerican University; it was during several "tertulias" enriched with a great varieties of "tapas" that Damiani invited Imperiale to finish his studies in Washington D.C. A few years later this professional contact became a solid friendship, something like a "franche camaraderie". Since Damiani cultivated his image of a modern "bon vivant" the same way Brillant-Savarin did in the XVII century, it still remained for the best cook in town to prepare an unforgettable "abbacchio allo spiedo".

Damiani's way of life took him practically all over the world. It was at the University of Arizona where he met a brilliant Sicilian, Salvatore M. Zumbo, fresh from Barcellona, Sicily and about to complete his doctoral studies in Spanish and Italian literature. They did not know that Destiny would coordinate their lives and have them meet a few years later in Toronto as colleagues each presenting a paper at the yearly convention of the Northeast Modern Language Association convention (NEMLA). It was heart warming to see two Italians so fond of each other and have so much respect for each other's professional accomplishments. That night all of us celebrated the glories of life sparing no wine, laughter and jokes; all of this under the vigilant protection of the benevolent eyes of the son of Jupiter and Senele, the personification of the power of wine and its social and beneficent influences so much necessary for the promotion of civilization, peace and law.

A woman of strong character, petit in size but big in heart, also entered into Damiani's life. This dynamic student, insatiable in her quest for knowledge and committed to the cause of women, impressed all of us with her strength, energy and above all her great sense of professionalism. She entered graduate studies as Ms. Diana Hartunian and left as Dr. Hartunian. In her own words she found in Damiani, "an excellent mentor and a friend whose generous advise and assistance has endured throughout the years."

It is a monumental task to list the names of all of those who have entered the department of foreign languages at Catholic U. as we are accustomed to call it and have left with an indelible memory of "Uncle Bruno". All of us have entered Damiani's life and exited with strong traces of that magic elixir that was generously sprinkled on our heads. Such strength that he can irradiate and so generously give to all of us can be compared to the light that the sun gives, that no matter how many people receive it, the amount irradiated although the same at its source is no less in quantity for the individual that receives it. In more than ten years that I have known him only once I have seen a cloud of doubt mixed with some hesitation, but it was instantly conquered. All of us have stories to tell, beautiful tales of work enriched with scholarly experiences that for us as young instructors was a very gratifying and unique experience. The exploration of the mind seemed to extend to many concepts of life. We discussed Karl Marx and the search for the means of production and the value of Marx to the universities of the world. We entered the realm of evolution with Darwin's statement that cut man adrift from his divine origin and relegated him to a world where survival belongs to the strong, the ruthless and to the biologically lucky, to paraphrase Herbert Spencer. Damiani's words will always echo in many halls of several universities' lecture rooms. Even Jesus J. Pindado, for example, a man from Spain not interested in the literary realm and the convoluted and abstruse discussion among academicians, was fascinated by Damiani's personality and joined rank. They had nothing or very little in common; Pindado is a cigar smoker which he sees as an innocent vice that for years has kept him company while sipping "una solera de cien años" alone in meditation or during a political "tertulia." Damiani, on the other hand enjoys instead good quality chocolate and he will not compromise about the goodness of healthy eating. He especially will not trade a good meal for an aromatic cigar. More then once someone might have heard whispered the word "gluttony" but Damiani always managed to explain with the biblical paraphrase that man does not live by bread alone.

One colleague, Barbara Mujica was teased one time too many by Bruno who insisted that the only scholarly work worthy of any value is pure research. And so after one more remark such as "get serious" replied out of controlled emotion that she would teach him a lesson and make him into a character in her next novel. The only change would have been the name of the crazed department chairman from Bruno Damiani to Edmondo.

I have walked many miles in the roads of life, have met people from many countries, and have spoken with most of them. Now I only remember one or two. "Ubi sunt"? They are simply phantoms in my memory, persons without faces leaving few traces with colors partially faded away in the mist of the memory. Bitter and desolate, a sense of mystery that dismays, before the unknown force that cast us without any apparent reason into the turbulence of life, then into the void of death. Damiani in the classroom talked eloquently about that happiness that comes not from sterile renunciation but from active involvement. His theory was that one has to be a man among men if he wishes to be happy. Gaiety comes to him who follows his own facilities, as a horse does when running, and a poet when writing poetry. We his students listened in awe as he splashed his ambrosia on the travails of us mortals all taking part of an aura of glory and poetic beauty. At the end of the class period we knew that those thing are not absolute but phantoms and mirages, symbols and sentiments that everyone defends as his most precious values of the world. We were very happy, we understood life through fiction. Now years later we look back and smile remembering those long nights spent around a pitcher of beer in the university's tavern resolving the literary problems of the fictional world. Was empty eloquence better then crude reality? Were we just when we scrutinized the life of the great poets asking questions in a language alien to our nature? St. Thomas in the person of Bruno came many times to our rescue first posing a question and then suggesting all the possible answers with the only one given when everything else was exhausted.

It is not at all an exaggeration to state that many of us would not be where we are without Damiani's help. He was able to mold young minds into forged and mature individuals free from the polluting element that insidiously penetrates and attacks even the strongest man. This "Festschrift" is the combined and grateful effort of many former students and friends of Bruno Damiani; it is our intention to express in a literary way our gratitude for all he has done for us. Lozana Andaluza, Don Luigi Sturzo, Dante Alighieri, Alfonso X, La Diana etc are not meaningless phantoms from a far distant past; they are all real and they all are kept alive by the effort of one man. To this "doctissimo viro" we say thank you.

Filippo Maria Toscano was born in Caltagirone, (CT) in 1942 seventeen years before the death of Don Luigi Sturzo, in Rome, in 1959.

During his youth he was influenced by the Christian Democratic Party which espoused principles of personal and corporate freedom within the body politic.

Toscano graduated from New Mexico State University with a degree in foreign languages, after having studied English in England. In 1972 he joined the faculty of Delaware State University. In 1988 he obtain his doctorate from the Catholic University of America in Washington, D. C. His dissertation explored the previously lost work by Don Luigi Sturzo, Il ciclo della creazione. He brought to this study his personal experience of the impact made by Don Sturzo even after his death in 1959.

Dr. Toscano continues his teaching and research at Delaware State University as Associate Professor of Modern Languages. He is the author of several publications and lives in a converted Amish farmhouse, now villa, which serves as a center of academic study and reflection.

\* \* \*

## POLITICAL THEMES IN THE RELIGIOUS THEATER OF DON LUIGI STURZO

In comparison with the other religious works by Don Luigi Sturzo (1871-1959), The Cycle of Creation, (1932) is the most extensive because of the number of pages, 261, the number of characters involved in the total action, 69, the various choirs formed by angels and devils, the various type of souls, and finally, the complexity of its internal structure which was never attained by any of his previous plays. The title, of clear biblical inspiration, reflects a work that ideologically never ends. In fact, like the circle that starts and finishes in the same place the cycle starts with God as supreme creator of the universe and ends with God as the supreme judge administering divine justice to all humanity with the arrival of the Second Coming of Christ. If the cycle is carefully read, it may be noticed that one of Sturzo's sources of inspiration comes from the Apocalypse of St. John (1,8) "I am the Alpha and the Omega," says the Lord God, "who is and who was and who is coming, the All-Sovereign." With the same eternal idea the fantastic but devoted world of the cycle, begins and ends.

As a way of further explanation, the author adds to the main title a sub title, namely "christian tetralogy". Perhaps this term was used to indicate the classical nature of the content of his drama. In the classical Greek theater, the tetralogy was the product of four dramatic works which appeared for the first time in canonical form in the theater of Aeschylus (525-456 B.C.). For this reason the Greek playwright has received credit for this original structure particularly fitting to the grandiosity and complexity of tragedy in general.

To start this analysis it is necessary to explain, as a way of introduction, that the Cycle does not belong to ordinary theater, [1] where the spectator sees characters taken from ordinary everyday life or from fantastic themes, but rather its "raison d'etre" is found primarily in the Holy Scriptures and in the writings of the Fathers of the Church and various theologians. To the profoundly religious backbone of the poem, Sturzo adds good-natured criticism of the Italian political regime of his time. The dictatorial government of Benito Mussolini suppressed intrusions in policy making from sources other than the Government including the one created by Sturzo in 1919. It was heralded on the front pages of many newspapers as the enforcer behind the "Partito Popolare" or, as it was later known to the post-war world, the Christian Democratic Party. This was indeed his master stroke and a great personal accomplishment in the field of politics for he gave to Italy and, ultimately to the world, a democracy with a Christian orientation.

Nels Ferre' in his book, Faith and Reason, seems to imitate these concepts in which religion (faith) and politics are indispensable facets of life. Upon their relationship depends the well-being and the health of the individual and finally the health of the entire society. [2]

Sturzo was born in Caltagirone on November 26, 1871. His young life coincided with a period in which his country sought unification and faced difficult times. Despite the political chaos of that period, Sturzo lived a peaceful and happy existence. He was surrounded and sheltered by a culturally rich environment; music and art were part of his everyday life and religion was constantly being inculcated by his intensely devout mother. According to a contemporary biographer, Gabriele De Rosa, Sturzo was "a man of great culture, of fine intelligence and of deep spiritual life, besides being a sociologist, politician, jurist, philosopher, poet and musician".[3] A careful observation of Sturzo's life reveals that he was an intellectual prodigy who developed a passion for poetry, music and literature. Philosophy and theology occupied his thoughts during his late teen years at the Liceo. However, sociology, politics, economics and jurisprudence became the center of his professional life in his mature life. Although poetry remained in his heart as his primary non-professional activity, it never became a sterile mental exercise. As Sturzo reached maturity, these activities blossomed in that delicate Christian tetralogy, The Cycle of Creation.

One important observation to be made in this work dealing with the political influence in Sturzo's religious theater is that the first edition of The Cycle of Creation, dated 1932, does not contain an "imprimatur" from a local ecclesiastical authority, unlike a later edition printed in Buenos Aires in 1940 that not only has the required permission but includes a long introduction from the local bishop. The reason for the omission may derive from one or more suppositions. As Sturzo was relatively safe in political exile in England when he composed his religious poem and outside the jurisdiction of his bishop, it is conceivable that he did not need such permission. In fact, the Cycle was printed privately in France by Libraire Blound & Gay. However, researches performed in the area of canon law clearly state that under no circumstances may a member of the clergy publish a religious work without the seal of approval from the ecclesiastic authority as can be read from the Codex Iuris Canonici promulgated in 1917, and still valid in 1932. "Vetantur clerici saeculares sine consensu suorum Ordinariorum, religiosi vero sine licentia sui Superioris maioris et Ordinarii loci, libros quoque, qui de rebus profanis tractent, edere, et in diariis, foliis vel libellis periodicis scribere vel eadem moderari." (Can. 1386)[4]

Another theory that could explain such a serious oversight may have been the political prudence of the author. The delicate political situation in Italy at that moment, in combination with some passages in Sturzo's poem highly critical of the Italian dictator, may have led him to this unorthodox method of publication. Sturzo, perhaps, did not deem it necessary to create more uncomfortable friction and pressure on the church. Thus by acting alone, he prevented any possible retaliation by a totalitarian government that did not completely recognize the authority of the Pope. "Today two religions are competing for the domination of the soul and the world: the black and the red. Today encyclicals are sent off from two Vaticans, from the one in Rome and from the one in Moscow. We are the heretics of both religions."[5] This diplomatic prudence seems appropriate and is justified in the Cycle, especially in the section in which rebelling angels are characterized as a group of fascist soldiers unsure of themselves, somehow clownish and clearly disorganized because of lack of personal initiative and leadership. In the end they all are miserable, defeated and punished by the forces of God, predictably illustrating that good deeds always triumph over the forces of Evil.

A third possible reason was to keep the Cycle for the personal entertainment of a small group of friends, although it is known that a few years later Sturzo tried to have music composed for his poem by Darius Milhaud in an effort to reach a larger audience.[6]

In the Cycle which was meant to be the Christian answer to the Wagnerian Der Ring des Nibelungen (1876) [7], there are many characters whose purpose is to keep the narration flowing without interruption. However, there were a few who, for the sole purpose of multiple characterizations, interrupted the poetic narration to enter into the hazardous world of political criticism to face censorship and other risks.

In the first chapter of his poem, in which the author deals extensively with angelic subjects, Sturzo basically adheres to the ideas of St. Thomas on the angelic hierarchy as presented in the ninth volume of Summa Theologiae. However, he adds, for the scenic reasons his artistic interpretation of those angels. All angels are lined-up like true soldiers and all have a special type of uniform made of different colors according to their assigned divine rank. Thus, the author describes the scene in preparation to the forthcoming battle in deference to his poetic taste. The nine choirs are differentiated by the following colors: (1) Angels (white) (2) Archangels (green) (3) Principalities (light yellow) (4) Powers (light blue) (5) Virtues (dark blue) (6) Dominions (light pink) (7) Thrones (violet) (8) Cherubim (scarlet) (9) Seraphim (gold)." (Cycle p.28)

Don Sturzo does not limit his critical feelings only by putting his winged creatures in formation with military discipline and with colored uniforms, but also makes them talk like soldiers. The author himself, to give a better idea of a chaotic military operation, uses terminology taken from the military jargon popular in his time. To further dramatize the scene he makes his characters behave with confusion and lack of grace. In fact, when the belligerent angels start showing loyalty to Lucifer rather than to God, Don Sturzo describes them as behaving very irrationally and shouting without any control:

>Gli Angeli della scena, che erano prostrati, si alzano e gridano in corrispondenze.
>
>Angeli
>A Lucifero osanna, onore, gloria!

> Come risplendi, o Lucifer,
> in tua bellezza trionfante come
> il tuo riso rapisce nel'incanto
> della luce eternal che irradia il viso.
> (Cycle,p.54)

In the high level meeting, where the chiefs discuss the various strategies to employ because the war is coming near, the author describes the emotional situation of the moment in this way, "Intanto i capi si consultano fra loro, mentre nel fondo e dietro la scena continua il movimento delle squadre che arrivano, il loro canto e i loro gridi." (Cycle, p.68). Naturally all these military preparations would not have much weight or symbolic meaning if the soldiers had not gathered under the guidance of a "Duce" and if they did not sing a war song to glorify and exalt the cause for which they were ready to die. And so the author describes the scene:

> "Entra Lucifer sopra un trono di nubi; una luce vivissima l'irradia. E circondato da una schiera di Angeli bellissimi e da tutti i capi. Passa in mezzo alle sue schiere che l'acclamano, con il grido che si ripete di schiera in schiera:
>
> Lucifer, viva! viva!
> Quindi tutte le schiere luciferane intonano l'inno di guerra:
> Angeli luciferani
> Viva! viva - Le nostre schiere
> han la vittoria!
> Viva! viva! - Il nostro duce
> trionfa nell'etere!.....
> (Cycle, p. 70)

When finally the dramatic moment of hostilities arrives, the contending parties begin shouting with great fury so as to give themselves courage and to scare off the enemy, although with very little effect. In this minor skirmish, as in many others, it is important to note that no one is harmed and no victory is achieved.

The political section is in a world by itself and should be read as a separate part of the Cycle. In this section Don Sturzo let himself get carried away by the political feelings that were inculcated in his heart during his early life when in his native Caltagirone he studied sociology in the seminary and where he heard endless speeches on human dignity and freedom for all mankind.[8]

The political genius of Don Sturzo can be observed because in those days a priest was not permitted to participate in any aspect of local or national politics. Unconcerned with this law he managed to be elected acting-mayor of the native Caltagirone, a position that he kept for many years, until his exile semi-voluntary in England and USA (1924-1946). The political maturity that he gained through this experience is clearly reflected in those pages of the Cycle where the poet used what he learned from real life to portray a real sensation of war organized according to the style and logistics of his time. He profusely made use of the terminology of a regime and country that was going through difficult times and heading towards a world conflict. Thus, he uses selected words so to give the reader a certain feeling of pompous and empty bellicosity: "Il nostro duce" (Cycle, pp. 68, 70) "Le falangie avversarie" (Cycle, p.66).

It is possible, that this aggressive terminology referred to Benedetto Croce (1866-1952), who expressed his learned opinion after he read the poem: "Don Sturzo, no vi pare che i vostri angeli ribelli dicano parole e formule ed emettono gridi assai fascistici, che pare strano che già risuonassero così remoti, prima della creazione del mondo?".[9] Without any doubt the perceptive Italian critic read very clearly between the lines of the Cycle and detected the sarcastic political attitude that Don Sturzo had toward the political regime of the moment and the spirit of Christian democracy that was being formed in his conscience and was already surfacing in his many articles published all over the world. Conscience compelled Don Sturzo not to hide the truth behind the cloak of allegory. This need to be clear is found in Andrew Louth's Discerning the Mystery [10] where it is explained that one interpretation of an allegorical text might deviate from the intentional first meaning of the author. That may be why Don Sturzo is very careful in his critical message to avoid any incorrect interpretation of his poem.

One of the many indications of the political commitment of Don Sturzo can be seen not only in his colorful writings, but also in his personal activities, in which he developed new approaches during those few hours of leisure while he was in exile in the United States. One of these activities was the foundation of a club formed by democratic Christians with the name "American People and Freedom Group". This society had the purpose of imparting to the member of the organization a political conscience free and independent of any national or local influence. An association like that of Sturzo had already been founded in the United States in 1939 by Italians such as Roberto Bolaffio, Michele Cantarella, Renato Poggiolo, etc. The society was called the "Mazzini

Society" and had a strong anti fascist ideology. One of its many purposes was to correct the erroneous American opinion that blindly accepted the fascist religion, such as the cross in old public schools, the religious teaching and the protection of the family that was represented by the Fascists as a stronghold of Christian civilization. Don Sturzo, on the other hand knew quite well the historical truth of the Italian Fascist. He was there and he tried through his rhetoric, experience and personal testimony to represent the dictatorial regime of Mussolini as an enemy of Christian civilization.

Don Sturzo tried to correct this mistake in the mentality of those Anglo-Saxon people who did not clearly understand the ideological distinction between the Italian people and the fascist regime regarding the responsibility for war in a dictatorial system that did not accept the voice of the people in the policy making process of the country. From this conscience was born in Don Sturzo a preoccupation that was noble and patriotic. This concern is evident throughout his theatrical works, including the Cycle.

It was in this period of the American exile that the poet revealed to the world, not only through the written word but also through numerous speeches, reported in the press, that he had in his heart the desire for a Christian peace with the Allies. He advocated a peace would be honest, just, and without the imposition of humiliating conditions on the country that he loved so much.

Roger Vekemans in his book Caesar and God [11] agreed with Sturzo, stating that the political commitment of a priest is not only a personal right but in many cases a duty. Don Sturzo made a mission out of his life which he never abandoned. He exchanged the old ideal "Art for art's sake" for a better one where art would serve life, and that is exactly what he did in his theater. One of the many outstanding moral characteristics visible in his theater is benevolence and love for his peers. These gentle qualities that a person may have, have been interpreted by Philip B. Rice [12] as an interior force that compels the individual to consider other people's well-being as his own. These Christian virtues so well expressed never left the poet throughout his life.

In conclusion, it is fair to point out to the reader of the Cycle that the poetic spirit of Don Sturzo was often used to teach to Christians not only those moral values that all priests teach but also to try to create in the mind of the faithful a certain political conscience that was not given for them to know for lack of cooperation between the church and the state, that is between Christianity and modern society. This mission of the priest-poet, wherein religion tries through art to reach the faithful with this concept, is not completely original. Rather, it is found in his time expressed by various Catholic thinkers and dedicated to various cultural enterprises, especially after the publication of the "Rerun Navarum" by Leo XIII. For Don Sturzo the social function of religious theater was to unite under one faith all men regardless of their social status, whether capitalist or plain laborer, in the duties of justice and morality and by rejecting a society based on the law of the strongest that dominates the weaker and the defenseless. In the Cycle justice is conscious and the Christian understanding of that mission does not allow certain political elements to act without criticism by a well-informed society.

The theater had for Don Sturzo a civil purpose that could not be separated from the evangelical mission of the Church. That concept proclaimed the importance of the spiritual life for the community as well as the individual. Paolino Stella [13] points out in his biographical book on Don Sturzo that the social mission of the poet in the Christian theater was to be committed to criticizing, and when possible dismantling, that huge political pyramid where all the blocks that formed the main structures are kept together by secret agreement, moral compromise and sometimes with threats to the life of the individual. This in fact is what the Cycle is all about.

## NOTES

1. This paper, with slight alterations, was presented at University of Lowell on April 13, 1989, for the annual meeting of the Northeast Modern Language Association (NEMLA)
2. Nels Ferré. Faith and Reason. New York: Harper & Brothers, 1946, p. 14.
3. Gabriele De Rosa. Luigi Sturzo. Torino: Unione Tipografico, 1977, p. 2.
4. "The secular clergy are forbidden, without the consent of their orders of their greater superior and office of their order, to publish also books which deal with profane matters and to write in dailies or in leaflets or in periodical magazines or to control them."
5. Laura Fermi. Mussolini. Chicago: Phoenix Books, 1961, p. 259.
6. Gabriele De Rosa. Op. cit., p. 377.
7. Ibid., p. 375.
8. Ibid., pp. 375-376.
9. "Don Sturzo, doesn't it seem strange to you that your rebellious angels are saying words and phrases and shouts like Fascists even before the creation of the world?"
10. Andrew Louth. Discerning the Mystery. Oxford: Clarendon Review, 1983.
11. Roger Vekemanns. Caesar and God. New York: Orbis Books, 1972, pp.98-99.
12. Philip B. Rice. On the Knowledge of Good Evil. New York: Random House, 1955, p.16.
13. Paolino Stella. Il Prete di Caltagirone. Catania: Ed. Mongibello, p.22.

Mario Aste was born in Carloforte, Sardinia and educated in Italy and in the United States of America. He received two Master's degrees in Italian and Spanish and a Ph. D. under the mentorship of Gosta Anderson, Alessandro Crisafulli and Bruno Damiani from The Catholic University of America. Aste is Professor of Languages and Chair at the University of Massachusetts-Lowell. He is the author of many articles and reviews on Italian literature, language, culture, and folklore in his native Sardinia. He has written essays on Italian cinema and two books on Pirandello: La narrativa di Luigi Pirandello, 1979 and Two Novels of Pirandello: An Essay, 1979, and a book on Grazia Deledda: Ethnic Novelist, 1990 the latter edited by Bruno Damiani. He is the editor of Italian Culture the official journal of the American Association for Italian Studies.

\* \* \*

## A SARDINIAN "QUESTIONE DELLA LINGUA"

The history of Sardinia is a recollection of invasions and colonizations that always thwarted every dream of freedom and independence. Sardinians since early ages witnessed the imposition of alien cultures and languages, but because of their innate sense of tenacity and preservation they persevered in the notion of being a distinct "etnia." This distinctiveness is manifested in the existence of a local Sardinian Romance Language as old as the other Neo-Latin Languages. Vernacular in Sardinia, both in language and literature, had been primarily oral but since the XIIth century it began to appear in written forms. The earliest documents of a literary and juridical Sardinian date back to the political and economical presence of Pisa and Genoa. With the arrival of the Spaniards in Sardinia in the later centuries of the Middle Ages new linguistic and historical developments took place. These developments are important to understand the intricate relationships between literature, culture and language of the Sardinian "Cinquecento."

The modern notion of a "Regnum Sardiniae" began officially with Boniface VIII's "motu proprio" in 1297. This papal decree was not based on the existence of a physical and political institution, in fact at that time Sardinia was divided in four "giudicati" (principalities): Cagliari, Arborea, Gallura, Logudoru, but on a papal "licentia invadendi" granted to James II of Aragon to block the political and economic influence of Genoa and Pisa. The Aragonese King began the conquest of the island in 1302. It was a long process which led to the total colonization of Sardinia by the Spaniards. The state of war lasted until 1478 when a final Spanish victory was achieved with the battle of Macomer. This battle saw the defeat of a Sardinian army gathered by the "Giudice" (king) of Arborea, for centuries this Giudicato had become the core of a Sardinian nation. After this defeat Sardinia was made a province of Spain. At this time Spanish unity was also achieved through the marriage of Ferdinand of Aragon and Isabella of Castille.

Sardinia slowly under Ferdinand and Isabella, and later with Charles V, was transformed into a de facto colony of Spain. This political situation forced the intellectuals to shift their attention from the cultural world of Italy to the one emanating from the Iberian peninsula. This had great importance in the cultural life of the island because it affected language, intellectual investigation and culture. The local nobility was replaced by a Hispanic counterpart whose attentions were more in line with the Spanish Golden Age, before that the local nobility and intellectuals were focused on the Italian Renaissance. With the integration of Sardinia into the Spanish Empire, the island began to be treated as a cultural, political and economic colony as the historian Carta Raspi points out.

> Ma nella realtá, anche in quello che viene considerato il secolo d'oro della Spagna, anzi in quello piú che nel successivo, all'apparato e all'impalcatura di regno non corrispondeva lo stato della Sardegna, che era di sfruttamento coloniale, non altrimenti di come allora e poi in seguito, vennero amministrati i territori extraeuropei, né tutti, poiché in alcuni di essi fu portata la civiltá la valorizzazione a beneficio, sí, dello stato dominante, ma anche degli indigeni. (712)

This situation changed the intellectual life of the island. The people immediately affected were the young men attending Higher Education institutions in the Italian mainland like Bologna and Pisa. Because of the newly established cultural relationship of servitude with Spain it became increasingly difficult to continue intellectual exchanges with Italy and its Renaissance. For a while the intellectuals were forced to imitate models from both sides of the sea: Italy because of long standing cultural traditions and Spain because of the new political realitites. In the early "Cinquecento" young men from Sardinia continued, with much less emphasis, their exodus to Italian Universities but this custom was stopped by royal decree, and they were forced, by the fear of exorbitant fines, to attend the Spanish Universities of Zaragoza, Madrid and Salamancea. The presence of two cultural poles in Sardinia is reflected in all fields of learning: e.g. in the field of medicine where two doctors achieved honors and acknowledgment from the two worlds. Tommaso Purcell, from Cagliari, was honored in Zaragosa for his medical treatises in curing a new brand of epidemic fever. Gavino Sambigucci, from Sassari, became professor of medicine at the University of Bologna and he was well respected by the Italian humanist Achille Bocchi.

In this humanistic climate the poet Rodrigo Hunno Baezas howed a good command of Latin and Greek. He is remembered for having written some exquisite epigrams and verses in both classical languages. He wrote a short composition **In dispar coniugium** which should be included, according to critics, amongst the best composition of all humanistic poetry. They are the best Latin verses written by a Sardinian inthe "Cinquecento." (Alziator 134). The literature of Sardinia in this century was a literature of imitation and did not achieve any lasting results. Part of the reason for this failure is due to the fact that the Sardinian cultural world began to be diluted by the presence of three major linguistic currents: Italian, Spanish (Catalan and later Castillian), and Sardinian, all three trying to assert themselves as the official language.

The major exponent of the first current, Italian, was Pietro Delitala who opted in this climate of intellectual confusion to use the language of power imported in Sardinia by Pisa. He was born in Bosa from a noble family and had family ties with the Visconti of Sanluri and the Piccolomini of Siena. He chose to write in Italian even though this language, as he stated in the introduction to his poetry, was "esserela nobilissima lingua toscana nel regno da pochissimi intesa esattamente" (Brigaglia 29). But to understand the Sardinian "Cinquecento" the choice of a language must be considerred as a pivotal element in the shaping of a literary culture.

An adulterous love affair was the source of Delitala's poetry. He escaped to the mainland or Italy to avoid legal troubles but when he returned to Sardinia, he was condemned to a jail term of 10 years. On his release from jail, already an old man, he began to write poetry and in 1596 hs Rime Diverse were published in Cagliari.[1] According to several critics the Rime of Delitala should be classified amongst the minor "Canzonieri" of the Italian "Cinquecento." His verses re-echoes the themes and the motifs of Petrarch and the Petrarchists and they recall, with uninspiring verses, the classical world, Alziator in Storia della letteratura della Sardegna states that Delitala's mythological baggage destroys the few elements of true poetry:

> Tutto ció perche il mito e il mondo classico sono
> per l'autore solo bagaglio culturale, artificioso
> tantativo di ornamentazione al quale egli non puó
> dare vita fantastica (113).

But not all the poetry of Delitala is negative. Valuable images and verses may be found lost among all the hyperboles and exaggerations and at times also moments of poetic quality and spiritual elevation, like in the poem written in honor of Don Giovanni Carillo, especially when veins of realism are detected in the description of the public in the process of transforming itself into a crowd:

> Giá va tutto in scompiglio
> mentre s'urta e si preme
> l'avido volgo, e teme
> che il luogo e il dí gli manchi.
> (Alziator 115)

The possiblity of creating moving images was important to him but he ruins it through unnecessary verses:

> Incedea grave e tardo
> con passi maestosi
> e ad arte ad ora ad or fermava il piede...
> (Alziator 117)

The linguistic choice of Italian by Delitala must be seen not only as an important component of his poetic labors but also a cultural statement in a climate of cultural and linguistic confusion. The Sardinian "Cinquecento" more than any other century reflects the history of the island especially in the inability of intellectuals to make political and cultural choices leading to national and linguistic independence. The lack of a permanent national language becomes more relevant when we look at the second linguistic current: Spanish (Castillian), Antonio de Lo Frasso was the major exponent of Spanish as a literary language.

He was born in Alghero, a Catalan city in Sardinia, had two children Affonso and Scipione, spent most of his life in Barcellona, and in 1573 he published in single volume his three works: a) "Los mil y dozientos consejos y avisos discretos;" b) "El Verdadero discurso de la gloriosa vitoria que N. S. Dios a dado al Serenissimo Señor Don Juan d'Austria contra l'armada turquesca;" c) "Los Diez Libros de Fortuna de Amor."

Lo Frasso opens Los mil dozientos concejos with a letter of dedication to his sons exhorting them to take his advice in making choices in thier lives. The purpose of this work, written in poetry, is to help them in choosing either a political, ecclesiastical, and military career or a profession in law, education and medicine. The advice points out that any young man must take his time in choosing a profession and should avoid emotional outbursts. This work is important because it gives a picture of the cultural life of the times and of what it meant for a Sardinian to live in a big Spanish city like Barcelona.

In El verdadero discurso de la gloriosa victoria Lo Frasso gives vent to his inspiration in describing one of the major battles in the history of the Western World, Lepanto. He gives minute details of the preparation for battle, the killings, the victory and the ensuing celebration. In this poem, John of Austria, occupies a place of pre-eminence. His figure is described with hyperboles.

> Qual Hanibal ni Cipion Africano
> qual Cid, ni Capitan subió en tanto
> qual de Troya ni el Cesar Romano
> yguala la jornada de Lepanto
> Qual hijo d'Emperador austriano
> despues de su Magestad fuesse en canto
> con razon le su fama excelsada
> como la de su Alteza notada.
> Q que esfuerço y valor tan invencible
> o que ingenio y cordura en pocos años
> o que principio al mundo increible
> o que recobrador de nuestros daños...
> (Alziator 98)

The versification is loaded with emotional outbursts:

> "Canta con liminarias Roma y España
> canta toda Italia y Ungria
> canta Flandes las Indias y Alemana
> canta Venecia y la Lombardia

> Canten islas del mar vitoria estraña
> Canta el de Tracia consu melodia
> canta en la mar la suave serena
> canta la dulce y linda Filomena."
> (Alziator 98)

and continues with a review of the Christian soldiers: 8,000 Spaniards, 12,000 Italians, 3000 Germans, Lo Frasso, after a short description of the naval battle, describes the troops at rest in the harbor of Messina and concludes with a thanksgiving prayer:

> "Gracias a Dios y a su virgen Madre
> gracias de todo lo hecho y venidero
> gracia pues qu'en el cielo tiene el Padre
> y en la tierra fruto tan verdadero
> Gracias pues que nos dio lo que mas quadre
> por defendernos del granb Can cervero
> gracias en esta y en qualquier historia
> y a la fin nos reciba en su Gloria."
> (Alziator 99)

The value of this poem is in its historical importance, being one of the first works on the Battle of Lepanto, and not in its poor aestheticl qualities. It was published in Barcellona in 1571, two months after the battle itself. Perhaps Lo Frasso received all his information from the emissaries sent to Philip II, by his half brother John of Austria, with the news of the victory. It is interesting to note that the Spanish critics have always disregarded this poem. [2]

Lo Frasso's masterpiece is <u>Los Diez Libros de Fortuna</u>. The critical acknowledgement of this work began with a quote made by Cervantes in the VI Chapter of Don Quijote during the conversation between the barber and the priest while examining the collection of books and romances in the library.

> Por las ordenes que recebi, dixo el cura, quel
> desde que Apolo fue Apolo, y las Musas Musas y los
> poetas poetas, tan gracioso, ni tan disparatado libro
> como es non se ha compuesto y que por su camino es
> el mejor, y el mas unico de quantos deste genero han
> salido a la luz del mundo: y el que no le ha leydo,
> puede hazer cuenta que no ha leyudo jamas cosa de gusto.."
> (Cervantes, 74)

The same work is again discussed ironically by Cervantes in Viaje al Parnaso where lo Frasso is presented "desmayado a un rincon machito y laso" while thinking about adding ten more books to his Lo Diez Libros. Mercury will come to his aid and saves the poet from the anger of the passengers on the boat rady to throw him overboard because of her verses. A second edition of this book was published by Pietro Pineda in 1740 in London with the following introduction:

> "This individual Book is one of the greatest rarities in the Spanish language; being almost as hard to find as the philosopher's stone..." (Alziator 97)

The Spanish critic Menendez y Pelayo[3] recognizes certain values of Lo Frasso even though he limits his positive appraisals to the fact that his works are representative of the Spanish Golden Age. It is interesting here to quote Alziator's appraisal:

> Quindi chi, scevro da malintesa carità di patria, voglia formulare un guidizio finale su Antonio Lo Frasso non mi pare debba discostarsi dalla critica piu autorevole che vede ni 'Los diez libroz' una delle tante opere di derivazione ed imitazione dall'Arcadia del Sannazzaro, e nelle altre opere, ed in special modo nel peometto per la vittoria di Lepanto, materia di curiosità erudita e nulla più." (103)

The third linguistic current is manifested through the development of a Sardinian Vulgar and was led by Gerolamo Araolla who had the desire to present a Sardinian perspective and to create a national literature in Sardinian Vulgar. The consequence of establishing an illustrious Sardinian Vulgar would have been a much felt national consciousness. Araolla's failure to assert Sardinian as a language of power and culture led to a greater hegemonic relationship between Sardinians and the other languages of power, Italian and Spanish.

A century ago several manuscripts, dealing with a Sardinian medieval pre-Italian and pre-Hispanic literary world, known as the "Carte d'Arborea, "surfaced. They were later proved to be false by scholars from the Univertsity of Berlin. Perhaps a new evaluation, at least partial, should be made of these materials in order to uncover the long silence of Sardinia in the years before the dominations of Pisa, Genoa and Spain. It is interesting to note through that the literary birth of a written Sardinian literature in vernacular is precisely during the high point of Hispanic domination of the island. The first literary expression in Sardinian is a poem about three Sardinian Saints written by the Archbishop of Sassari Antonio Cano in 1450, <u>Sa Vita et sa passione de Sanctu Gavinu, Prothu et Januariu</u>. After years of oral Sardinian poetry a literary work establishes the value of Sardinian as a literary tool.

This poem, of about 1000 uneven verses, is composed with different types of rhymes and does not have any great literary value except for the strong popular linguistic patterns used in the formation of a rhythmic stanza. Cano uses, for this poem, the religious materials of liturgical and hagiographical texts about Gavinus, Prothus and Januarius and popularizes the arcane language of the church into a more universally understood vehicle of communication. Cano departs from the "lectio" of the breviary, and by combining it in a nucleus of popular verses, perhaps originally created and transmitted orally by local "poetas," delivers the "passio" of Gavinus in a new key. Some of the oral sources used are not longer available to us and a study in depth of the test is necessary to discover the internal dynamics which exist in the rleationship between and indigenous culture and a foreign one, especially in the analysis of texts, verses and language. The populace could, with this poem, fully understand the desire of escaping the clutches of the hegemonic culture by tasting vicariously the joys of heaven. In this light, and also for the linguistic richness of the text, the poem is a piece of primary importance for the future development of Sardinian literature in vernacular. A century later, the publication of another poem on the life an martyrdom of Gavinus and his friends marks the beginning of an official Sardinian literature.

This poem was written in 1582 by Gerolamo Araolla and it is titled Sa vida, su martiriu et morte dessos gloriosos Martires Gaviru, Brothu et Yanuari. Araolla's aims were to give to the world of letters a literary text in Sardinian with the aim of bringing the literature of the local vernacular on the same level of other Romance languages and literatures. Araolla introduces in this poem, written in octave, the epic elements and the heroic motifs already present in other Romance literatures, especially Spanish and Italian.

Arolla like all other young Sardinian intellectuals was forced to use either Spanish or Italian as literary vehicles for his inspiriation. This convinced him of the need and the importance of crating a literary Sardinian language to be used in every intellectual field of endeavors. Sa vida was written with the intent of "de iscrier in limba Sarda" instead of following the pattern of using the "foristeras" languages, that in this period were Catalan, Castillian and Italian. Beyond this he wants to encourage everyone in Sardinia to pick up the challenge in the creation of a Sardinian vernacular by following his example, that is:

> magnificare, et arrichire sa limba nostra
> Sarda; dessa matessi manera qui sa naturale
> insoro tottu sas naciones dessu mundu hant
> magnificadu et arrichidu; comente est de
> vider peri sos curiosos de cuddas." (Nurra 18)

This example set by Araolla had different degrees of success. From Araolla's time to the present the writing of a vernacular Sardinian literature continues to exist written "alla macchia," at the margins of society and official literature, to use the expression of Michelangelo Pira, a contemporary Sardinian intellectual who has devoted time and entery in the study of Sardinian language and culture.

Araolla clearly had a literary ambitition, much more than wishful thinking. His ambition was born and nourished in the comparison of Sardinian with Italian and Spanish as vehicles of literary expression.

> Et si bene sa nostra fiat de cuddas pius
> angusta, et favorida da sas ateras fit como
> esser abundante et ricca a tempos nostros,\
> si sos antipassados diligentes et curiosos
> esserent istados in cultivar ella, essende
> in su regnu sempre vissidos sutiles et
> elevados ingegnos in ogni professione
> (Nurra 19).

Castillian and Catalan versions of romance were well diffused throughout the island especially among the officials of government and the nobility. Sardinian vernacular in its three distincitive dialect differentiations, Logudorese, Campidanese, Gallurese, was spoken on by the populace and used often in the evangelical mission of the church. This language was primarily oral and therefore did not receive the appropriate position it deserved in the world of romance languages and literatures. Sighismonndo Arguer confirms this point in the XVI century in Rebus Sardois.

> Sunt autem duae praecipuae in ea Insula linguae, una qua utuntur in civitatibus, et altera qua extra civitates. Oppidani

> loquuntur fere lingua Hispanica, Tarra-conensi seu Catalana, quam didicerunt ab Hispanis, qui plerumque magistratum in eisdem gerunt civitatibus: alii vero geminam retinent Sardorum linguam. (Nurra 22).

Araolla, cognizant of this linguistic fact of primary importance, envisioned for himself a role similar to Dante who two centuries earlier opted to use Florentine instead of Latin for his poem of national proportions. Araolla's final aim was to create a language which would have served as a catalyst in bringing together the national aspirations of all Sardinians. Sa vida, in this light, becomes a true work of literary ambition for the particular search and use of linguistic "koine" based on the "Logudorese" dialect, which is the most aulic, curial and noble of the Sardinian dialects. In Araolla's mind the time had come to solve a Sardinian "questione della lingua," by presenting a text which could have served as a blue print for a national linguistic conscience of Sardinia, as "Tuscan" had accomplished for Italy and "Castillian" for Spain.

This national conscience enhanced by popular fantasy would then help everyone in the imitation of the virtues and the courage of these Sardinian saints. Their actions, their strength and their lives, if brought to the level of the people by popularizing their deeds with a commonly understood language, could help every Sardinian in the daily struggle for survival. Through this poem Araolla hoped to give the people a new sense of "nation" based on a unified local language, a language not imposed from the outside. This sense of "nation" then would have helped in the formation of new strength, courage, and wisdom necessary to unloose the chains of servitude and to make everyone free and equal. The final result of this linguistic project would be the creation of a free Sardinian nation equal in the council of other European nations.

The three saints described in the poem composed of 276 octaves, a metric form which later became the standard of oral Sardinian poetry, are represented traditionally: Gavinus, as a soldier; Prothus, as a priest; Januarius, as a deacon, but in the development of the epic's verses they become three paladins of the faith. Their heroic deeds, their faith and martyrdom become examples of faith and spiritual strength to the populace lost in the shifting sands of foreign political and linguistic domination. The saints are represented as "Tres gloriosos advocados qui triumphant in sa celeste corte." This allegorical image should be used by the populace in order to rise and shed away the yoke of Spanish domination and servitude. Araolla, like Cano, used hagiographical texts, but in the development of the vernacular he clearly poses the question that his work is not the privileged expression of a determined social class but the innate expression of the totality of the Sardinian population. In the "Cinquecento," like in the present time, Sardinians communicated on two levels: first, in the official language be it Castillian, Catalan or Italian, as the expression of the hegemonic culture; second, in the official "silence:" of the oral Sardinian language which is the true expression of the people's cultural identity.

Araolla's poem by using a well known subject matter has become the cultural manifestation of the Sardinian world. This work produces a series of dynamic and dialectical movements by crating and transforming the collective consciousness of the people and bringing to the fore the subconscious roles of "sa sarda identitade." As a poet, he is from the people, for the people and to the people and becomes the most ultimate expressison of Sardinian ethnicity by delivering a message of ethical content and political overtones in the language best understood by everyone. Araolla and Cano in their poems about St. Gavinus, by presenting themes of a national linguistic conscience, enhance the ideals of "sa nassione sarda" and show the way to a lengthy series of future Sardinian poets who spoke with the most inner voice of Sardinian ethnicity.

Departing from hagiographical materials, Araolla, using the Sardinian vernacular, denounces the injustice, the hatred and the oppressions of the governing authorities. The themes discussed by the poet, a "vate," in the homeric sense of the word, are: a) lament for his land and people; b) lament for the cultural oppression imposed by another culture; c) lament for the bitter taste of emigration and the alienation of the emigrant in "sa terra anzena"; d) the desire and the need to return in "sa terra nostra"; e) the hope of regeneration for the individual and the community through the participation in the preparation and the celebration of "safesta manna" the great ethnic, religious celebration of the village and by analogy of the whole island.

In a linguistic point of view Araolla's "koine" is affected by a lexicon influenced by Spanish, due to the advancement of hispanic cultural expansionism in the Mediterranean as a result of the "Siglo do Oro." The recalling of hispanic models both in the structure and in the lexicon indicates the force of penetration of Spanish "superstratum" into the formation and the differentiation of the major Sardinian dialects in the north, Logudorese, and in the south, Campidanese, while Gallurese was influenced by Italian.

It is in the new climate of this Spanish domination that the language of Araolla must be analyzed, especially if we consider the large quantity of words whice were not longer continued in the formation of a Sardinian vernacular, like: "dolencia, traicione, adorare, degogliatu, assora, hirsudo, acasu, appeaudu, atrevidu, entregar." The linguistic value of Sa vida was analyzed and studied by M.L. Wagner. The study of Wagner should be enlarged to include the poetical language of all Sardinian poetry in vernacular.

Araolla was born in Bosa but spent most of his life in Sassari with a short absence in the Italian mainland in 1556. He wrote poetry in Castillian and Italian, but used Sardinian in several poetical works especially the Rimas spirituales which in their themes motif are interlaced with baroque elements, as these famous verses from a sonnet in honor of his adopted city of Sassari indicate

> "Quantu sas doighi figgias de Ruisellu
> que dunquemente pianquent ad ogni ora
> e do su piantu insoro restat bellu."
> (Alziator 152)

Araolla's contributions , beyond the intent of creating a literary Sardinian vernacular, emphasize also the elaborations of technical aspect of versification which by transcribing mnemonic elements, produced by the fusion of "melos" and "epos" codified in written forms the rich oral traditions of Sardinian poetry.

This panorama of the Sardinian 'Cinquecento' gives an indication how to a certain degree the cultural world of Sardinia was periferic and poor, with several languages vying for pre-eminence. The bright light of this century through was the discovery of a sense of nation and local history to emphasize a Sardinian "Weltanshuung." This is also the century in which Sardinian history began. The most famous historians are Sighismondo Arguer, burned in Toledo as an heretic, who wrote <u>Sardinia brevis historia et descriptio</u> (1558); Giovannia Fara <u>De rebus sardois</u> (1591) and Giovanni Proto Arca <u>De Sanctis Sardiniae</u> (1588). These works were the beginning of Sardinian historiography and in the following century Sardinian intellectuals began to make several contributions in all fields of learning even though the whole cultural world was influenced by Spain. A glimmer of hope for a Sardinian rebirth came with the establishments of the universities of Cagliari (1626) and Sassari (1634). Sardinian intellectuals saw in these two institutions a new opportunity to lift the yoke of Hispanic hegemony on the island and to assert a true independent Sardinian culture, but time has not been so benevolent in granting their wishes. After the war of Spanish succession Sardinia passed to Austria for a short time and then to Piedmont in 1718, thus substituting the Hispanic hegemonic relationship again with an Italian culture.

**NOTES**

1. The <u>Rime Diverse</u> were published in a critical edition by Amedeo Arullani in Cagliari, 1911.

2. The Spanish critics have always ignored this poem. It was also ignored by the most recent study of Jose' Lopez De Toro, <u>Los poetas de Lepanto</u>, Madrid, 1950.

3. Cfr. M. Menendez Y Pelayo, <u>Origenes de la Novela</u>, tomo I, Madrid 1905; a good article on Antonio Lo Frasso is also in the Enciclopedia Espasa Calpe, Vol. 30, pgs. 1406-7.

Joan F. Cammarata received her M.A., M.Phil., and Ph.D. in Spanish Literature from Columbia University. She is an Associate Professor at Manhattan College in Riverdale, New York. Specializing in Renaissance literature, she has published Mythological Themes in the Works of Garcilaso de la Vega and articles on Garcilaso de la Vega, Cervantes, and St. Teresa of Ávila. With Bruno Damiani, she has coauthored several articles that explore the correspondences between Cervantes' pastoral novel La Galatea and the visual arts: "Music in La Galatea and the Visual Arts," "La mitología en La Galatea cervantina y las artes figurativas," and "*Actio* in Cervantes' Galatea and the Visual Arts." Their most recent work is a stydy of Montemayor's pastoral novel, "The Mythological Framework of La Diana." As a Scholar-In-Residence at New York University 1991-1992, Cammarata initiated her current project, which is a study of genre and gender in the letters of St. Teresa.

\* \* \*

## MYSTICAL PSYCHAGOGUE, CULTURAL OTHER: ST. TERESA OF ÁVILA

The spiritual trajectory of St. Teresa of Ávila (1515-1582) advances from the consistent practice of meditative and oral prayer to culminate in the consummation of her spiritual union with God in mystical marriage (1572). In her attempt to translate the ineffable experiences of the mystical process for her sisters, St. Teresa, in obedience to her confessors, writes of her progress in the spiritual life so that she may guide her sisters in their mystical path to God and, at the same time, clarify the great mysteries for herself. This commitment inspires Helmut Hatzfeld to designate St. Teresa as "psychagogue," (19) a leader of souls for the nuns of her foundations.

St. Teresa does not immediately achieve the degree of mystical transcendence commensurate with the status of psychagogue. Over a period of almost two decades, St. Teresa progresses through her gradual transformation or conversion. Her revelations become manifest in the early 1540s, but she is not then ready to give herself unconditionally to God. Her greatest obstacle is the inability to accept total "desasimiento" (detachment). This failure to resolve her attachment to worldly things, such as family, friends, honor, and material comforts, triggers extreme emotional conflict. As St. Teresa is more successful in her struggle to decrease her attachments and increase her asceticism, her mystical experiences of visions and voices advance such that, at the age of forty-four, she ultimately experiences her Transverberation, her vision of a seraph with a fire-tipped dart that deeply pierces her causing delectable pain.[1] Three years later, St. Teresa's superiors instruct her to write her Life, a spiritual autobiography that contains her accounts of ecstatic visions. Completed in 1565, her Life circulates among her sisters, but it is not published until 1588, six years after her death, after it has passed the careful scrutiny of theologians and the Inquisition.

The peace that St. Teresa gains through her mystical, contemplative life sustains her in the intense activity of her material existence. She surmounts cultural constraints and her limitations as a Discalced Carmelite to be successful in her roles as reformer, foundress, religious superior, spiritual teacher, advocate, and businesswoman. Her wearying travels for her foundations, her struggles with religious authorities, her administrative obligations, and her intense literary activity are her response to Divine Command. For St. Teresa there are no contemporary women upon which to model her life and she dare not offer herself as a model, only as an exception chosen by God to guide others. Through her writings, St. Teresa does not resolve her inner conflicts but explores them as a woman secure enough in her love for God to challenge her significant limitations as 'cultural other' to follow His Word. How does one define the concept of 'cultural other' with regard to St. Teresa? The linguistic marker applies to her on three levels: she is a woman, she is a cloistered religious, and she is of Jewish lineage. These factors, which will be explored here, would seemingly make her an unlikely candidate for the role of mystical psychagogue, but her instinctive qualities of initiative and independence enable St. Teresa to overcome her cultural otherness to lead the Discalced Carmelites on their spiritual journey.

St. Teresa is born in an age when Renaissance scholars of theology, ethics, law, and medicine continue the medieval debate over the issue of woman's inferiority to man. Renaissance societies afford woman, the cultural other, little opportunity for temporal achievements. The assumption of mental and physical deficiencies in the female sex leads scholars to concede that woman is not a monster, but they still puzzle over the question, "Is woman a human being?" Upon what data do these male scholars base their assumptions of female inferiority? Ian Maclean, who explores these perceptions in his study The Renaissance Notion of Woman, observes:

> "...woman is considered to be inferior to man in that the psychological effects of her cold and moist humors throw doubt on her control of her emotions and her rationality; furthermore, her less robust physique predisposes her, it is thought to a more protected and less prominent role in the householhousehold and in society. Although apparently not bound by the authority of the divine institution of matrimony, doctors nonetheless produce a 'natural' justification for woman's relegation to the home and exclusion from public office, and provide thereby, as well as coherence with a central tenet of theology, an important foundation on which arguments in ethics, politics and law are based." (46)

In the legal codes of Castile, first collected in the Laws of Toro in 1369 and promulgated in 1505, woman is categorized as imbecilitas sexus, along with children, invalids, and delinquents (Formica 179). The rationale for interpretations of female physical weakness as an index of moral weakness stems from Aristotle's postulation that a female was by nature a defective male. A female's natural passivity and cold and moist humors make her unfit for any activity that is not a response to a man's command. Social functions are dictated by this natural law that inscribes the rational element as ruler over the passionate element (Jordan 32).

The scriptural seeds of woman's inferiority are planted in the Old Testament and blossom in the social subjugation of women proclaimed throughout the New Testament. In his epistle to the Ephesians, St. Paul, echoing the Aristotelian concept of the natural submission of women, recommends, "Let wives be subject to their husbands as to the Lord; because a husband is head of the wife just as Christ is head of the Church, being himself savior of the body. But just as the Church is subject to Christ, so also let wives be to their husbands in all things" (Ephesians 5: 22-24). Not surprisingly, St. Teresa holds a less than idealized view of marriage as one of a limiting and disappointing institution for women. She initially rejects both marriage, which she considers tantamount to slavery to a man, and the religious life, for which she has no calling and considers herself unworthy. Ultimately, she favors the only alternative to marriage for an honorable young woman and professes at the Convent of the Incarnation in Ávila in 1537.

The scriptural justification for woman's traditional subordination is found in the Pauline injunction for woman's silence, intended to avoid possible scandals in the early Church, "Let women keep silence in the churches, for it is not permitted them to speak, but let them be submissive, as the Law also says. But if they wish to learn anything let them ask their husbands at home, for it is unseemly for a woman to speak in church" (Corinthians 14: 34-35). This dictum, which originally prohibited that women teach the catechism, was perpetuated by the clergy to justify women's exclusion from the public sphere. Mary Daly remonstrates the prolonged acceptance of these anachronistic ideas of St. Paul, "These texts have been used over the centuries as a guarantee of divine approval for the transformation of woman's subordinate status from a contingent fact into an immutable norm of the feminine condition. They have been cited to enhance the position of those who have tried to keep women from the right to education, to legal and economic equality, and to access to the professions"(41). St. Teresa herself laments the restrictions on public preaching placed on her sex,

> "...the soul....would like to plunge right into the heart of the world, to see if by doing this it could help one soul to praise God more; a woman in this state will be distressed at being prevented from doing this by the obstacle of sex and very envious of those who are free to cry aloud and proclaim abroad Who is this great God of Hosts" (Interior Castle II: 298; VI, ch. 6).[2]

Paradoxically, it is the Church that provides the conditions for St. Teresa to rise above her limitations as cultural other to succeed in her reformation for the Carmelite women, as well as for the men, who had not been able to be reformed by men. Notably, St. Teresa does not identify her activities with the words reforma or reformar, a linguistic omission that Keith Egan interprets as a reluctance to overstep her gender limitations in the ecclesiastical hierarchy, "...the idea may strike her as grandiose and not something women do in the sixteenth-century Church" (84). St. Teresa overcomes the resistance of the Calced Carmelites to the restoration of the Order's original austerity and, in 1562, founds St. Joseph's of Ávila, the first of many Discalced Carmelite convents. She is permitted to draft the new Constitution, with bylaws, that Pius IV authorizes in the brief dated February 7, 1562. As a result of St. Teresa's excellence in reform and leadership, Father Rubeo, the Apostolic Visitor and General of the Carmelites, gives her the authority in Castile to found other convents and priories, including the monasteries for men. St. Teresa's reformist enterprise triumphs with the brief from Rome that finally grants the independent Discalced province, June 22, 1580 (Hatzfeld 18). Although St. Teresa appears an active and visible participant in the public sphere, she is still subordinate to the male-dominated politics of public authority.

As reformer and foundress of the Discalced Carmelites, St. Teresa does not follow the clerical preference for the vita contemplativa over the vita activa. During the Middle Ages, Pope Boniface VIII had imposed strict enclosure on all religious women (1289). The Council of Trent (1545) renews Boniface's legislation to introduce policies that limit women's public involvement and leadership activities in the Church and society through the demarcation of a proper feminine sphere in a privatized domestic realm. While it is true that St. Teresa spends almost twenty years enclosed at her convent in Ávila removed from active life and devoted to spiritual life, in her later years (1578) she enters the public sphere to become, according to the Pope's Nuncio, Filippo Sega, "...femina inquieta, andariega, desobediente i contumaz, que a título de devoción inventaba malas dotrinas, andando fuera de la clausura, contra el orden del Concilio Tridentino i Prelados: enseñando como maestra, contra lo que San Pablo enseñó, mandando que las mujeres no enseñasen" (Saggi 148). There are several issues contained in this criticism of St. Teresa: her mysticism and didactic writings; her entry, albeit late, into the public sphere; her (dis)obedience; her strong personality; and, the crux of the argument, her otherness, the feminine condition.

It would seem incongruous to reconcile the psychagogue Teresa, who preaches detachment from the world, with the material Teresa, who must attach herself to worldly things for the good of her foundations when she functions as the first and final manager in title deeds and purchases, debts, legacies, and support of her foundations. How does St. Teresa set aside her years of seclusion and the transcendence of her private, spiritual world to enter so willingly into the forbidden public sphere? St. Teresa's late entry into the active, material world finds an explanation in the stages of life that Carl Jung describes in his concept of individuation. According to Jung, the first half of life is considered the first phase wherein the personality expands and adapts to the outer world. It is in the second half of life that Jung believes the persona develops. During the second phase, there is an integration of the contrasexual, which he terms anima/animus, and an adaptation to the inner life. Key to this process is the concept of persona that Jung defines as "...a complicated system of relations between the individual consciousness and society, fittingly enough a kind of mask, designed, on the one hand, to make a definite impression upon others, and, on the other, to conceal the true nature of the individual" (81). In the persona of an obedient nun, St. Teresa conceals her feminine emotional strength to function within the given ideological cultural conventions as she appears to accept feminine passiveness and psychological fragility while at the same time acquiring power through her quiet assertiveness and self confidence.

Clearly, St. Teresa's worldly achievements are undertaken during her maturity. In keeping with a Jungian timetable, St. Teresa's contrasexual side sparks the individuation process in the second half of her life. Jung assigns archetypes of the masculine and feminine to define the fixed and unalterable nature of men and women. The masculine Logos and the feminine Eros reflect the cultural constructs of the socio-political status quo. Jung's anima and animus are identified as archetypal figures of two modes of psychic consciousness, "The anima, being of female gender, is exclusively a figure that compensates the masculine consciousness. In woman, the compensating figure is of a masculine character, and can therefore appropriately be termed the animus" (94). Although Jung characterizes anima as instinctual feelings and ambiguity, while animus is characterized as steadfast opinions and singlemindedness, he attempts to avoid sexism by maintaining that, "An inferior consciousness cannot eo ipso be ascribed to women; it is merely different from masculine consciousness" (95). The independence and critical judgment that St. Teresa acquires through doing all that is necessary to achieve her goals is what Jung would term her animus. Even though her conscious mind becomes familiar with the unconscious processes reflected in the animus, St. Teresa does not allow her animus to possess her entirely because she would risk losing the adapted feminine persona that affords her, in compliance with given gender conventions, the freedom to achieve her goals in a restrictive society.

In her feminine persona, the animus leads St. Teresa to achieve that which her anima is forbidden to attempt, although she wisely utilizes both to her ends. St. Teresa's internalized cultural concepts incorporate the projection of male attitudes toward women as 'other'. The feminine mystical experience is a safe space wherein women elude the rationality of patriarchal logic. For Luce Irigaray, mystical discourse is "...the only place in the history of the West in which woman speaks and acts so publicly" (191). St. Teresa, who contends that women show a superior aptitude for the mystical life (Life I: 293; ch. 40), reassigns her subaltern position from that of female entity, disempowered by the patriarchal culture, to that of psychagogue in the mystical realm. She confronts, acknowledges, and validates her cultural otherness at all levels in her feminine discourse and, by so doing, supersedes her submissive status as a woman.

A woman's language, stereotypically identified as oral, is denied the authoritative status accorded the written discourse of males. In the prologue to her Interior Castle, St. Teresa concedes to orality, even in the written word, when she says she will continue "speaking" with her sisters in what she is about to write for them. Her feminine voice challenges the power of the dominant patriarchal structure that seeks to control discourse, which is the manner in which individuals participate in society. Every society controls and selects the production of discourse according to certain norms that centralize it in the power of a particular group. Foucault defines power as "...a set of actions which acts upon other actions"(789). Power, which subjects individuals through control and dependence, operates on the equation of anatomical division and sexual identity (Coward 286). St. Teresa is subject to various discourses that entail varying degrees of empowerment. Only when she is empowered by her confessors may she retrieve her thoughts from chaos through writing, a disciplined, predominantly male, activity that externalizes and brings coherence to her ideas and emotions. She writes with a naivete, refusing to be clever or learned, and attributes errors to her ignorance or her gender. Through the humility topos, a standard medieval rhetorical device, she deprecates the female self in conventional Renaissance fashion: woman is ignorant, weak, fragile, inconstant, frivolous, subject to her passions, incapable, and inadequate.[3] It is the gender-based allocation of power that necessitates and supports the cultural devaluation of women and their activities.

St. Teresa consciously adapts an unthreatening posture as her deliberate chosen means to power. It becomes apparent that she does not personally subscribe to a belief in the commonplace weaknesses of women but uses reiteration, exaggeration, and agreement as her strategy to invalidate the dominant structure. She herself has an independent nature, good intellect, determination of will, and strength of conviction, but the sociocultural context in which she functions represses these characteristics in women and discourages any deviation from subservience to men because of women's supposed predisposition to evil. St. Teresa appears to resolve this discrepancy by exercising her will, while simultaneously reminding others that she is only a woman and if she is in error it is due to her cultural otherness. She moves towards what the feminist philosopher Mary Daly has described as the new space on the boundaries of patriarchy. She succeeds in promoting her interests because she wisely maintains herself within the traditional social constructs that determine authorial voice.

St. Teresa is supposedly writing in obedience to her confessors, at their request,[4] and for the edification of her sisters. To affect her sisters, her words must be direct and emotive to translate into an inadequate language her ineffable mystical experiences. Lacking the tools of technical theology, St. Teresa chooses words, symbols, and metaphors from the private sphere, the woman's domain, to express her path to mystical union in a self-censored, limited discourse aimed at a specific audience for a definite end. St. Teresa creates a unique genre in which she moves from confession, as cultural other, to active mystical pedagogy, as psychagogue, within self-imposed boundaries of expression and self-conscious judiciousness of content.

St. Teresa's respect for learning causes her to seek out bishops, priests, and spiritual fathers for knowledge and advice.[5] She reaches the conclusion that not all confessors are learned nor to be trusted, "I speak of this from knowledge, for I have been caused great distress by the indiscretion of certain persons with whom I have discussed my experiences in prayer. By talking about them to each other they have done me great harm, divulging things which should have been kept very secret, for they are not meant for everyone to know, and it looked as though I were publishing them myself" (Life I: 150; ch. 23). St. Teresa boldly defends the right for her sisters to choose and to change their confessors (Way of Perfection III: 23; ch. 5), which remains a Teresian freedom for cloistered nuns until it is later accepted by Church law. While advocating humility as a condition for the realization of spiritual perfection, St. Teresa does not relinquish decisiveness in her obedience to superiors.

Painfully aware of her personal difficulties in achieving material detachment, St. Teresa, the psychagogue, desires to smooth this path for the members of her foundation. St. Teresa insists that a vow of radical poverty, a vestige of medieval monastic reform, be written into the Carmelite bylaws. Teresian detachment also implies the breaking with family ties to effect freedom from the social interests, mainly monetary, that interfere with spiritual pursuits (Way of Perfection II: 39; ch. 9). A denial of family was, implicitly, a denial of identity, that is to say, lineage. In her writings, St. Teresa adapts the quintessential Christian posture in consistent professions of loyalty to Church doctrines. Her appropriation of this convention is requisite, given her cultural otherness as a descendent of conversos. St. Teresa's paternal grandfather, Juan Sánchez de Toledo, was a converted Jew who was brought before the Inquisition in 1485 and given a public penance for the practice of Judaism (Márquez Villanueva, Espiritualidad 146). St. Teresa undertakes her reform and her writings in a sociocultural context in which there is suspicion of new Christians and all activities are subject to censure by the Inquisition. In her letter of June 23, 1568 [6] she begs those who read her Life to send it back to her with all possible precaution, and she even requests that it be recopied so that her handwriting not be recognized (end of 1565). At the height of the struggle between the Calced and Discalced Carmelites, St. Teresa takes the precaution of using pseudonyms to give her letters the security of anonymity, e.g., she calls herself Laurencia, Father Gracián is Eliseo, and even God is named Joseph.[7] Concern that her letters will fall into the wrong hands prompts St. Teresa to unseal a letter to Father Gracián to cross out passages she fears may be damaging if ascribed to her; she also requests that Father Gracián destroy the letter after he has read it (May 8, 1578). Teresa's converso heritage and her role as reformer make her situation more precarious for she must not only avert being the target of the Inquisition but also of the Calced Carmelites who oppose her.

St. Teresa ignores the prejudice of limpieza de sangre, purity of bloodline, by opening her convents to new Christians[8] and by accepting the financial help of the converts. It is the new Christians who provide the support for St. Teresa's foundations and, in return for their philanthropy, the contributors may enjoy the prestige of having their name associated for posterity with the patronage of a monastery or gain the right to family burials in the chapel (Márquez Villanueva, Espiritualidad 157 ff.). It is likely that her converso heritage, a facet of her cultural otherness, provokes St. Teresa to reorder the patriarchal system of lineage. She assumes a new identity disconnected from societal legitimacy by relinquishing her less-than-illustrious family name, Ahumada, to be called Teresa of Jesus. As the sisters of her convent adopt their new names, St. Teresa substitutes a lineage based on community for the more familiar patriarchal structure.[9]

St. Teresa's spiritual accomplishments as mystical psychagogue, when coupled with her worldly achievements that endure in her writings and numerous foundations for the Discalced Carmelites, indicate that she did surmount the societal constraints of cultural otherness as a female cloistered religious of Jewish lineage. She is at once detached from the world but does not deny her place in the world. As psychagogue, she reassures her sisters that in her experience of the soul's mystical union with God transcendent consciousness coexists with human activity, "This may lead you to think that such a person will not remain in possession of her senses but will be so completely absorbed that she will be able to fix her mind upon nothing. But no: in all that belongs to the service of God she is more alert than before; and when not otherwise occupied, she rests in that happy companionship" (Interior Castle II: 332; ch. 1, pt. 7). William James, in his The Varieties of Religious Experience, attributes worldly activities to mystics who are of strong psychological type, "The 'other-worldliness' encouraged by the mystical consciousness makes this over-abstraction from practical life peculiarly liable to befall mystics in whom the character is naturally passive and the intellect feeble; but in natively strong minds and characters we find quite opposite results. The great Spanish mystics, who carried the habit of ecstasy as far as it has often been carried, appear for the most part to have shown indomitable spirit and energy, and all the more so for the trances in which they indulged" (404). James' references to energy, spirit, and strength of character appropriately describe St. Teresa whose trances of ecstasy contribute to her temporal life. Renaissance views on the female sex perpetuate the sociocultural framework of 'other' that constrains women within circumscribed boundaries. Instead of rejecting the role of the fragile mujercilla imposed upon her by society, St. Teresa embraces it to her advantage. From her professed position of apparent weakness as cultural other, she exercises her influence as psychagogue.

While giving the appearance of passivity, she asserts her will and her divine obligation to use her abilities for the instruction of others. Even in her sincere humility and obedience, one can distinguish in Teresa a woman of exterior dynamism whose successful enterprises in the material world complement her triumphs of ecstasy in the spiritual world.[10]

## NOTES

1. In a work that aknowledges the interrelationships between the arts, Robert T. Petersson attempts to relate Teresa's Transverberation with the sculptural representation of Bernini's (1598-1680) "St. Teresa in Ecstasy" and the poetic hymn of Richard Crashaw (1613?-1649) "A Hymn to the Name and Honor of the Admirable St. Teresa"; see The Art of Ecstasy. Teresa, Bernini, and Crashaw.
2. The citations of St. Teresa's works, other than her letters, are from Peers' three-volume edition of her complete works; the work, volume, page number, and chapter are found in parentheses.
3. The common belief in woman's weak nature and in her natural inclination to sin is reinforced by Juan Luis Vives in his influential Institutio feminae christianae (1523). Vives favors learning for women as the path to acquiring wifely virtues but he concludes with a condemnation of women's public display of learning and women in public life. Similar arguments for and against the inferiority of woman are recounted by the enlightened social commentator of the sixteenth century, Baldassare Castiglione, in his Il cortegiano (The Book of the Courtier, 1528, Book 3, 201-82). While he claims that man and woman have an identical capacity for virtue, he also reaffirms accepted social conventions of the legal and marital subserviency of women.
4. At the request of an unnamed confessor, St. Teresa provides commentaries to the first verses of Solomon's Song of Songs that are read in the Carmelite Divine Office. Another confessor, Father Diego Yanguas, mandates that she burn her commentary because a woman's interpretation of the Scriptures cannot be sanctioned; see my study of St. Teresa's commentary, "Sacred and Profane Love: St. Teresa of Avila." Marquez Villanueva ("La vocacion") establishes that St. Teresa did not write out of obedience but manipulated her confessors so that they would order her to write, a task that geatly pleased her.
5. Peers comments on the meagreness of Teresa's reading, "Apart from the Bible and the contemporary Spanish sources (Osuna, Alonso de Madrid, Laredo, St. Peter of Alcantara, Luis de Granada, Antonio de Guevara, St. Vincent Ferrer), she knew St. Augustine (chiefly the Confessions), St. Jerome, St. Gregory, the Lives of the Saints, the Imitation of Christ, and Ludolph of Saxony..." (Studies of the Spanish Mystics 179). St. Teresa knows the writings of the medieval mystics who wrote in Latin only through her confessors because she is educated at home by her father who neglects to teach her Latin. This personal limitation causes St. Teresa great distress when the Index Librorum Prohibitorum (1559) forbids vernacular translations of the Bible (Elliott 237). As spiritual leader of the Discalced Carmelites, St. Teresa later stresses that applicants to her convents must know how to read Latin.
6. All citations of St. Teresa's letters are taken from the translation of E. Allison Peers who based his two-volume edition on the critical work of P. Silverio de Santa Teresa, C.D.; the references are designated by the date of the letter in parentheses.
7. For a more extensive listing of Teresian pseudonyms, see Hatzfeld (109-110).
8. In conformity with other religious orders of the time (Lynch 27), just fifteen years after the death of St. Teresa, the Carmelite Constitution admits the proviso of refusing admission to those who trace their converso heritage back four generations,

which would have excluded St. Tersa whose grandfather was a convert (Egido Martinez, 169).

9. On the issue of lineage, St. Teresa recommends self-restraint to her sisters, "Let the sister who is of highest birth speak of her father least: we must all be equals" (Way of Perfection II: 112; ch. 27).

10. I wish to express my thanks to the Faculty Resource Network of New York University, and especially to Dr. Leslie Berlowitz and Dr. Sidney Borowitz, for the research opportunities and support that were provided me to facilitate my investigations on St. Teresa during my appointment as a Scholar-In-Residence for the 1991-1992 academic year.

Hector Brioso is currently pursuing a doctoral degree at Catholic University under the direction of Professor Damiani. The close relationship existing between mentor and student was initiated through Dr. Louis Imperiale of the University of Missouri-Kansas City.
Mr. Brioso was born in Salamanca, Spain in 1968. He completed his undergraduate studies in Seville in 1991 with a major in Spanish Literature of the Golden Age and a minor in English.

The picaresque novel, the influence of the Indies in Spanish Literature and female figures in Golden Age prose constitute the current interests of Mr. Brioso.

\* \* \*

## LA IMAGEN DEL MAR Y LA NAVEGACIÓN EN LA LITERATURA ESPAÑOLA DEL SIGLO DE ORO.

"La vida de la galera
dela Dios a quien la quiera"

Se observa en la literatura del Siglo de Oro una propensión a tratar los temas marítimos con un distanciamiento propio del rechazo o del miedo. Unas veces este temor es evidentemente irracional y convencional; otras aparece como mitológico y teórico. Así, mientras el refranero continua una tradición milenaria terrestre y local, la poesía aborda el asunto con tonos distintos de los de la prosa. Dentro de ésta, la novela no picaresca se distancia otro tanto de los textos màs ensayísticos y las obras de pícaros acogen casi todos los motivos marinos de los otros géneros y les dan un giro burlesco y "realista." Con todo, el cuadro general ofrece unas raices comunes que, junto con algunas de las diferencias, nos proponemos abordar aquí.[1]

En efecto, el refranero castellano aconseja: "Hablar de la mar y en ella no entrar" (Correas); y el judeo-español: "¡Guay de la nave que tiene muchos navigadores!" o "Quien se embarcó con el diablo debe navigar con el."[2] Aunque se trata, sin duda, de máximas de aplicación no sólo marítima, sino también universal y terrestre. Paralelamente, las descripciones del océano revelan, en general, su vertiente misteriosa o terrorífica. Así, Céspedes y Meneses habla de "inmensos piélagos y mares" (Historias 285). Lope de Vega declara lapidariamente "No tengo por seguro tener... hacienda en la mar" (La Arcadia 211). El mar es "profundo" (210) e "inconstante" (253) en el Persiles, "muy malicioso" en Antonio de Guevara (131) y poco hidalgo en la Corrección de vicios de Salas Barbadillo, que escribe: "No siempre hace amistad el viento aleve / A la nave, que hidalga se confía / De los pies de la mar y en ellos mueve / Cuanta riqueza el otro mundo envía" (38).

Junto a los temores verdaderos, otros aparecen en son de burla: Castillo crea en sus Jornadas alegres (343) una escena bufa de debate entre el Manzanares y el mar protagonizada por Neptuno. Góngora difundió el sobrenombre de "el charco de los atunes" para el océano en su romance burlesco "Leandro y Hero," según explica, con muchos lugares paralelos, Jacques Joset en una nota a las Aventuras del Bachiller Trapaza de Castillo Solórzano (64).[3] Todavía màs contundente que los otros autores, Luna compara el mar en su Lazarillo con los "meados del señor arÇipreste" de Toledo (289).

La primera visita de Sancho Panza y su amo al Mediterràneo cerca de Barcelona nos ofrece la visión ingenua del labrador de un mar en calma y sin riesgos en el que la flota se da a vistosas maniobras:

Tendieron don Quijote, y Sancho la vista por todas partes: vieron el mar, hasta entonces dellos no visto; pareciólos espaciosísimo y largo, harto màs que las lagunas de Ruidera, que en la Mancha habían visto; vieron las galeras que estaban en la playa, las cuales, abatiendo las tiendas, se descubrieron llenas de flàmulas y gallardetes, que tremolaban al viento y besaban y barrían el agua: dentro sonaban clarines, trompetas y chirimías, que cerca y lejos llevaban el aire de suaves, y belicosos acentos...El mar alegre, la tierra jocunda, el aire claro... (II, LXI, 506-50)

Mas pronto surge el desengaño, pues, dos capítulos después, el escudero empieza por no entender el movimiento de las naves: "No podía imaginar Sancho, cómo pusiesen tener tantos pies aquellos bultos, que por el mar se movían" (507) y sigue extrañado por otras cosas de a bordo: "Sancho que vio tanta gente en cueros, quedó pasmado" (522). Con todo, acaba siendo víctima de una broma marinera en la que se reconoce el "previlegio de galera" guevariano que prohibe a los viajeros de la nave sentarse en cualquier lugar de ella sin miedo a ser atropellados:

Estaba Sancho sentado sobre el estanterol, junto al espalder de la mano derecha, el cual ya avisado de lo que había de hacer, asió de Sancho, y levantàndole en los brazos, toda la chusma puesta de pie y alerta, comenzando de la derecha banda, le fue dando y volteando sobre los brazos de la chusma de banco en banco, con tanta priesa que el pobre Sancho perdió la vista de los ojos, y sin duda pensó que los mismos demonios le llevaban... (523)

Todo ello refuerza la impresión del escudero de que el barco està poblado por criaturas infernales: "le pareció que todos los diablos andaban allí trabajando" (522-523). Y, en efecto, el caballero reaccionarà en seguida contra los marinos del mismo modo que acostumbra a hacerlo cuando ha de habérselas con endriagos o ejercitos siniestros. Al cabo al cabo, la aventura deja en Sancho una sensación poco grata y simpàticamente ingenua de las cosas de la mar: "Estas sí son verdaderamente cosas encantadas, y no las que mi amo dice. ¿Qué han hecho estos desdichados, que ansí los azotan, y cómo este hombre solo que anda por aquí silbando tiene atrevimiento para azotar a tanta gente? Ahora yo digo, que éste es infierno, o por lo menos, el purgatorio" (523-524). La identificación sanchesca del mar o de la nave con el averno es medieval y se remonta al menos al Lazarillo de Amberes (1555). De los profesionales también se quejan Cervantes en el Persiles (253) y Guzmàn: "de mujeres, marineros ni hostaleros hagamos confianza en sus promesas màs que de los que se alaban a sí mismos; porque de ordinario, por la mayor parte, regulado el todo, todos mienten." (I, 171). Ya el Làzaro apócrifo de 1555 explica que la ambición de riquezas lo sacó de su felicidad de hombre casado para embarcarlo temerariamente en la empresa de Carlos V en Argel (131). La idea se repite desde entonces: Tirso describe a un capitàn como "codicioso," "interesable" (293) o "avaro" (295) y bien dispuesto a recibir sobornos. José Camerino insiste en lo mismo (Novelas amorosas 73) y Céspedes describe en su Píndaro un galeón como una "càrcel voluntariosa de locos, ignorantes y codiciosos" (317). La maldad y la codicia de los navegantes suelen ser complementarias de la confianza excesiva (Persiles 226) o del atrevimiento (230). En algún caso, también se considera impíos o inhumanos a los marinos, a la letra de las acusaciones de Espinel: "su natural costumbre, que es ser impíos, sin amor ni cortesía, tan fuera de lo que es humanidad como bestias marinas ajenas de caridad" (Marcos de Obregón II, 179).

La jerga marinera es objeto de las burlas y del rechazo de los autores (Martínez 103): se quiere hacer ver que ni los mismos profesionales se entienden entre ellos a la hora de la verdad. Surgen las imàgenes de barcos abatidos por la tempestad entre los gritos ininteligibles y contradictorios de marineros y capitanes. Así, en La Arcadia se describe a "mil pilotos ocupados / en bota, larga, caza, driza, escota" (434). La jerga sugiere, al tiempo, la instalación de los pasajeros, nunca identificados con la masa sin rostro de los marinos, en un medio hostil en el que ni la lengua es común a todos.[4] Tal uso de un dialecto incomprensible caracteriza a los que lo hablan como "bàrbaros" o como diablos, según hemos visto en el caso de Sancho. Guevara encabeza, en efecto, un capítulo de su filípica antimarina con el expresivo título: "Del bàrbaro lenguaje que hablan en las galeras" (129), al que considera una "jerigonza" o jerga criminal (130). La idea de que los habitantes del mundo pequeño que es la nave hablen su propio idioma diabólico viene a ser paralela a la de que los designios del mar son también desconocidos y no menos malignos. La misma construción intrincada del navío, como la chàchara de los navegantes o como esos silbidos que intrigan a Sancho, implica una elaboración equivocada y quizà pecaminosa de la materia elemental y verdadera. Incluso cuando el propio narrador usa de la jerga profesional, nunca falta la broma de dejar perplejos a los que, como el Caballero de la Triste Figura y su escudero o como los supuestos viajeros de Guevara, no estàn en el secreto terminológico. No hace falta decir que todo el episodio citado del Quijote se basa en esa incomprensión y en la ironía paralela de que el que cuenta la historia conoce el significado de lo que tanto sorprende a los personajes.

El uso de tal recurso nos hace preguntarnos sobre la cuestión de la buena o mala información de los autores sobre los asuntos de la mar. La tendencia general es a ignorar o eludir el tecnicismo por el desconocimiento del escritor o de los lectores.[5] Tirso, Alemàn o Cervantes, en mayor medida que Lope, revelan, con todo, un buen saber marinero. El autor de El bandolero usa en dicha obra términos tan profesionales como lebeche o cebadera (295-296) y Alemàn se explica técnicamente en su Guzmàn (Libro II, cap. X). Guevara exhibe su manejo experto del "sermo marinus" en su sàtira (129-130) y Tirso desvela en 1635, con verdadero tecnicismo, un secreto marinero que contradice el sentir común o la intuición acerca del Atlàntico: Como el Mediterràneo es tan avariento de golfos, no tienen las naves en él el recurso que en el océano, en cuya inmensidad, cuando los vientos permanecen rebeldes, dejàndose a su arbitrio con sola la cebadera, es proverbio común de los que le frecuentan el decir que las tormentas son colchones del navío. (296) Lo que prueba que algunos de los tópicos literarios, como el del mayor miedo a los recorridos atlànticos (Lyon, 87), se repetían sin atender a su posible falsedad pràctica y que las numerosas comparaciones marinas aplicadas a la vida real se perpetuaban, en lo literario al menos, sin que los conocimientos fueran necesarios en los escritores. Por lo general, la literatura se mantiene ajena al hecho de que durante el XVI las naves mejoraron sensiblemente su capacidad para las travesías de altura y abandonaron el cabotaje mercante a gran escala usado hasta entonces (Maravall 1972, 196).

La mala prensa del viaje marino procede en parte de ese viejo miedo medieval a lo nuevo que se manifiesta en las asociaciones sanchescas de la nave con lo infernal y que se transformará en nostalgia en los poetas, según veremos. Como apunta Maravall (1986, 254), el viaje es condenado de modo general por las sociedades agrarias, radicadas en el suelo o solar donde se nace y se trabaja. Desplazarse es maligno y pernicioso, como lo es exponerse a los que viajan, corrompidos por sus experiencias. Maravall alterna los testimonios tradicionales y mayoritarios contra la movilidad con otros a favor, procedentes del Renacimiento y del Barroco. La defensa estriba en lo educativo del viaje (1986, 255 y 1984, 308), destacado por los humanistas y los intelectuales en tono serio y, menos seriamente o con poca legitimidad, por los pícaros. Mientras la popularidad de los viajes en general se difunde con Torres Naharro, con Guevara, con Vives, Cervantes o Lope, e incluso con Quevedo (Maravall 1972, 196), la consideración del arte de navegar parece, en cambio, más estancada en los temores antiviajeros seculares o literarios enunciados por el mismo Quevedo, por Gracián o por Góngora, entre otros.[6] Vicente Espinel nos ofrece en 1618 un testimonio doble sin decantarse por ninguna de las dos opciones, la moderna o la arcaizante, al hablar de Ronda:

> Aunque aquellos altos riscos y peñas levantadas, por la falta de la comunicación, despertadora de la ociosidad y engendradora de amistades, no son muy conocidos, con todo eso cría tan gallardos espíritus, que ellos mismos apetecen la comunicación de las grandes ciudades y universidades que purifican los ingenios y los hinchen de doctrina (Marcos I, 181)[7]

Puede objetarse que el humanismo del XVI difundió la idea del viaje como proceso educativo e intentó avanzar hacia una sociedad más cosmopolita (Maravall 1986, 256-258). Pero la realidad es que la pedagogía humanística tendía a distanciar la excursión terrestre de la marítima. Autores como Salazar (Martínez 18-19) o Céspedes (Píndaro 347) explican que hay una gran diferencia entre viajar por tierra y hacerlo por mar. En el Persiles una heroína "cansada de haber andado algunos días por el mar, deseó salir a recrearse a la tierra" (208). De modo que quien, ansioso de ver otras tierras, las recorre a lomos de una caballería, según Salazar, al menos experimenta la variedad de paisajes y situaciones donde lo malo y lo bueno se compensan. El viaje terrestre llega incluso a ser considerado entretenido (Martínez 19), tal y como muestra el título de la obra de Agustín de Rojas.

La concepción de la velocidad o la facilidad de los viajes se desarrolla en los Siglos de Oro, cuando el hombre renacentista adquiere una nueva seguridad y la conciencia de vivir en un tiempo moderno y dinàmico (Maravall 1984, 308). Hacen su aparición entonces los repertorios de caminos de Villuga y los compendios de Medina, junto a relatos de aventuras en paises lejanos como El viaje de Turquía que confirman esta sensación. Es en este contexto en el que surge la idea del trayecto "ameno" en relación con la nueva "rapidez" de los desplazamientos y asociada asimismo al relato de historietas agradables por diversos compañeros de ruta. Tal es la estructura de muchas "silvas" o volúmenes misceláneos en los que los caracteres que coinciden en un camino relatan cuentos y anécdotas o escenifican entremeses y loas. El recurso conoce una fortuna extraordinaria en los Siglos de Oro. En estos casos, el desplazamiento puede llegar a ser sólo la excusa para explicar o trabar esa amalgama de piezas añadidas que puede rastrearse en el Quijote y en tantas otras novelas.[8]

De esta amenidad del viaje terrestre literario procede la principal diferencia entre los relatos de la tierra y los del mar: mientras la jornada en carro, en mula o a pie sirve de esqueleto para acumular materiales heterogéneos so capa del típico del entretenimiento de los viajeros, el trayecto por mar es el depósito narrativo de todas las peripecias imaginables, donde cada episodio, lejos de ser ameno como los sucesos de tierra firme, desempeña la función de inquietar al lector. Aunque el mar y sus cambios constantes sirven instrumentalmente a la trama, el importante elemento de la amenidad es sustituido por el de la dificultad. De ahí que un autor como Céspedes se refiera a una travesía como una "larga y tenebrosa navegación" (Historias 289) en la que los sucesos bizantinos siempre tienen cabida. Esta noción antiquísima del viaje marítimo eterno y dificultoso, serà instrumentalizada por el género novelesco.

Tras estas consideraciones generales, conviene examinar el tono y el mecanismo que se sigue en cada género para expresar la animosidad hacia el mar. La poesía retoma el molde grecolatino de la imprecación contra el inventor de la primera nave, un tópico clàsico procedente, al menos, de Hesíodo, Arato, Virgilio, Horacio, Propercio y Séneca (Fernàndez-Galiano y Cristóbal 92-93). La condena se relaciona en estos autores con viejos mitos sobre el estrecho como paso imposible providencialmente negado a las naves, tales como el de Escila y Caribdis, el de las rocas errantes o entrechocantes de La Odisea, el tema de los Argonautas y el episodio de Hero en el poema màs tardío "Hero y Leandro" de Museo. Se hacía al inventor de los barcos responsable de los naufragios y fatigas de los navegantes, así como de los viajes y descubrimientos geogràficos de otras tierras pobladas por gentes hostiles a las que, consecuentemente, los hombres de la patria marchaban a morir. Se alude, asimismo, a la separación providencial de los pueblos por un "deus prudens," al que los navegantes desafían movidos por una impiedad de signo diferente de aquella a la que se refería Vicente Espinel.

La màs conocida versión clàsica española de los dos pasajes de Horacio sobre el asunto[9] es la que elabora Fray Luis en su "Canción de la vida solitaria" (vv. 61-75). La pieza es una arenga contra la vida ciudadana asociada a la posesión de riquezas mal adquiridas y despertadoras de miedos y envidias. La adquisición del oro, que vuelve a ser antinatural y malvada en sus Odas III y IV, depende de un barco o "falso leño" (el "fragilem ratem" de I 3),[10] del arte de navegar y del sufrimiento de penalidades marinas esperables y lógicas, pues estàn íntimamente asociadas a la marcha normal del planeta. Luis de León subraya la pequeñez y debilidad del hombre poseído por la fiebre material ante los elementos justamente enfurecidos por su intrusión. A la vez, la violencia del océano resulta un elemento moralmente ambiguo o equívoco, pues suele presentarse traicioneramente tras una calma tranquilizadora. Ademàs, lo deliberado de los esfuerzos del mar reaparece cuando éste se ve enriquecido (uno de los lugares comunes del tópico) por el naufragio de la nave. Su enriquecimiento no parece buscado, pero es quizà, en la visión poética, màs efectivo que el de los míseros navegantes a él expuestos y contribuye a reforzar la impresión de ironía y de futilidad de las ambiciosas empresas humanas:

> Ténganse su tesoro
> los que de un falso leño se confian;
> no es mío ver el lloro
> de los que desconfian
> cuando el cierzo y el àbrego porfian.
> La combatida antena
> cruje, y en la ciega noche el claro día
> se torna; al cielo suena
> confusa vocería,

y la mar enriquecen a porfía.
A mí una pobrecilla
mesa, de amable paz bien abastada,
me baste; y la vajilla
de fino oro labrada
sea de quien la mar no teme airada.

En el trasfondo de las tesis de Fray Luis subyace el temor o el desprecio de un nuevo mundo mercantil, dinàmico y codicioso asociado a la navegación. Con razón ha subrayado Caminero (70) lo "antimercantilista" y lo "moral" del argumento luisiano en franca oposición a las utopías e idealismos del siglo. Estas y éstos arrancan de esa misma realidad comerciante, emprendedora y descubridora de nuevas tierras que Fray Luis repudia. Años después, en 1632, Lope de Vega repetirà la imagen del mar engañoso y falsamente pacífico y la del barco como "leño" en su "¡Ay soledades tristes...!" (La Dorotea 217-218), así como la cuestión del error de los navegantes indianos: "A climas diferentes / La errada popa inclinan / Las poderosas naves / De Césares Felipes" que "Alegres solicitan /...Antàrticos tesoros" (218). A su vez, Góngora y Tirso (Rodríguez-Tomlins) retoman el asunto, al igual que hace Camoes en Os Luisiadas. Tirso lo harà hacia 1630 en su El burlador de Sevilla (I, 11, vv. 517-550), [11] Góngora en el conocidísimo pasaje de Las Soledades (vv. 373-386) y Quevedo en su poema 134 "¡Malhaya aquel humano que primero / halló en el ancho mar la fiera muerte, / y el que enseñó_ a su espalda ondosa y fuerte / a que sufriese el peso de un madero!" (Blecua, vol. I).

Un prejuicio real puede tener su expresión literaria: a fines de 1606 o comienzos de 1607, el Marqués de Ayamonte, festejado por Góngora, rehusa su nombramiento para Virrey de Nueva España por "no querer pasar allà la marquesa," según afirma Luis Cabrera de Córdoba en sus Relaciones y recuerda Ciplijauskaité en su edición del texto (62). Góngora escribe en ese 1606 un soneto, el 13, "A la embarcación en que se entendió pasaran a Nueva España los marqueses de Ayamonte" y presenta la nave indiana en términos favorables, como un artefacto con el que "verà la gente / multiplicarse imperios, nacer mundos." Para un Góngora interesado en elogiar al Marqués, la empresa americana no es tanto un atolladero moral o político cuanto una esperanza. A pesar de todo, el primer cuarteto describe la misma nave como una "puente instable y prolija" que "vecino / el occidente haces apartado," lo que nos recuerda las condenas de Quevedo o de Fray Luis. El soneto 14, contemporàneo de la renuncia del Marqués, compara el cargo lejano con la felicidad sencilla del noble en sus pesquerías costeras: "con su barquilla redimió el destierro, / que era desvío y parecía mercedes" (63). Hasta la descripción màs favorable parece incorporar la incertidumbre marina y marinera. De ahí que el oficio en Indias, aparentemente atractivo, sea sabiamente descartado por lo seguro y lo próximo (Ciplijauskaité 62). El poeta renuncia a la acusación tópica de codicia por no ofender al Grande, pero la buena remuneración de los cargos indianos no deja lugar a muchas dudas sobre su posible aplicación en este ejemplo.

Todo lo dicho sugiere que los temores nuevos y antiguos hacia la navegación se superpusieron parcialmente, en lo literario, al debate corte-aldea, de conocida raigambre horaciana, y a las manifestaciones del mito de las edades, entonces en boga. Las acusaciones de Fray Luis, de Quevedo o de Lope son comparables a las que difunden Guevara o Salazar: complejidad o artificiosidad, peligro, avaricia, zozobra de lo cortesano... Frente a sencillez cristiana, sinceridad, estabilidad, paz... de lo bucólico, lo dorado y lo terrestre. En ambos mundos ideales la seguridad reside en una naturaleza hospitalaria que brinda el sustento diario a un género humano inocente y feliz. En el mundo presente, en cambio, la corrupcivón de sus habitantes los ha desprovisto justamente de esa protección y su misma codicia los mueve a necesidades antes desconocidas, como la de las riquezas, asociadas al periplo marino. Con la asimilación de los mitos surge la asimilación de sus elementos constituyentes: de la codicia nace la propiedad privada y viceversa; de la curiosidad, la invención, la novedad y el instinto de navegar; la naturaleza favorable del tiempo dorado es la tempestad en la Edad de Hierro actual de los navegantes. Lo que implica que algunos rasgos de la aversión por las cosas marítimas proceden del mito vecino ideológicamente de la Edad de Oro, como otros lo hacen del de la Arcadia feliz, aunque sea por contraste. Una visión conjunta de los razonamientos anticortesano y antioceànico nos la proporciona Cervantes en su Galatea (1585) al retratar a un "ísimple ganadero, / que con un pobre apero / vive con màs contento y màs reposo /... / pues con aquella vida / robusta, pastoral, senzilla y sana,/ de todo punto olvida / esta mísera falsa cortesana!" y añade que "Reduze a poco espacio sus pisadas, /.../ sin que, por ver las tierras apartadas,/ las movibles campañas de Océano / are con loco antiguo desvarío" (290-292).

Este tópico de la maldición del navegante se desarrolla en la poesía épica y lírica españolas y en el teatro (Góngora, Fray Luis, Tirso), pero no tiene consecuencias relevantes en las novelas no picarescas probablemente porque sus antecedentes y modelos griegos tampoco se sirven de él. Una de las escasas repercusiones del motivo poético se da cuando alguna de las acusaciones propias de la condena horaciana, como la de impiedad o la de la codicia, tiene un eco distante en los textos en prosa, según hemos comprobado. En La Arcadia de Lope, se niega el influjo del tema de la maldición precisamente cuando el narrador da razón del plan inicial de la obra y explica que ésta no cuenta la famosa jornada en que Tifis y Argos tuvieron nombre, y el libre mar sintió arar los campos de sus saladas aguas con las proas y quillas de sus primeras naves. Aquí no se describen sus tormentas y embreadas jarcias, no sus zalomas y salvas de voces discordes, clarines y chirimías; no las partidas de sus puertos cubiertas de flàmulas y gallardetes, no sus navales conflitos por las riquezas de las regiones antàrticas, sino unos rúticos pastores, hablando mal y sintiendo bien, desnudos de artificio y de vestidos (68).

Lo marino tiene en géneros como la novela bizantina o la cortesana una relevancia de signo diferente. Y es que la influencia clàsica predominante en estos géneros impone, màs que una maldición teórica sobre los que navegan, un anatema pràctico sobre los protagonistas: todo el que se hace a la vela se ve acuciado por diversas fatigas marítimas que sí son descendientes directas de las que en su dia sufrieron los héroes de la novela griega. Entre ellas, las tormentas, imprevisibles y descritas siempre en términos parecidos, y los cautiverios o abordajes por piratas europeos o berberiscos.[12] En La española inglesa, por ejemplo, los piratas son britànicos y el rapto de la niña se produce en tierra, durante el famoso saqueo de Càdiz. Cervantes desarrolla el personaje del corsario hasta el punto de crear el prototipo del "pirata de piratas" en el Periandro de su Persiles. Pocos son los autores, sin embargo, que manejan datos auténticos sobre la piratería, como hace el autor del Quijote (Persiles 245). Lo màs común es, pues, recurrir al expediente fàcil del pirata tunecino sin entrar en màs detalles.

La tormenta es un episodio estereotipado descrito en función de su localización aproximada en la ruta, su fuerza y color, la luz, las olas, sus efectos, generalmente catastróficos para la nave y rara vez --por necesidad narrativa-- mortales para los protagonistas. Se narra casi siempre cómo el agua alcanza el cielo y descubre el fondo del mar (Castillo, Jornadas alegres 104): "se levantó una rigurosa tormenta, con la cual me ví mil veces, ya cerca de las altas nubes y ya en los hondos abismos del mar casi sumergido." La descripción se acompaña de detalles sobre el miedo y la agonía de los personajes, sus rezos y promesas, la pérdida de la carga (Píndaro 320)... Que llegan a ser tan tópicos que no pueden dejar de ser parodiados por géneros como la picaresca. En ocasiones, los dos sucesos, naufragio y cautiverio, aparecen juntos al arribar los naúragos a una playa donde son capturados. Con todo, que sepamos, la arenga contra el primer navegante o constructor no suele reaparecer en la prosa, como lo hacía ante situaciones parecidas en la poesía o en el teatro.

El origen de los trabajos marítimos novelescos parece deberse a su frecuencia en la realidad y a la imitación de la novela griega, en la que aparecen esos mismos sucesos en escenarios ligeramente diferentes: los piratas y bandoleros surgen durante las navegaciones hacia y desde Egipto o en los desiertos del norte de Africa. De modo parecido, las muchas desventuras de los viajeros griegos ocurren en las colonias o en los territorios marginales del imperio griego; los personajes se desplazan debido a desgracias encadenadas y provocadas en última instancia por sus sentimientos amorosos, motor de la acción. André Nougué explica, en relación con la influencia de Heliodoro en la novela de Tirso, que "También exige la tradición de la novela de aventuras que el autor describa un viaje por mar, y ha de ser el mar proceloso, revuelto por una terrible tempestad" (El bandolero, 20). La tormenta era un episodio habitual desde antiguo, pues el cura del Quijote la nombra al principio de su lista de episodios de los libros de caballerías (I, 47). Así, Hallamos en El bandolero de Tirso descripciones ràpidas en enumeración (377) que revelan que el lector conoce el motivo demasiado bien para requerir màs explicaciones. Como aclara el mercaderio: "No pinto las congojas, los gritos, las faenas de los avecindados en aquella estrecha población, por ser cosa tan común en todas las historias y las fàbulas, que ya son empalagosos semejantes encarecimientos" (295).[13]

El recurso novelesco a las tempestades adquiere verdadera carta de naturaleza en la novela cuando llega a ser el pretexto argumental de los sucesos. Su importancia procede en parte de la ansiedad de los lectores sobre el desenlace de la peripecia y la suerte de los personajes, por lo que se halla emparentada con el conocido gusto barroco por las sorpresas o "suspensiones." Pero la tormenta, conocida al púlico y, en cierto modo, creemos, asimismo exigida tàcitamente por él, no genera suspensión màs que indirectamente, pues ésta reside en la descripción de la tempestad en términos novedosos cada vez, en clave de verdadero artificio y con una creciente ponderación de su fuerza, lo que refleja la necesidad de crear sorpresa y de variar el tópico sin abandonarlo. Naturalmente, al propio tiempo, con la idealización y el amaneramiento se pierden la exactitud técnica y la tendencia al "realismo." De ello surgen pàrrafos de un barroquismo ultramontano, como los de José Camerino al final de nuestro período: mal encontrado Eolo, con las treguas, que tenía aplazadas con

Neptuno, empezóa desatar los Escuadrones de furiosas ràfagas, que tenía comprimidos en sus cavernas a cuyo opósito, se presentó el contrario, amotinando sus soberbias espumosas olas, que agitadas de la contraria fuerza; y creciendo quanto era mayor la resistencia, presumían de montes, y altivamente descompuestas, pretendían assaltar las nubes, dando en roncos, y espantosos bramidos, señales de la victoria que solicitaban... (74).

Si bien nuestras novelas clàsicas desconocen casi completamente, salvo raras excepciones, la maldición del primer marino, sí encontramos en ellas el elemento moral del tópico horaciano, pues en todos los géneros novelescos sobrevienen la calma y la tormenta con implicaciones morales, como premio y como castigo. Por otro lado, esa consideración ética del navegar es, en parte también, una manifestación del rechazo tradicional del viaje y de lo nuevo que hemos anotado. En suma, la tormenta se torna un castigo providencial cristiano o pagano: con los efectos secundarios de una borrasca ahoga Alemàn a Sayavedra (I, 275), perpetrando así una venganza autorial al entender de Brancaforte en su edición de la novela (I, 53), puesto que el personaje encarna metafóricamente al creador del Guzmàn apócrifo. Quevedo habla en su tratado Virtud militante de "borrascas bien intenzionadas" capaces de advertir al mercader codicioso de su "descamino" (123). Céspedes explica que el destino de una flota "estaba del cielo decretado" (Pindaro 320) y Cervantes añade en El coloquio de los perros que los naufragios son un mal "de daño," explicando que tales son los males que vienen "de la mano del Altíssimo" (Novelas ejemplares II, 342).

El mar, a su vez, animado y personificado al punto de revelar a veces su codicia o su fuerza de arbitro moral (dos impulsos contradictorios), compite con los personajes de un modo que agrada al lector barroco, esto es, como fuerza elemental en oposición a la tecnología y al artificio humano, casi siempre màs débiles. El discurso de la navegación se halla imbuido de este debate entre los hombres y los elementos que, de nuevo, suspende al lector contemporàneo y cuestiona de este modo la legitimidad de las invenciones humanas, siempre impulsadas por algun pecado como la codicia o algún defecto como la curiosidad. El decreto providencial que impulsa la tormenta sobrepuja siempre los esfuerzos de los navegantes, ya que representa la justicia elemental, dorada --de Edad de Oro--, divina y autorial (Guzmàn) a un tiempo. Pero el debate no esta exento de alternativas y contradicciones barrocas, pues, igual que el mar es moral y cocicioso a la vez, la riqueza que tienta al navegante constituye también su premio, según se aclara en el Persiles: "aconsejàndoles [el bàrbaro amigo] que pasasen a ella [la isla abrasada] a satisfacerse de sus trabajos con el oro y perlas que en ella hallarían" (85). De modo parecido, esas tormentas tan "arquitectónicas" parecen sufrir a veces del mismo mal de la artificiosidad que aqueja a las màquinas de los hombres, entre las cuales està la nave.

En suma: a pesar de la frecuencia de la navegación en las novelas, no se produce con respecto a las cosas de la mar una recesión de los temores o de los tópicos antiguos parecida a la que se detecta en las apreciaciones del viaje por tierra, con lo que la mentalidad arcaizante y la literatura se ponen de acuerdo en este punto. Mientras el desplazamiento terrestre es condenado sólo por unos pocos al comienzo del período (López de Villalobos, Hernando del Pulgar) e intentado o logrado por muchísimos (todos los pícaros, los caballeros novelescos y algún pastor arcàdico), el marítimo, por el contrario, es raramente presentado siquiera sin animadversión o como cosa posible. Cuando eso ocurre, como en algún momento del Persiles, nos las habemos con una novela idealizante que puede estar situada adrede, como lo està la obra de Cervantes, en un pasado primigenio distante todavía del lucro marinero presente. En un caso hallamos en la "historia setentrional" una comparación entre la seguridad que ofrece la nave mayor frente a la mas fràgil (87); en las Historias de Céspedes se narra sumariamente un trayecto marítimo que, para sorpresa de todos incluyendo al lector, no trae los percances acostumbrados: "asi abonanzado... se embarcaron y, en ocho días, con general alegría, dieron vista a Lisboa y, finalmente, límites a los trabajos de su navegación."[14] Claro està que tal excepción se registra tras muchas catàstrofes marinas efectivas de las que se aparta como una variante argumental inusitada. Y, esto es también importante, el hecho se produce por la correspondencia de un mar animado respecto a las pasiones del protagonista de la peripecia: "parece esperaba [el mar] sólo la mejoría y buen suceso de su amor y salud para dejar trillarse de las naves" (297). La misma rapidez con la que el narrador camina a través de las borrascas indica la tendencia a usar de ellas en exceso y dicta la necesidad de tal "variatio."

La posibilidad de viajar fàcilmente por mar se circunscribe, así pues, a formas fantàsticas de la literatura ajenas al "realismo." Aparece asimismo, siempre en contrapunto con la recurrencia de peripecias marítimas destinadas a complicar o prolongar la trama y a suspender al lector. El mar es en estos relatos màs imaginativos, un paisaje ideal, grandioso --aunque temible-- y lleno de los escenarios elegantes que abundan, por ejemplo en el "setentrión" del Persiles o en el Mediterràneo de tanta historia de cautiverio. Ese mar sirve entonces de fuente y de decorado casi inagotable de trabajos y no es visto como un tema en sí mismo. De modo que la reducción del tema marino en la poesía a los supuestos que contemplaba el viejo lugar común de la maldición es, en parte, equivalente a una simplificación distinta operada por la prosa cortesana y bizantina en ese mismo tema.

Algunos de los trabajos tienen una evidente base extraliteraria, real, màs que una fuente clàsica. Así, el mar produce malestar en los viajeros no acostumbrados (Diego Galàn, Guzmàn). Tal sensación llega, como la tormenta, a tener ribetes morales al estar asociada al castigo final de algunos por sus pecados: Sayavedra en el Guzmàn y Píndaro y Silva en su viaje a las Indias. En el Menandro de Reyes un personaje explica que el navegar es contrario a su naturaleza y peligroso. Otro caracter lo acusa de cobarde por ello y el narrador considera la excusa como una "frivolidad" (114). Salazar, a fines del XVI, describe satíricamente, aunque con tintes de verosimilitud, un viaje a Indias con el expresivo título de "La mar descrita por los mareados" (Pasajeros a Indias, Apéndice 3). Marinero y mareante llegaron a ser relacionadas, en la etimología jocosa tan típica del Renacimiento, con mareo. Del don Bela de La Dorota (1632) dice Gerarda que "vnas pocas de canas que tiene son de los trabajos de la mar" (I, 1, 73). En 1635 Tirso escribe floridamente que "Sabe ser tan poco agasajable el mar con sus bisoños huéspedes" (287) o retrata a una doncella mareada: "sobre un lecho que la curiosidad previno, recostada y vestida, padecía las incomodidades Laurisana con que los navegantes primerizos pagan el carcelaje de aquel fastidioso encierro" (286). En otra ocasión, explica cómo durante una borrasca se marean "hasta el piloto y el cómitre" (296), exageración que se harà popular por la necesidad de variar la descripción de las tormentas para renovarlas narrativamente y producir cierta sorpresa.

Sobre el supuesto "realismo" de los testimonios de Salazar o de Fray Antonio de Guevara son, a no dudarlo, demasiado satíricos[15] para ser leídos literalmente. Su parodia de la vida "mareada" ha de ser tomada con distanciamiento, aunque responda a una realidad conocida por otras fuentes y que Guevara retrata con un tono pràctico que revela su experiencia de primera mano: todos los que allí entraren han de comer el pan ordinario de bizcocho, con condición que sea tapizado de telarañas y que sea negro, gusaniento, duro, ratonado, poco y mal remojado; y avísole al bisoño pasajero que, si no tiene tino en sacarlo presto del agua, le mandomala comida. (118)

Es previlegio de galera que nadie al tiempo de comer pida alli agua que sea clara, delgada, fría, sana y sabrosa, sino que se contente, y aunque no quiera, con beberla turbia, gruesa, cenagosa, caliente, desabrida. Verdad es que a los muy regalados les da licencia el capitàn para que, al tiempo de beberla, con una mano tapen las narices y con la otra lleven el vaso a la boca. (119)

El testimonio no literario de Fray Tomas de la Torre y sus frailes viajeros (1544-45), estudiados por Martínez (235- 278), se centra en las graves deficiencias del barco, la insalubridad y la mala comida, la monotonía, la inseguridad...[16] El mismo Guevara describe el placer de saborear "algún poco de pan, el cual sea blanco, tierno..." adquirido en tierra por algun navegante afortunado que se ve, sin embargo, en la necesidad de compartirlo con todos los de a bordo sin que le quepa màs de el "que de pan bendito" (118).

Respecto al tema de la navegación, la picaresca se situa a caballo entre la realidad que adivinamos tras los testimonios màs verosímiles de entre los citados y una parodia del ideal creado por los otros géneros novelescos. En su afàn paródico, la obra de pícaros adopta todos los lugares comunes tanto de la prosa como de la poesía, pero lo hace de un modo burlesco y, en la medida en que esta palabra puede utilizarse, "realista." De modo que sus productos se aproximan a las sàtiras de Guevara o de Salazar, basadas, frente a la picaresca, en la realidad y no en la literatura. Así, en un tópico ejemplo de esta "sedimentación" temàtica, Esteban se lamenta durante una borrasca y enuncia de modo mezquino y alimenticio lo que Horacio o Fray Luis escribían con toda seriedad:

> Aquí fue donde...acabé de confirmar por insensatos a los hombres que pueden caminar por tierra comiendo cuanto quieren y bebiendo cuando gustan, y se ponen a la inclemencia de los vientos, al rigor de las ondas, a la fiereza de los piratas, y finalmente, ponen sus vidas en la confianza de una débil tabla, sin considerar el peligro de un escollo, el riesgo de una sirte, y el daúo de un bajío, el temor de un banco... (II, 242)

Aunque no llega a producirse una síntesis ordenada de tales elementos, sí percibimos una sensación de cuadro satírico bastante completo. Para empezar, la navegación forma parte del plan de vida de los pícaros de miras geogràficas màs lejanas: viajan a Italia, a Flandes o a las Indias, como mercaderes (Píndaro), como vagabundos (Guzmàn) o como soldados (Esteban). Se encuadran en obras que han desarrollado al màximo la movilidad inherente al personaje iniciado por la Lozana y el Lazarillo. Tal desarrollo responde al ensanchamiento del tipo y, a la vez, a la ampliación del universo geogràfico, político y cultural obrado en todos los órdenes de la vida a lo largo del Siglo de Oro.

Sin embargo, la inclusión de viajes marinos en la picaresca no indica que las cosas de la mar despertaran curiosidad por sí mismas. Màs bien, los pícaros se embarcan involuntariamente, unas veces para bogar, por orden judicial (Guzman II, 444), y otras impulsados por su invencible ansia de verlo y acometerlo todo, incluyendo la exploración de las tierras de allende el mar. Puede añadirse no sólo que su estancia a bordo es del todo dictada por la necesidad o por la fuerza de la justicia, sino que es, ademàs, una de las màs desgraciadas de todas sus experiencias. Y es que la vida de la nave no se condice, en realidad, con la "libertad" del pícaro, sino que responde a su necesidad de superar las masas de agua que lo separan de otros paises a los que extender su peregrinación. Tirso llama en El bandolero "marítima clausura" y "estrecha población" a la nave (295) y, mucho antes, Guevara había incidido sobre lo mismo (118). Estos aspectos de estrechez, necesidad y accidente inevitable convierten el episodio en un calvario para los protagonistas, imagen que se hace coincidir deliberadamente con la visión que de las travesías marítimas recibimos en el teatro o en otros géneros de novelas no picarescas, aunque en estos casos el trabajo marino sea un asunto tratado con màs solemnidad y en gran medida formalizado narrativamente.

El tópico novelesco del trabajo marítimo, al igual que el de la maldición, se había vulgarizado y difundido en las obras convencionales al punto de ser objeto de los comentarios críticos antes citados de Cervantes, Lope y Tirso. Ya cuando Camerino escribe (1624), la tempestad se ha deshecho en un caos arquitectónico rococó y probablemente ha perdido toda la efectividad que poseía en tiempos de Heliodoro y la que, sin ir màs lejos, el propio Cervantes despliega en su poderosa pintura del mundo primigenio del Persiles. De modo que para entonces, y quizà con anterioridad, la burla del peligro marítimo que desarrollan los creadores de los Lazarillos apócrifos puede ser entendida en su recto sentido por los lectores contemporàneos. El Lazarillo de Luna (1620) no se ahoga camino de Argel porque la providencia esté de su lado, sino porque esté ahíto de vino y manjares robados durante el caos del naufragio. Ademàs de la "anomia" del pícaro, se desvela aquí la sàtira descarnada de dos lugares comunes de la novela de aventuras como son la tempestad y el mar como amenaza para el héroe. El hecho de que Làzaro se abstraiga del pànico general o se escape burlescamente del riesgo marino revela la poca potestad que tiene ya el océano en la mentalidad del escritor. Màs aún, Lazaro, que vivirà entre los peces como "señor de la mar" (287), exhibe en el agua el mismo desparpajo que en tierra firme al proclamar a la vista de la marejada el dicho pràcticamente antibizantino, pero muy picaresco, de "Muera Marta y muera harta" (284). Una vez que se ha hartado de comer durante una escena que debería infundirle pavor, registra, sin miedo de los peces monstruosos que acobardan a los héroes, las profundidades del mar en busca de los mismos tesoros que la novela y la realidad habian dejado hundir allí (287): "vi cosas increibles: infinidad de osamenta y cuerpos de hombres; hallé_ cantidad de cofres llenos de joyas y dineros, muchedumbre de armas, sedas, lienzo y especería." El motivo parodia el del enriquecimiento proverbial del mar y el del catàlogo acostumbrado de los bienes que los navegantes llevan consigo que se lee en otras novelas màs "cortesanas" y menos picarescas: "las cajas, las haciendas, y hasta la plata misma; cuanto se halló sobre cubierta y en bajo de la puente todo lo vio la mar, todo lo amontonó en sus entrañas cavernosas" (Pindaro 320).[17]

La confesión de los navegantes con prostitutas es un eco de los rezos de último minuto que murmura tanto protagonista de novela "seria,"[18] ahora diluido en parte en el acíbar de la sàtira antieclesiàstica: "tal hubo que se confesó con una piltrafa, y ella le dio la absolución tan bien como si hiciera cien años que ejercitaba el oficio" (283). La escena es una parodia indiscutible de escenas de tormenta como la que sigue: "...y como los que ya tenían la muerte entre los labios, en confuso rumor nos comenzamos a confesar (tan turbados estàbamos) los unos a los otros" (Píndaro 321). En un crescendo imparable, todo el desafio jocoso de la inmensidad marina acaba, naturalmente, con la esclavitud circense y ridícula del antihéroe que es Làzaro. Una escena parecida concluye en el Guzmàn con la muerte grotesca de Sayavedra (I, 275).

Ahora bien, varios aspectos muestran que no le ha sido fàcil a Luna o a Alemàn sustraerse por completo a todos los tópicos que rodean el tema marítimo. Así, hace a Làzaro decir, no sin ironía "intertextual:" "mis quimeras [de hacerme rico] se fundaban en el agua, y ella me las anegó todas" (291), lo que nos devuelve al territorio familiar de la condena antimarina de la avaricia. No hay que olvidar tampoco que sus compañeros de naufragio sí sufren del miedo clàsico y que la misma codicia de ls pescadores (293) retoma la que caía como un baldón sobre todos los navegantes antiguos y contemporàneos. En fin, la propia presencia del naufragio, episodio emblemàtico del relato de navegación, es reveladora a este respecto, pues prueba que la moda era lo bastante potente como para afectar a textos tan marginales y corrosivos como el de Luna. El hecho de que la picaresca presente su características iconoclasia y ambiguedad moral permite que, al invertirse todo, todo siga igual y el tejido moralizante del mito antinavegante sea ocupado por el màs llamativo, pero no menos moral de la broma picaresca.

El mar, frente a la tierra, no es, entonces, que sepamos, descrito favorablemente en casi ningún caso, aunque sea utilizado en la trama; màs bien a la inversa. La experiencia marina ha de ser forzada y no voluntaria. Todos, desde el pícaro de galera o galeón al gallardo enamorado bizantino, se sienten bogavantes y no existen, pues, como en las rutas de tierra, el vagabundo, el pícaro libre, el que vaga "a la flor del berro."[19] Es éste un factor que acerca la literatura picaresca y la que no lo es. Incluso los profesionales de la navegación, tantas veces denunciados por los textos, son vistos como víctimas --aunque sea legítimas-- de su vida desgraciada y expuesta. Se considera que el viaje marítimo es el caso extremo del desplazamiento, pues no es nunca afortunado y siempre resulta inquietante.

Con todo, lo dicho no implica que el estado de opinión de los intelectuales, por equívoco que éste fuese, se correspondiera con una realidad tangible de retroceso en la marcha geogràfica hacia y por los mares que tanto incrementó las posesiones y descubrimientos españoles de Ultramar.[20] Es notable en este caso la divergencia entre ambas corrientes, la de la realidad y la de las aspiraciones de una élite creadora tal y como se reflejan en sus productos literarios. Sólo los expertos en asuntos de comercio como Gondomar o Mercado y algunos otros como Villalón (Maravall 1972, 192-197) se propusieron estimular la navegación o, al menos, comprobaron su fuerza real. No hace falta decir que la sociedad expansiva, dinàmica y optimista del Renacimiento hubiera repudiado una visión agraria o local en la pràctica. Son los autores y los moralistas los que llaman la atención sobre el asunto o cargan las tintas sobre unos temores marinos nunca olvidados fortaleciendo la asociación entre la codicia y la navegación.

En fin, lo que se pone de manifiesto en todos los géneros del Siglo de Oro es la insistencia en condenar algún aspecto de la navegación o del propio medio marino. La poesía recupera el motivo clàsico de la maldición del primer navegante y lo aplica a temas recurrentes como lo indiano, la crítica social de la codicia y de lo cortesano o, en el otro extremo, el elogio de lo bucólico y de la Edad de Oro. Estos temas se hallan tan próximos entre sí que el contacto produce una contaminación semàntica mutua. La novela, que rechaza explícitamente el tópico clàsico, se apropia el mecanismo narrativo "oceànico" de la novela griega: el papel instrumental del mar en la trama se convierte en una necesidad constructiva, dado que impulsa y justifica la peripecia viajera marina (el trabajo), en gran medida fija. El punto de contacto màs decisivo entre prosa y poesía es el lastre moral que ambas arrastran y que se expresa por cauces diversos en cada caso. Este mecanismo se transforma en sàtira y chiste en la picaresca sin perder del todo su inmensa fuerza narrativa. Los diversos géneros atraen sobre lo marino connotaciones negativas medievales (lo lejano, los monstruos, lo infernal...), clàsicas (la codicia, la impiedad) o contemporàneas, como el peligro político. Todo ello produce una impresión pesimista y ominosa sobre el viaje por mar en un tiempo en el que la realidad exige tales travesías, aún peligrosas y duras. El Barroco y el Renacimiento defienden la aventura terrestre, pero tienden a repudiar o a idealizar màs o menos elegantemente la navegación literaria.

## NOTAS

1. La comedia no ha podido ser tratada con el detenimiento que merece por falta de espacio. Para el estremés remitimos al lector al trabajo de Ripodas.
2. O'Kane. Vid. también los usados como epígrafes del presente trabajo y los aportados por Kleiser (444).
3. Apodo que había tenido un simpàtico precedente en el citado Lazarillo antuerpiense y que sería retomado por Espinel en su Marcos de Obregón (II, 183).
4. Y no solo la lengua: ya fuera de lo literario, Gonzàlez, en su prólogo a las Obras de Medina, trata los pleitos entre pilotos y cosmógrafos y los ataques de Medina contra el Piloto Mayor Gutiérrez (p. XV).
5. Cervantes aporta en el Persiles un ejemplo extremo, al hacer que un personaje, con sus burlas, impida a otro entrar en cuestiones técnicas (239). Sin embargo, màs adelante se detalla la navegación "horaria," verdadera latitud primitiva (246).
6. Vid. Maravall 1966, 74; 1972 I, 139 y II, 175; 1986 254, 255 y 258-259.
7. También en Céspedes, Píndaro 339.
8. Como ocurre con la novela del "Curioso impertinente" y otras. Así se imbrican también en sus respectivas narraciones la historieta de Ozmín y Daraja en el capítulo séptimo de la primera parte del Guzmàn de Alfarache o las anécdotas de El pasajero, por ejemplo.
9. Son los carmine I, 3 "Sic te diva potens Cypri" y I 13. 14 "O navis, referent in mare te novi."
10. Macrí explica el delicado matiz moral que va de "fràgil" a "falso" (287) y que revela el tono de la adaptación del motivo antiguo.
11. Vid. Rodríguez-Tomlins.
12. Hay otros menores que relacionan la novela con los atavismos medievales: los peces monstruosos, como los "naufragi grandissimi" (Persiles, 240) y el "peje mular" que Pinelo describe hacia 1575 (115); o los semihumanos, como el "Peje Nicolao" estudiado por Caro Baroja y por Piñero en su edición del Lazarillo apócrifo (44), el Làzaro atún de los segundos Lazarillos y los lobos parlantes de la isla del Persiles (77), entre los ejemplos màs imaginativos. En otro orden, el propio Estebanillo se dice ser un atun metafórico (II, 240). Añadiremos que sobre el atún la novela picaresca construye, asimismo, los episodios de las jàbegas.
13. Otro ejemplo de esto en Céspedes, Píndaro, 320.
14. El texto es de 1623. Vid. asimismo, Persiles 253.
15. Revísense, por ejemplo, las anécdotas jocosas del Consul Fabato (111), de Atalo (112) o la formulación humorística de los "previlegios de galera" que enuncia en 117-120.
16. Confer. Rípodas LXVIII-LXX.
17. Todo esto tiene paralelos en la literatura universal, según De Vries (bajo "sea").
18. La vertiente religiosa de los rezos marinos procede del Medievo, de los milagros de Llull y de San Francisco de Paula a la letra de la nota de Carrasco al Marcos de Obregón (II, 181). Vid. asimismo, Sherman Severin 556.
19. Con la excepción del pirata voluntario e ideal que crea Cervantes en el Periandro de su Persiles (Libro III). Sus compañeros, sin embargo, tardan en convencerse de la bondad de esa nueva vida libre como bribones del mar (235 y 238-239).

20. Lo contrario puede comprobarse en contribuciones al tema marítimo

Salvatore M. Zumbo, a native of Barcellona, Sicily completed his university studies in the US., receiving a Ph.D. in Spanish & Italian Languages and Literatures from the University of Arizona. He currently holds the position of Assistant Professor of Spanish & Italian at Towson State University where he has been teaching both languages since 1989.

Dr. Zumbo has written articles on Garcilaso and other poets of the Spanish Renaissance, and is presently writing a book on contrasting facets of bucolic Paganism in the Italian and Spanish Renaissance Pastoral Literature.

\*   \*   \*

## SANNAZARO Y GARCILASO: DE PAN A LOS RÌOS

El origen del género bucólico se remonta a los Idilios de Teócrito y, en mayor cuantía, a las Bucólicas de Virgilio. De las innovaciones que Virgilio sobrepuso a la bucólica teocritea, la que dejó un impacto profundo en el género pastoril posterior, fue reemplazar las islas de Sicilia y Cos con Arcadia, una región mítica de Grecia donde reside Pan, el dios venerado por los pastores y el protector de los mismos. No sólo en Virgilio pero también en Teócrito así como en muchos otros escritores bucólicos hasta la época renacentista italiana, Pan aparece como el dios del mundo pastoril y con tal atributo figura en la Arcadia de Sannazaro, novela en que se sintetiza la herencia bucólica clàsica y la presencia del dios Pan llega a su màs alto auge.

Toda la prosa décima de esta novela està destinada a presentar y describir ritos paganos y costrumbres milenarias del mundo pastoril, culminàndose con la descripción del templo de Pan donde se realza la primordial importancia que desempeña esta deidad en la bucólica clàsico-italiana. Cuando consideramos que la primera concepción de la Arcadia terminaba con la Prosa-Egloga X[(1)] se comprende mejor el preponderante significado con el cual Sannazaro quería terminar su novela. En efecto, la prosa décima es esencialmente un panegírico no sólo del dios Pan sino de toda la materia bucólica transmutada en religió_n;

motivo que se hace particularmente patente en las escenas que se despiegan en el templo de Pan. La magnitud e importancia del dios Pan empieza a delinearse en la prosa novena que sirve de preámbulo para la visita que ha de llevarnos a su templo. Clonico, pastor desafortunado del grupo de Sincero, Clarino y Opico, para hallar remedios a sus penas de amor, decide separarse de ellos y consultar a una famosa vieja, "sagacissima maestra di magichi artifici."[2] Los prodigios fantàsticos de la vieja que van desde parar ríos y volver las corrientes aguas a las fuentes donde nacen, hasta convocar la noche al mediodía, figuran entre las màs destacadas pràcticas màgicas del mundo antiguo, que en la Edad Media se timbraron con el nombre de "magia negra." La magia que no es un elemento ajeno a la bucólica greco-latina,[3] aquí, sin embargo, tiene aspecto negativo para acentuar màs los atributos del pastor Enareto. Estos atributos se revelan cuando Opico le sugiere al enamorado Clonico que visite al viejo Enareto doctísisimo sobre los otros pastores, a quien le es manifiesta la mayor parte de las cosas divinas y humanas:

> ... la terra, il cielo, il mare, lo infatigabile
> sole, la crescente luna, tuttle le stelle, di che
> il cielo si adorna pliadi, Iadi, e 'l veleno
> del fiero Orione, l'Orsa maggiore e minore; e
> così per conseguente i tempi de l'arare, del
> métere, di piantare le viti e gli ulivi, di
> innestare gli alberi, vestendogli di adottive
> frondi; similmente di governare le mellifere api,
> e ristorarle nel mondo, se estinte fesseno, col
> putrefatto sangue degli affogati vitelli (p.138).

Estas características así como muchas otras, sacadas en su mayoría de la Naturalis historia de Plinio y transformadas levemente por la fantasía sannazariana, hacen de Enareto el poseedor de los secretos del cosmos y de la Naturaleza, los cuales, obviamente, son contrapuestos a los de la magia negra encarnados en la figura de la vieja. El contraste pone de relieve la gradual transición desde la Edad Media hasta el Renacimiento de reemplazar la magia enraizada en la brujería (patente en la vieja) con un tipo de magia que se basa en un conocimiento empírico de la Naturaleza: "Magic, in this context, consists of the manipulation of natural forces through experimentation with compounds, potions, plants, parts of animals, incantations, and other means. Enareto reflects this concept of magic."[4]

La dicotomía entre la bruja y Enareto,[5] adquiere màs impetu y significado a la luz de los otros atributos que acompañan a este extraordinario viejo. Enareto es màs que un doctísimo pastor, es un "santo pastore" y "santo vecchio," y sobre todo, el sacerdote del dios Pan en cuyo templo ahora mora después de haber dejado sus rebaños. La inmensa sabiduría de Enareto que también abarca habilidades prodigiosas y màgicas, carece del negativismo de la magia negra porque cabe dentro del àmbito religioso,[6] estando estrechamente ligada al dios Pan, el cual, además de ser el numen del mundo bucólico es también símbolo de la Naturaleza:

> El hombre antiguo no conocía el antagonismo alma-
> naturaleza. La confusión de una y otra da origen,
> simbólicamente, al dios Pan, espresión de la
> naturaleza... Simboliza Pan el espíritu vital o
> fecundante de la naturaleza y los instintos
> primarios y elementales.[7]

Pan, como dios pastoril y cabalmente en su función simbólica, transmite directamente a Enareto--su pastor-sacerdote--toda la sabiduría y los secretos de la Naturaleza, elevando a la esfera sacra su figura (y de aquà los epítetos "santo pastore" y "santo vecchio"), y otorgàndole un prestigio soberano entre los hombres de la pastoral Arcadia.

Convencido por los poderes curativos del sabio Enareto, Clonico acepta la propuesta de Opico, y con los otros pastores se dirige hacia el Monte Partenio, residencia del dios Pan y de Enareto. Cabe señalar que el intento de esta peregrinación--encontrar una solución al mal amoroso que aglige a Clonico--tiene semejanzas con la que efectúan al templo de la diosa Diana los pastores Sireno, Sylvano, Selvagia, Felismena y Belisa en el cuarto libro del La Diana de Montemayor. Sin embargo, a diferencia de La Diana, donde el amor casto y fiel rige todo el desenlace de la novela, en la Arcadia, el problema amoroso, en este caso, sirve de mero pretexto para introducirnos al templo de Pan y al caudal de sabiduría y acontecimientos bucólicos; puesto que la cuestión amorosa de Clonico no se resuelve y simplemente se relatan las ceremonias que habràn de cumplirse cuando la luna esté en posición propicia.

La prosa décima se abre con un rito purificatorio que acentúa la atmósfera de religiosidad bucólico-pagana que ha de prevalecer en las escenas de la misma. Encabezados por Enareto, Clonico y los otros pastores, se dirigen al "reverendo e sacro bosco" (p.150) lugar donde esté ubicado el templo de Pan. Aconsejados por el santo sacerdote que sirve de guía espiritual del grupo, todos los pastores se lavan las manos en una pequeña fuente de agua, que a las entradas del sacro bosque nacía; y, una vez adorado el dios Pan, pasan adelante con el pie derecho en señal de dichoso agüero. Enareto como sacerdote del dios Pan conoce todos los ritos religiosos pertenecientes a la materia bucólica y el acto purificatorio que efectúan los pastores es un requisito necesario porque "con peccati andare in cotal luogo non era da religione concesso". (p.151).

Arquitectónicamente, el templo de Pan carece, exterior como internamente, de la suntuosidad y de los elementos decorativos del templo de la diosa Diana[8] en las novelas pastoriles epañolas, y se ajusta a la topografía y convencionalismo pastoril; es decir, es màs natural. En efecto, el templo es nada màs que una viejísima y grande cueva cavada en la dura piedra del monte. Dentro, hay un altar de la misma piedra, hecho de rústicas manos de pastores, sobre el cual esté la gran figura del selvàtico dios.

Inicialmente, el culto a Pan era desconocido en Grecia y se limitaba a Arcadia. Màs tarde Epimenido lo extendió a las comarcas helénicas, y no pasó a Atenas hasta la batalla de Maratón. Se cuenta que un poco antes de esta batalla Pan apareció a los embajadores atenienses y les prometió aterrorizar a los Medas si le adoraban en Atica. Desde entonces Pan pasó por una divinidad que se divertía en causar miedo y pànico a los viajeros. Tenía templos y santuarios en diferentes partes de Arcadia y Grecia y su culto se extendió hasta Asia Menor. Entre los màs importantes figuran el de los Montes Nomios cerca de la ciudad de Licosura; el del Monte Partenio; el templo de Megalopolis, ciudad en la vecindad del Monte Ménalo; y el santuario en la gruta Coriciana cerca del Monte Parnaso. En algunos de estos templos, como el de Megalopolis, se quemaba un fuego perpétuo al dios Pan, y cuando los arcadios regresaban de la caza lo veneraban con libaciones de leche, miel y vino si habían tenido éxito; si no, lo azoteaban con escilas para despertar en el dios la vitalidad de cazador.[9] El culto a Pan llegó hasta Roma, y se modificó cuando los latinos identificaron a la deidad griega con Fauno, dios de origen itàlico.

Como dios local de Arcadia, Pan presedía sobre los montes, bosques, prados, y ganados. Las grutas le servían de morada, así como la rocas y los valles, donde él se divertía en cazar y danzar con las ninfas que lo habían criado y educado. En su cualidad de dios pastor, ejercitaba su destreza musical, protegía el ganado y los pastores, y velaba por la fecundidad del rebaño. Tales características se encuentran en la novela de Sannazaro y contribuyen a fijar los contornos de su significación. Fisicamente, se presenta a Pan con un inmenso cuerpo, medio hombre y medio macho cabrío, con cara bermeja; la cabeza con cuernos mirando al cielo, vestido de un cuero con manchas. Estos atributos se hallan presentes en su representación estatuaria dentro del templo, según la tradición en el arte y la fábula:[10]

> sovra la testa avea due corna
> direttissime et elevate verso il cielo; con
> la faccia rubiconda come matura fragola;
> le gambe e i piedi irsuti ne d'altra
> forma que sono quelli de le capre; il suo
> manto era di una pelle frandissima,
> stellata di bianche macchie (p. 151).

Otro elemento importantísimo que artisticamente suple la representación estatuaria de Pan dentro del templo, lo constituyen dos grandes tablas de haya escritas en rústicas letras, colgadas de un cabo y del otro del antiguo altar. Además de desempeñar un papel decorativo, las dos tablas encierran una función específica que encaja cabalmente con el sentido de religiosidad bucólica dentro del templo. No hay duda que las tablas representan una especie de "biblia" o "sagradas escrituras" de la materia bucólica puesto que contienen las enseñazas y las antiguas leyes de la vida pastoril:

> le quali successivamente di tempo in tempo per molti
> anni conservate dai passati prastori, continevano in sé
> le antiche leggi e gli ammaestramenti de la patorale
> vita: da le quali tutto quello, che fra le selve oggi
> si adopra, ebbe prima origine (151).

El contenido de las dos tablas, el cual corresponde principalmente a los tres primeros libros de las Geórgicas de Virgilio, no sólo acentúa la cualidad benéfica de Pan en el mundo pastoril sino que representa el dictamen del mismo que a través de los años ha sido guardado en el templo en la forma de las dos tablas, como recurso al que pueden dirigirse los pastores para el régimen y bienestar de sí mismos y sus rebaños.

La única característica esencial que falta en la representación estatuaria para completar la figura del dios Pan no ha de hallarse dentro del templo sino a la entrada del mismo. Delante de la cueva hace sombra un altísimo y ancho pino (el àrbol consagrado a Pan) de un ramo del cual està colgada una zampoña, símbolo de la caracterísitca màs sobresaliente de Pan y por extensión de los pastores--la música. Esta zampoña, que es de una hermosura jamàs vista, despierta el interés de los pastores en conocer quien fuese su autor. A tal pregunta, el sabio sacerdote, asumiendo el papel de historiador de la materia bucólica empieza a relatarles, según el modelo ovidiano (Metamorfosis I, 689-712), el mito de cómo el dios Pan formó el instrumento cuando enamorado de la hermosa Siringa siguió a la ninfa por esas selvas:

> Questa canna fu quella, ch'l santo Idio, che
> ora voi vedete, si trovó ne le mani, quando
> per queste selve da amore spronato seguitó
> la bella Siringa: ove, poi che per la subita
> transformazione di lei si vide schernito,
> sospirando egli sovente per rimembranza de
> le antiche fiamme, i sospiri si convertirono
> in dolce suono (pp. 152-153).

El susodicho mito, asismismo, sirve de nexo y como punto de partida para otro relato en que Sannazaro expone su propia teoría sobre la invención y el origen del género bucólico. Según el autor, Pan inventó el género cuando compuso la zampoña con la cual primero cantó y tañó en la pastoral Arcadia; después sin saberse cómo, el instrumento pasó directamente a Teócrito y de éste a Virgilio:

> Indi pervenne, e non so come, ne le mani d'un
> pastore Siracusano; il quale, prima che alcuno
> altro, ebbe ardire di sonarla senza paura di
> Pan o d'altro Idio, sovra le chiare onde de la
> compatriota Aretusa... Il quale poi da invidiosa
> morte sovragiunto, fe' di quella lo ultimo dono
> al Mantuano Titiro; e cosí col mancante spirto
> porgendogliela li disse: -Tu sarai ora di
> questa il secondo signore (pp.153-154).

Es evidente que con esta teoría Sannazaro ha querido reconocer el gran valor literario y el puesto de importancia que ocupan Teócrito y Virgilio en la trayectoria greco-latina del género, atribuyéndole debidamente al vate siracusano el título de primer "Signore" de la poesía pastoril. También, a través de la divina transmición de Pan a Teócrito, Sannazaro ha creado su propio mito, elevando a la esfera sacra el género bucólico.

El templo de Pan presenta así los siguientes elementos constitutivos de la esencia bucólica: (1) la gran estatua del dios Pan en el centro del altar como eje figurativo y fuente de todos los relatos que el sabio Enareto revela a los pastores; (2) los mandamientos de Pan en forma de dos tablas para el régimen del mundo pastoril; (3) la zampoña en su función de símbolo de la música y vehículo de la invención y trayectoria del género bucólico. Lo peculiar en este sistema de configuraciones es la fusión de los elementos pastoriles con los religiosos procedentes de la misma persona (Pan) en un mismo plan de significación. En virtud de esta fusión, el género bucólico y, en particular la novela de Sannazaro, adquiere una dimensión plenamente religiosa, la cual queda transmutada como cualidad esencial a la pastoral posterior.

En España, el mito pastoril a través de las épocas sigue un orden cronológico y adquiere matices diferentes de lo que ocurre en la península italiana. En Italia, la égloga pastoril clàsica encuentra su mayor acierto primero en la Arcadia de Sannazaro, y después evoluciona progresivamente a la adaptabilidad escénica floreciendo finalmente en dos espléndidas piezas: el Aminta (1573) de Torquato Tasso, y el Pastor Fido (1590) de Giambattista Guarini. En España la cronología es al revés. El motivo pastoril encuentra cabida superficial primero en las piezas pastoriles de Juan del Encina,[11] florece en la poesía, y se consagra en la novela.[12] Ejemplo cabal de la acogida que dio la poesía renacentista a la materia pastoril son las églogas de Garcilaso de la Vega, el màximo representante bucólico a la manera clàsica en España.[13] Garcilaso acoge el motivo sannazariano dàndole, sin embargo, un enfoque nuevo: por un lado el poeta substituye la presencia de Pan por la de Diana, atribuyéndole a ésta el papel de diosa de los pastores; por el otro, introduce un nuevo tipo de paganismo bucólico-religioso, el cual se localiza en la presencia de los ríos. Esta bifurcación señala las dos corrientes que sigue la patoral española posterior a Garcilaso. El papel de Diana, en su cualidad de diosa de los pastores, asume importancia suprema en las novelas pastoriles, especialmente en La Diana de Montemayor y Gil Polo respectivamente; la presencia de los ríos, encuentra su mayor acierto en la lírica renacentista pastoril.

Azorín es uno de los primeros críticos literarios que muy perspicazmente reconoce la importancia de los ríos en la obra poética de Garcilaso. En una de las varias glosas que se le deben, leemos: "Los ríos han tenido la dilección del poeta; tres ríos ha cantado Garcilaso: el Tormes, el Tajo y el Danubio."[14] Años màs tarde Dàmaso Alonso escribiendo sobre el mismo tema dice: "Por la poesía de Garcilaso fluyen tres ríos: el Tajo, el Rhin y el Danubio; el poeta amaba a los ríos... ."[15]

La lista completa de ríos cantados o mencionados por Garcilaso es màs extensa que las dos anteriores. Aparte de las referencias genéricas con sus aguas cristalinas y riberas verdes, en la obra de Garcilaso aparecen con nombre propio el Tormes, el Tajo, el Rhin, y el Danubio entre los principales; y el Sebeto, el Estrimón y el Erídano (Po), entre los secundarios.[16] Lo importante, sin embargo, no es la cantidad de ríos particularizados que fluyen en los poemas de Garcilaso sino el significado que en ellos se encierra. No hay duda que en Garcilaso los ríos adquieren personificacion y caràcter deífico. En efecto los ríos, sobre todo los que tienen una íntima vinculación con la experiencia vivencial y cognoscitiva del poeta, transmiten lo que para nosotros es un elemento clave de la pastoral renacentista--la "divinización" de la Naturaleza. El motivo tiene su origen en el concepto humanístico que define a la Naturaleza como un principio autónomo e inmanente, otorgàndole el atributo de "mayordomo de Dios",[17] y los ríos, especialmente los contemporàneos y locales, constituyen el núcleo de la divinización de la Naturaleza.

Tal motivo en la obra de Garcilaso se puede captar clara y detalladamente a través del proceso de adjetivación con el cual el poeta califica a los varios ríos y, aun màs, a través de la presentación directa de uno de ellos como dios--el río Tormes. Asimismo, los ríos con sus riberas ejercen otra función importantísima que junto a la de arriba establece todo un estilo y temàtica que después ha de seguir la pastoral española del Siglo de Oro: llegan a ser pràcticamente el lugar exclusivo[18] para todo tipo de acción pastoril; sea de índole amatoria, política o religiosa.

El paganismo antiguo, en lo bucólico de todos modos, no concentró la adoración de la Naturaleza en sus ríos o riberas, a pesar de las referencias efímeras en Virgilio y otros. Pero, a la vez, no cabe duda que la abundancia de deidades fluviales en la mitología clàsica pasaron a la pastoral renacentista con mucha profusión y énfasis.[19] Los poetas bucólicos del Renacimiento español acogieron esta materia fluvial, acentuando ahora el "caràcter sacro" de los ríos; sobre todo de los que pertenecen a sus propias épocas y lugares.[20]

Garcilaso es el primer poeta renancentista que se vale de este motivo en sus églogas. Caso ejemplar de este fenómeno es el río Tormes en la Egloga II, y el río Tajo en la Egloga III, poema en que Garcilaso nos da una estrecha e indisoluble fusión entre vida y arte.

Aparte de las siete estrofas de dedicatoria dirigidas a doña María, la égloga III empieza con la presentación directa del escenario sobre el cual han de actuar las ninfas Filódoce, Dinàmene, Climene y Nise:

> Cerca del Tajo, en soledad amena,
> de verdes sauzes ay una espessura

toda de yedra revestida y llena,
que por el tronco va hasta el altura
y assí la texe arriba y encadena
que'l sol no halla passo a la verdura;
el agua baña el prado con sonido,
alegrando la yerba y el oydo (57-64).[21]

Dentro de este cuadro idílico de la vega toledana, las ninfas reproducen, con el artístico refinamiento màgico de que estàn dotadas, los tejidos de cuatro tràgicas historias amorosas. Dos de estas historias suceden junto a la ribera de un río. Filódoce es quien borda en hilos de oro la primera historia, la tragedia amorosa de Orfeo y Eurídice.[22] La serie de cuadros de este mito, se inicia con la siguiente representación:

tenía figurada la ribera
de Estrimón, de una parte el verde llano
y d'otra el monte d'aspereza fiera (124-126)

Esta leve pincelada del río Estrimón hecha con toque impresionista sirve para definir la fàbula dentro de una realidad geogràfica fluvial. Algo parecido al procedimiento cronológico de la susodicha historia ocurre también en el tejido final de la égloga. En él, la ninfa Nise presentarà la historia del pastor Nemoroso y de Elisa. Esta última historia, que se diferencia geogràfica y cronológicamente de las tres antecedentes tanto por su hondo fundamento autobiogràfico como por su escenario contemporàneo, también empieza su serie de cuadros con la de un río--el Tajo--en cuya ribera Nemoroso[23] "lloró mil veces" a su amada Elisa:

Pintado el cuadaloso rio se vía
que en àspera estrecheza reduzido,
un monte casi alrededor ceñia,
con ímpetu corriendo y con rüido;
querer cercarlo todo parecía
en su bolver, mas era afàn perdido;
dexàvase correr en fin derecho,
contento de lo mucho que avia hecho
(201-208).

Esta pintura del río junto a la presentación del mismo que antes se había dado en mimesis directa ("Cerca del Tajo..."), encuadra una realidad artística dentro de otra figurada en el mismo objeto (el Tajo) semejante a lo que ocurrirà después en otra obra màxima del arte español, "Las Meninas" de Velàzquez.

Junto a la aparicición del Tajo en su respectivo plano hay que mencionar la "función nutritiva" del mismo dentro del poema. Las cuatro ninfas, que son hijas del río en cuyas aguas viven, reciben directamente del Tajo la destreza y creación artística que ellas exhiben. También, las materias primas que usan para bordar con arte de tejiduría sin igual las cuatro historias amorosas, se encuentran en el lecho del mismo río:

> Las telas eran hechas y texidas
> del oro que'l felice Tajo emía,
> apurado después de bien cernidas
> las menudas arenas do se cría,
> y de las verdes hojas, reduzidas
> en estambre sotil qual convenía
> para seguir el delicado estilo
> del oro, ya tirado en rico hilo
> (105-112).

En el proceso de convertir el oro y la seda en materiales artísticos, se presenta, como en otras muchas partes del poema, una armoniosa y estrecha relación entre la Naturaleza y el arte(24) la cual en este caso, reside en la función nutritiva del río Tajo.

Todo lo que ocurre en la égloga II(25)--la parte que trata del duque de Alba--también està estrechamente ligado al elemento fluvial. En ella, el río Tormes, rige toda la historia de don Fernando a cuyo desarrollo de héroe seguimos etapa por etapa.

En primer lugar, se presenta al río para establecer la ubicación geogràfica de la sede familiar del duque:

> En la ribera verde y deleytosa
> del sacro Tormes, dulce y claro ryo,
> ay una vega grande y espaciosa,
> verde en el medio del invierno frío,
> en el otoño verde y primavera,
> verde en la fuerça del ardiente estío
> (1041-1046).

El río que circunda a la ciudad de Alba de Tormes (lo mismo que el Tajo a Toledo), aparece en el poema como dios. Esto harà posible que sus aguas canten y cuenten como se verà màs adelante.

Es notable, también, que la cura amorosa del pastor Nemoroso, la cual sirve de pretexto para presentarnos al Mago Severo, se efectúe en la ribera del mismo río:

> No te sabré dizir, Salicio hermano,
> la orden de mi cura y la manera,
> mas sé que me partí dél libre y sano.
> Acuérdaseme bien que en la ribera
> de Tormes le hallé solo, cantando
> tan dulce que una piedra enterneciera
> (1095-1100).

Severo, quien tiene existencia histórica en la figura del padre dominicano lombardo, Severo Varini, preceptor del duque don Fernando, posee una sabiduría inmensa que va màs allà de curar simples casos de amor. Según nos cuenta el mismo Nemoroso (vv. 1075-1085), Severo puede dominar el flujo de los ríos y el curso de las tormentas, así como las otras fuerzas de la naturaleza. El dominio de Severo sobre los secretos del cosmos es anàlogo al de Enareto en la Arcadia de Sannazaro. En efecto, existe una afinidad entre las dos figuras no sólo en cuanto a su sabiduría sino en relación a la fuente de la misma. Como ya hemos indicado, Pan, el dios por excelencia del mundo bucólico clàsico-italiano y, símbolo de la Naturaleza, transmite directamente a su pastor-sacerdote Enareto los prodigios que éste exhibe en la Arcadia. De igual manera, el río Tormes, símbolo de la divinización de la Naturaleza y elemento eje de ella, los transmite directamente a su "hijo" Severo a quien, ademàs, le revela el futuro:

> A aquéste el viejo Tormes, como a hijo,
> le metií al escondrijo de su fuente,
> de do va su corriente comencada;
> mostróle una labrada y cristalina
> urna donde'l reclina el diestro lado,
> y en ella vio entallado y esculpido
> lo que, antes d'haber sido, el sacro viejo
> por devino consejo puso en arte (1169-1176).

En otro plano de complejidad, el Tormes actúa como pórtico de entrada a la historia del duque de Alba y sus aguas forman el camino en que se refleja la vida del héroe. El agua bajo la forma de dios fluvial encuentra un paralelo en la primera parte del poema donde predomina el agua bajo la forma de la fuente; lugar en que se centra toda la acción de la historia de Albanio. El agua concentrada en la fuente refleja la vida sentimental de Albanio el cual llega a ser un nuevo Narciso.⁽²⁶⁾ El agua fluyente del río Tormes refleja el dinamismo y las hazañas heróicas del duque don Fernando. El agua-fuente y el agua-róo son núcleos unificadores y estructurales, de diferente modo, de las dos historias de esta égloga.⁽²⁷⁾

Este mismo motivo del agua se manifiesta màs claramente en el soneto XI ("Hermosas nymphas, que en el río metidas"), que sin duda alguna representa el màs perfecto ejemplo del motivo acuàtico en la poesía de Garcilaso. El terceto final describe una verdadera metamorfosis del vate en las aguas del río:

> que o no podréys de làstima escucharme,
> o convertido en agua aquí llorando,
> podréyis allà d'espacio consolarme.

Es aparentemente este poema, màs que cualquier otro, el que dejó una nota permanente en las sensibilidades de poetas posteriores, apareciendo en el portugués Camoens, en el Romàntico Espronceda ("La sacra ninfa que bordando mora/debajo de las aguas cristalinas"), y finalmente en Miguel Hernàndez en nuestros días quien, imaginando al poeta como un "claro caballero de rocío", testimonia que alrededor de Garcilaso

> El agua se emociona
> y bate su cencerro circundante
> lleno de hondas gargantas doloridas.⁽²⁸⁾

En el deseo de convertirse en agua, Garcilaso no està reiterando un rasgo inerte de la tradición mitológico-literaria, sino que expresa un hondo y sincero anhelo que, acaso, presenta el mejor y màs concreto indicio de su principal orientación espiritual. Resonando el motivo lírico de desolverse en las propias làgrimas del dolor, el soneto constituye una especie de encantación Talesiana, expresiva del poderoso elemento acuàtico en el universo y de la final absorción del hombre en las aguas del río.

Y el "amor" del poeta por los ríos no se limita a los poemas escritos en castellano sino que inunda también los compuestos en latín, según indican los siguientes versos de la Oda II:

> iam iam sonantem Delius admovet

dexter tacentem barbiton antea;
cantare Sebethi suadent
ad vaga flumina cursitantes

nymphae; iam amatis moenibus inclyte
non urbis, amnis quam Tagus aureo
nodare nexu gestit, ultra
me lacerat modum amor furentem:

sirenum amoena iam patria iuvat
cultoque pulchra Partenope solo
iuxtaque manes considere,
vel potius cineres, Maronis (13-24).

Lamentando su destierro en la orilla de un río, el Danubio, el poeta expresa una profunda ansia de regresar a sus dos patrias--Nàpoles y Toledo--expresando su deseo de volver a sus dos repectivos ríos, el Sebeto y el Tajo, testimomonio los dos a la singular intimidad simbiótica en la pastoral italo-española del Renacimiento. Con la mención de los dos ríos, Garcilaso precisa en términos fluviales la localización exacta de los dos centros de la pastoral renacentista sin olvidar de mencionar el puesto preeminente que ocupa el pariarca de la misma, Virgilio (Marón). Es precisamente la fusión de estas tres corrientes-Virgilio, Sannazaro y Garcilaso--que constituye la mayor parte de lo que podría llamarse "Renacimiento pastoril" en España.

Las determinaciones que acompañan a los ríos, especialmente las de índole religiosa, y los adjetivos que denotan personificación, también se prestan a un anàlisis del caràcter divino de los ríos en los poemas de Garcilaso. Caso único en la adjetivación que se aplica a los ríos es el Soneto XXIV. En él, el río Tajo recibe tres adjetivos simultàneos: "el patrio, celebrado y rico Tajo" (v. 12).[29] Y, por último, debemos añadir el adjetivo "amado"[30] que también se aplica únicamente al Tajo:

De quatro nymphas que del Tajo amado
salieron juntas, a cantar me offrezco
(Egl. III, 53-54).

El amor entrañable de Garcilaso por su río, por su lugar natal comporta cuatro grados valorativos: el Tajo es "celebrado," "rico," "patrio" y "amado." Los epítetos "celebrado" y "rico," términos frecuentes en muchas descripciones y elogios clàsicos y medievales del Tajo, denotan respectivamente la fama y la riqueza aurífera del río. Pero "patrio" y "amado" son màs que simples determinaciones del tono afectivo de Garcilaso por su lugar natal; implican una veneración de àmbito religioso al par que la expresión "padre amado" aplicada al Dios Cristiano. En efecto, estos dos adjetivos junto a unos cuantos màs que daremos en seguida establecen todo un estilo y temàtica que acentúa el caràcter esencialmente divino de la presencia de los ríos y sus riberas en la pastoral renacentista española.

El Tormes, otro españolísimo río, està definido varias veces por su vejez: "A aqueste el viejo Tormes, como a hijo" (Egl. II, v. 1169); "El viejo Tormes, con el blanco choro" (Elegía I, v. 142). Sobre todo, sin embargo, el río es sacro:

> En la ribera verde y deleytosa
> del sacro Tormes, dulce y claro río
> (Egl. II, vv. 1041-1042).

También el Danubio es "rio divino"[31] (Canción III, v. 53), y como el Tormes està definido por su vejez: "En esto el claro viejo rio se vía" (Egl. II, v. 1590).

"Viejo," "divino," "sacro," forman una serie calificativa importantísima que otorga poderes sobrenaturales a los ríos. Esto harà posible que ellos actúen como dioses y sus aguas canten y cuenten como ya hemos indicado. En la égloga II, el río Tormes, que rige todo el poema, revela el futuro a Severo (vv. 1169-1173); profetiza las hazañas del Duque de Alba (vv. 1755-1804); y en una oportunidad nos participa su sabiduría:

> "¿De qué t'espantas tanto?," dixo el río.
> "¿No basta el saber mío a que primero
> que naciese Severo, yo supiesse
> que avia de ser quien diesse la doctrina
> al ànima divina deste moço? (1321-1325).

A través del Tormes penetran en la narración otros ríos: el Rin y el Danubio. Ambos son de singular importancia en la obra y hacen propicias sus aguas a la navegación del Duque. El "gran Rheno" es el primero:

> Tomàvale en su seo el caudaloso
> y claro rio, gozoso de tal gloria,
> trayendo la memoria quando vino
> el vencedor latino al mismo passo.
> No se mostrava escasso de sus ondas;
> antes, con aguas hondas que engendrava,

los baxos ygualava, y al liviano
barco dava de mano, el cual, bolando,
atràs yva dexando muros, torres (1471-1479).

Estos versos reflejan el gozo con que el río acoge al héroe y le permite pasar sobre sus aguas. Al mismo tiempo el Rin tiene "memoria," recuerda los hechos pasados, las hazañas épicas de la historia antigua. El río, uniendo el pasado y el presente, da su benévola mano al barco del Duque. También el Danubio, coronado como un dios (vv. 1590-1593), actúa por intervención directa en la empresas de las fuerzas imperiales: "y en aquel sueño incierto les mostrava/todo cuanto tocava al gran negocio" (vv. 1594-1595), y dispone de sus aguas las cuales seràn propicias a las embarcaciones del César (Carlos V) y del Duque de Alba:

El río sin tardança parecía
que'l agua disponia al gran viaje;
allanava el passaje y la corriente
para que fàcilmente aquella armada,
que havia de ser guïada por su mano,
en el remar liviano y dulce viesse
quànto el Danubio fuesse favorable
(1602-1608).

La actitud de profunda veneración hacia los ríos ("patrio y amado Tajo," "sacro Tormes," "Danubio, rio divino"), y el papel que los mismos desempeñan en los poemas que hemos analizado, indican muy claramente como el vate toledano aplica el principio inmanentemente divino de la Naturaleza a los ríos de su patria y época, y a los que tienen una vinculación muy íntima con su vida.

Con la aportación de estos motivos a sus poemas, Garcilaso presenta un nuevo e innovador tipo de paganismo que encuentra su propia existencia y realidad en la presencia de los ríos, los cuales llegan a ser los dioses bucólicos de su mundo poético. Es decir, un paganismo "natural", puro y simple, que establece a Garcilaso como el poeta màs paganizante del Renacimiento español.

## NOTAS

1. En los manuscritos que quedan y en la primera edición ilegítima (Venecia, 1502) faltan las últimas cinco partes--Prosa-Egloga XI, Prosa-Egloga XII, y la despedida "A la sampogna"--de la edición definitiva de Summonte, Nàpoles, 1504.

2. Jacopo Sannazaro, Opere, a cura di Enrico Carrara (Torino: Unione Tipografica Editrice Torinese, 1952), p. 137. Todas las referencias de la Arcadia son de esta edición y aparecerán en el texto mismo con el número de la pàgina correspondiente.

3. La Egloga VIII de Virgilio, en particular la segunda parte del poema, que imitada del Idilio II de Teócrito, describe las ceremonias màgicas de que se valió la querida de Dafnis desdeñada por éste, para atraerle nuevamente a su hogar y compañía. Francisco López Estrada señala que en la susodicha égloga las palabras de Alfesibeo son un encanto con efecto màgico: "La posibilidad de que el canto sea encanto y el encanto canto, y su condición en un mismo plano, es un margen que contiene la constitución de las Bucólicas." en Los libros de pastores en la literatura española (Madrid: Gredos, 1974), p.74.

4. Barbara Mujica, Iberian Pastoral Characters (Potomac, Maryland: Scripta Humanistica, 1986), p. 137.

5. Un nombre basado sin duda en la consagrada Aretë griega, y que para Sannazaro significa "suprema bondad y excelencia." Según Carrara (nota 1 p. 138) Enareto encarna la idea de virtud.

6. Para el nexo entre magia y religión en ritos paganos veànse Andrew Lang, Magic and Religion (New York: Greenwood Press, 1969) y Franz Cumont, Le religioni orientali nel paganesimo romano (Bari: Laterza, 1967), pp. 221-224.

7. J. A. Pérez-Rioja, Diccionario de símbolos y ritos (Madrid: Editorial Tecnos, 1962), p. 281.

8. Consúltese el estudio de Gustavo Correa, "El templo de Diana en la novela de Jorge de Montemayor," Thesaurus, Bogotà, XVI (1961), 59-76.

9. Una lista completa de los templos y cultos a Pan se encuentra en la voluminosa obra de Lewis R. Farnell, Cults of the Greek States (Oxford: The Clarendon Press, 1909), V, pp. 431-434 y 464-468. El rito que acabamos de mencionar aparece en Teócrito, Idilio VII, v. 105 y sgs.

10. Véanse Vincenzo Cartari, Imagini de gli Dei delli Antichi (Padova, 1621), pp. 112-114 y Juan Pérez de Moya, Philosofia secreta (Madrid: Los Clàsicos Olvidados, 1928), I, pp. 44-49.

11. En general, las églogas del dramaturgo salamantino se apartan manifiestamente de la interpretación clàsica. Para la gradual transición desde las piezas impregnadas de un espíritu nacional-religioso y de elementos rústico-cómicos hasta las últimas obras ya contaminadas de la atmósfera renacentista, véase Bruce W. Wardropper, "Metamorphosis in the Theater of Juan del Encina," Studies in Philology, LIX (1962), 41-51.

12. Para un estudio de lo pastoril español en sus varios aspectos y géneros--poesía, teatro y novela--es fundamental la obra de López Estrada, Los libros de pastores en la literatura española. Con respecto a la novela, véanse J. B. Avalle-Arce, La novela pastoril española (Madrid: Ediciones Istmo, 1974) y Barbara Mujica, Iberian Pastoral Characters.

13. Ha analizado las influencias directas del bucolismo clàsico (Virgilio y Sannazaro, entre otros) en las églogas garcilasianas, Rafael Lapesa en su libro La trayectoria poética de Garcilaso, 2a ed. (Madrid: Revista de Occidente, 1968).
14. José Martínez Ruiz (Azorín), Al margen de los clàsicos (Madrid: Imprenta Clàsica Española, 1915), p. 56.
15. Dàmaso Alonso, Cuatro poetas españoles (Madrid: Editorial Gredos, 1962), p. 44. En una nota, el autor explica que el Tormes no està propiamente cantado, sino que aparece como deidad. Véase Nota 4, op. cit., p. 181.
16. Tormes: Egl. 2a, passim, Elegía I, vv. 142-165; Tajo: Soneto XXIV, vv. 9-14, Oda II, 17-20 y 69-72, Egl. 2a, vv. 528-532, Egl. 1a y Egl. 3a Rhin: Egl. 2a, vv. 1469-1479; Danubio: Canción III, vv. 1-4 y 53-58, Oda II, 5-8, Egl. 2a, vv. 1494-1501, etc.; Sebeto: Oda II, vv. 15-17; Estrimón: Egl. 3a, vv. 124-126; Erídano: Elegía I, vv. 46-51. Para los poemas en español hemos consultado el libro de Edward Sarmiento, Concordancias de las obras po_ticas en castellano de Garcilaso de la Vega (Madrid: Castalia, 1970).
17. Américo Castro, El pensamiento de Cervantes (Madrid: Centro de Estudios Históricos, 1925), pp. 156-190.
18. El difunto historiador literario español, Francisco Rodríguez Marín, comentando como Cervantes en la segunda parte de Don Quijote (capítul 73) se refiere humorísticamente a Dulcinea como "gloria de estas riberas", señaló acaso por primera vez que es muy propio del género pastoril nombrar las riberas en lugar de las tierras o comarcas. Casi todos los pastores fingidos son ribereños, en Don Quijote de la Mancha, ed. "Atlas" (1947-49), VIII, p. 244, nota 12.
19. Otra fuente, que también pudo contribuir al caudal de deidades fluviales, ha de enconcontrarse en la larga tradición autóctona del culto a los ríos en la península ibérica: "Por toda España se han hallado claros indicios arqueológicos del culto a ríos y fuentes. Inscripciones dedicadas al dios Durius sugieren que éste presedía sobre el río del mismo nombre, ahora Duero...Las religiones autóctonas de íberos y celtíberos nos enteran de la existencia de otros ríos sagrados como el Lima, y aun otros adorados como divinidades: El Abro,(sic) el Betis, el Duero." citado en Egla Morales Blouin, El ciervo y la fuente: mito y folklore del agua en la lírica tradicional (Madrid: José Porrúa Turanzas, S. A. 1981), p. 38.
20. Véase mi artículo "Bucolismo religioso en poetas del Renacimiento español," Angélica. Revista de Literatura, 2, (1991), 79-88.
21. Garcilaso de la Vega, Obras Completas ed. Elias L. Rivers, 2a ed. (Madrid: Castalia, 1968) Todas las referencias de la poesía de Garcilaso son de esta edición. Para un anàlisis estilístico de los versos 57-64 y de las cuatro estrofas (9, 10, 11 and 12) que los siguen, véase Dàmaso Alonso, Poeséa española, 3a ed. (Madrid: Gredos, 1966), pp. 47-108.
22. Para la presencia y función de los mitos en la obra de Garcilaso, consúltese el libro de Joan Cammarata, Mythological Themes in the Works of Garcilaso de la Vega (Madrid: José Porrúa Turanzas, S. A. 1983).
23. En realidad, Nemoroso no aparece en la historia. Lo que oímos literalmente es el eco de su voz en la palabra "Elisa" que resuena del monte al río.

24. Véase el artículo de Elias Rivers, "The Pastoral Paradox of Natural Art," Modern Language Notes, 77 (1962), 130-144.

25. Un estudio detallado de la égloga que tiene en cuenta y analiza las respuestas críticas a los problemas que plantea el texto del poema se encuentra en el libro de Inés Azar, Discurso retórico y mundo pastoral en la 'Egloga Segunda' de Garcilaso (Amsterdam: John Benjamins B. V., 1981).

26. Elias Rivers señala que Garcilaso reelaboró el mito ovidiano de Narciso dàndole un enfoque moral basado en la corriente neoplatónica: "And the moral didacticism which certain critics consider fundamental in Garcilaso's Second Eclogue derives from Ovide moralisé tradition as revised by Ficino and the Neoplatonists of Renaissance Italy." en "Albanio as Narcissus in Garcilaso's Second Eclogue," Hispanic Review, 41, (1973), p. 304.

27. Una discusión del símbolo del agua como factor integrante de la égloga, aparece en Inés McDonald, "La segunda égloga de Garciaso," Boletín del Instituto Español, (Londres), 12, (1950) 6-11.

28. Rafael Lapesa, op. cit., pp. 164-165.

29. Aunque las varias menciones virgilianas de "Pater Tiberinus" en las Geórgicas (IV, 369) y Eneida (VIII, 31), son la probable fuente de "patrio Tajo," la expresión en Garcilaso adquiere un sentido màs extenso (como veremos màs adelante) que se aparta de la referencia casual con que aparece en Virgilio.

30. El patriarca de la bucólica moderna, Jacopo Sannazaro, usa el mismo adjetivo para su Sebeto en la Arcadia: "...se non che dinanzi agli occhi mi vedea lo amato fiumicello" (Prosa XII). No cabe duda que en parte la difusión del motivo se le debe directamente con la susodicha expresión y con otras como la siguiente:

>"O liquidissimo fiume, o Re del mio
>paese, o piacevole e grazioso Sebeto,
>che con le tue chiare e freddissime
>acque irrighi la mia bella patria,
>Dio te esalte" (Arcadia, Prosa XII).

31. Fernando de Herrera, en su Anotaciones (1580) a las obras de Garcilaso, precisa muy eficazmente la tradición clàsica de la expresión "rio divino": "Escribe Maximo Tiro en el sermon 38 que los griegos, a todas las cosas que les parecian hermosas, llamaban divinas de la misma naturaleza de Dios, por el deseo que tienen los hombres de entender la natauraleza divina. Y los antiguos nombraban sacras a todas las cosas grandes ..." en Antonio Gallego Morrell, Garcilaso de la Vega y sus comentaristas, (Madrid: Gredos, 1972), p. 401.

Giulio Massano received his undergraduate education in Italy, studied Spanish at the Universidad Javierana in Colombia, and earned an M.A. and Ph.D. in Spanish prose studies at The Catholic University of America.

Professor Massano has published numerous articles on the picaresque novel; he is also the author and editor of numerous bilingual publications produced by Curriculum Associates.

Presently he serves as Chair of the Foreign Language Department at the University of Massachusetts-Dartmouth, where he has taught Spanish, Italian, and Latin since 1974.

\* \* \*

## RIQUEZA EXPRESIVA DE LOS REFRANES DE LA DESORDENADA CODICIA DE LOS BIENES AGENOS

En el castellano, màs que en otras lenguas occidentales, se encuentra un raudal inagotable de refranes, proverbios y dichos[1]. Desde le formación de la lengua, tal forma sentenciosa de la oración ha sido apreciada, cultivada y aumentada[2]. Esta continua vitalidad del refranero se debe al pueblo español que refleja en tal forma expresiva su visión de la naturaleza, su inagotable confianza en la providencia divina y su aceptación estoica de las faltas e injusticias humanas. Por representar el refranero un compendio de la filosofía popular y comunal mantiene, a través de los siglos, una uniformidad extraordinaria; así, los refranes del Quijote pueden escucharse hoy en día en la boca de cualquier hispanohablante con la misma significación aludida por Sancho y por su amo. En medio de inumerable evoluciones y desgastes de expresiones lingüísticas, el refranero permanece como entidad inmudable e imprescindible del castellano.

Ningún período literario como el llamado "Siglo de oro" ofrece tantos ejemplos de refranes en sus creaciones. En un período de profundas mutaciones estéticas y lingüísticas causadas por el humanismo y por el reacimiento, los escritores españoles, excepto rarísimas excepciones, se mantuvieron fieles a su tradición, realística y popular originada en la Edad

Media. Mientras que los esritores italianos, franceses e ingleses sequían observando las retóricas clasicistas que establecían con claridad y sin excepciones los conceptos de separación de estilo y convicción que solamente los representantes de la alta clase social eran capaces de serios y dràmaticos sentimientos, mientras que el pueblo era considerado únicamente objeto de comicidad, los autores españoles siguieron tomando al pueblo como fuente de sus obras serias y dramaticas y continuaron a emplear las màs variadas formas estilisticas sin curarse de la clase social a la cual pertenecian sus protagonistas. Es claro que ya en precedencia, en el <u>Decamerón</u>, en las numerosas otras obras de los "novellieri" italianos, como también en los <u>Fabliaux</u> franceses y en las creaciones del inglés Chaucer, los protagonistas provenian del pueblo; sin embargo, estas corrientes italianas, francesas e inglesas se limitaban a representar a sus caracteres en un episodio único y circunstancial de sus existencias y no llegaban a la profundidad y seriedad de las obras españolas que, siguiendo a un personaje desde su nacimiento hasta a un punto avanzado de su existencia, presentaban un ejemplo de problemàtica vital y real en la sociedad española del tiempo. Se presentan, por lo tanto, las creaciones literarias españolas de este tiempo, gracias a su fidelidad a la tradición literaria y linguística originada siglos anteriores, rebosante de caracteres y estilos que representan en su totalidad a la sociedad española y su variada gama de expresiones linguísticas.

Las obras màs conocidas de este periodo como <u>La Celestina</u>, <u>Lazarillo</u>, <u>Guzmàn de Alfarache</u> y el <u>Quijote</u> han sido abundantemente estudiadas y escrutadas en sus varias componentes expresivas y linguísticas. Otras, de notable valor literario y linguístico, han permanecido lamentablemente ignoradas. Un claro ejemplo de esta negligencia de los críticos es La desordenada codicia de los bienes agenos de Carlos García.[3] Escrita y publicada en París en 1619 por el emigrado aragonés Carlos García, la novela, mientras narra las aventuras ladronescas del protagonista Andrés, abre una ventana sobre el mundo del hampa organizada y sobre las màs bajas manifestaciones criminales de España y Francia. Es esta obra, según F.W. Chandler, el mejor ejemplo español de libros de ladrones tan populares en los siglos XVI y XVII en Francia y en Inglaterra.[4]

La trama de la novela es bastante simple. El autor Carlos García, sin haber aparentemente cometido algun acto criminal, es echado en prisón.[5] Durante la estadía en la càrcel el autor encuentra a un ladrón profesional de nombre Andrés, el cual, habiendo reconocido en Carlos García un individuo hàbil en dar consejos legales y en resolver problemas religiosos y filosóficos, le narra su entera vida criminal. El escritor aragonés, fascinado por la variedad de accidentes del ladrón y commovido por sus numerosas desgracias personales, nos trasmite el relato completo de las aventuras de Andrés juntamente con las razones que le lanzaron en la vida criminal.

Como otras novelas del tiempo, la narración autobiogràfica de Andrés empieza con la descripción de sus padres y la primera desgracia que cambia totalmente la dirección de la vida del joven. Dejemos que Andrés describa a sus padres y los hechos relativos a su juventud:

"En todo el discurso de su vida (padres) se halló cosa que poderles echar en la cara,.porque no se desvelavan en otro. que conservar la honra y buena reputación...Pero, como ordinariamente la virtud es invidiada y la gente de bien perseguida, no faltaron algunos maliciosos y desalmados que, con falsas y temerarias calumnias, escurecieron la puridad y resplandor de sus buenas obras y limpieza de vida. Acusàronles (¿ ay maldad semejante?) de aver sacrilegado una iglesia, saqueado la sacristía con los càlizes y ornamentos della, y, lo que peor es, de aver cortado la mano de un San Bartolomé que estava en un retable, el qual dezían ser de plata. Acusación tan maliciosa quanto falsa,.pero, como dos alevosos bastan a condenar un justo...sucedió que, no enbargante los reproches que dio a los testigos, harto suficientes para convencer la malicia del acusador y manifestar la inocenia del acusado, les condenaron a muerte, juntamente con otro hermano mío y un sobrino de mi madre...Baste, finalmente que, siendo pobres, les fue forçoso pagar con la vida lo que no se pudo con la hazienda. Sólo yo puedo alabarme de aver alcançado alguna misericordia con los juezes en consideración de mis tiernos años y poca experiencia; pero la merced que se me hizo fue una gracia con pecado, pues me dexaron la vida con condición que fuese el Nerón de aquellos màrtyres. Harto porfié yo y muchas diligencias hize por no cometer tan execrable delicto, qual es deshazer al que me hizo, pero no fue possible sin perder yo tanbién la vida con ellos. Y assí, considerando que otro haría lo que yo rehusava, y por otra parte la persuasión de mis amigos que con grande cargo de conciencia me amonestaban que lo hisiese para que no se perdiese el linage de mis padres y quedase en este mundo quen rogase a Dios por ellos, me resolví a hazer lo que por algún otro respecto huviero hecho." (125-127)

Andrés, para salvarse, debe ejecutar a sus padres. Con tal experiencia macabra e inhumana el joven entra en el mundo empujado por el único instinto vàlido que le queda: el de la supervivencia. Toda la vida futura de Andrés serà determinada por esta experiencia negativa inicial y no es sorprendente que el joven llegue a considerar a la sociedad como causa promordial de males y desgracias y que conciba una actividad fuera de la ley, como el hurto, como la sola forma apta para retribuir a una sociedad que le ha condicionado con un proceso educativo negativo.

Para vengarse de la sociedad, Andrés se une a una organización ladronesca y dedica toda su existencia al hurto. Apresado y echado en la carcel, Andres tiene ahora el tiempo y la disposición psicológica para recordar y relatar en detalle las aventuras personales y las leyes y los estatutos que rigen a la sociedad de los ladrones. Esta narración detallada y realistíca del mundo del hampa es fascinante por su hondura, interés social y recursos estilísticos empleados por el autor. La sociedad de ladrones a la cual Andrés pertenece es representada en la obra a través de las formas estilisticas características del período barroco en que Carlos García vive. Con frases amplias, redundantes, ampulosas, saturadas de subordinadas, coordinadas y conjunciones, Carlos García trata de justificar teórica y metafisicamente el hurto; con oraciones breves, asimétricas, concisas y vibrantes, al contrario, el emigrado aragonés representa a lo vivo las aventuras de Andrés y de sus cofrades (ya que en el libro el hampa aparace estructurada según el modelo de las órdenes religiosas). Son éstas las mejores pàginas de la obra, las màs ricas de sabiduría popular, de refranes y de dichos y, por consiguiente, las màs accesibles y significativas para el lector moderno.

El autor se sirve de los refranes para presentar el mundo psicológico del protagonista Andrés y para manifestar su reacción hacia la sociedad curcunstante. Andrés proyecta en los refrances la vasta gama de emociones humanas que fluyen como consevuencias de acontecimientos felices, infaustos o afortunados; en la mayoría de los casos, sin embargo, nuestro ladrón trasciende su àmbito personal y se hace intérprete de toda una casta de personas que, puesta al margen de la sociedad y de la ley por razones de nacimiento, falta de recursos económicos y de fragantes injusticas humanas, como en su caso, trata de sobrevivir y recobrar su honor en una sociedad encerrada y hostil. Los sentimientos màs comunes que brotan por lo tanto de los refranes, seràn los de desengaño, amargura e impotencia en frente de los privilegios de los poderosos y nobles.

El sentimiento màs intenso que inunda a Andrés después de la ejecución de sus padres, es de impotencia e incapacidad de hacer justicia.

Los jueces, en clara oposición a su profesión, son los ejemplos màs explícitos de la injusticia y corrupción, porque hacen "yr las leyes donde quieren los reyes." (126) [6] El concepto del justo castigo por los crimenes cometidos ya no existe, lamenta Andrés; la corrupción en el sistema judicial es tal que "unos laban la lana y otros tienen la fama." (121) La libertad o la condena a la càrcel y a las galeras no depende de la culpabilidad personal, sino de cantidad de dinero regalada a los jueces. Con amargura debe concluir Andrés que los poderosos y los ricos obran según su antojo sin "conocer ni respetar rey ni roque." (118) [7] ¿ Es posible, sugiere càustico Andrés, cambiar la ley natural traducida ahora en ley social y judicial que màs come un buey que cien golondrinas?" (119)[8] En su indignación Andrés no tiene otra alternativa sino invocar a la justicia y rogar a Dios que los jueces "no se vayan a Roma por penitencia" (127) sino que encuentren su castigo donde se encuentren. El joven sabe que Dios se tomarà cargo de su situacíon con una punición proporcionada y por lo tanto " a quien fue causa de tanto mal no le arriendo la ganacia" (127)[9] y "con su pan se lo (castigo) coman." (127) [10] La justicia divina es la única certidumbre que le queda a Andrés. Desde los comienzos de los tiempos, confía el joven, Dios "ha dado tras de la llaga, la medecina." (178)[11]

La muerte "affrentosa" de los padres es para Andrés el preludio de una vida tràgica, solitaria y sin honra. La sociedad, ademàs de haberle injustamente destruido lo màs sagrado y de haberle reducido a ser: "huérfano, moco, solo o mal acompañado y sin consejo" (128) le impide buscar medios honorables para vivir. Así continúa tristemente Andrés; "Viendo... que si avía de vivir y comer avía de ser con el sudor de mi rostro, me resolví a buscar un amo quien servir o algún official con quien assentar; todo lo qual fue en vano, porque siendo el caso de mis padres fresco y la infamia corriendo sangre, no hallé quien quisiera recevirme en su casa, ni aun para moco de caballos, por donde me fue forcoso dexar mi tierra y buscar la ventura en otra estraña." (128-129) El repudio total de la sociedad produce en Andrés una herida psicológica profunda que le compele a juzgar no sólo el sistema judicial, como ya hemos visto, sino a la humanidad entera bajo un punto de vista desengañado y pesimista. El pobre Andrés nunca ha podido experimentar los efectos benéficos del amor familiar y el respecto y aprecio de sus conocidos; por consiguiente, su visión de la humanidad està colmada de amargura y desesperanza. Las acciones de la mayoría de la gente, explica con claridad Andrés, son motivadas por el egoísmo, lucro y provecho personal. No hay límties a la insaciabilidad humana y el sistema social es tal que produce e idolatra a los indiviuos que hacen de la requeza y de los honores los fines primarios de la propia existencia. Hecho el primer paso en el camino del egoísmo y de la ambición, es imposible detenerse, "porque", concluye con intuición Andrés, "el amor y desseo de la honra y requeza crece quanto ella mesma se aumenta, como dixo bien el otro poeta[12] y siendo la ambición un fuego y insaciable hydropesía, quanto màs leña le dan, màs se aumenta su llama, y quanto màs beve màs se acrecienta la sed." (136)

No se reduce L. D. C. a un anàlisis desapasionado y destacado de la sociedad española del comienzo del siglo XVII. Andrés no asume únicamente el tono del moralista y del predicador; en su sinceridad el joven interlocutor de Carlos García se da cuenta de que los vicios que el condena en el resto de la sociedad determinan y guían con frecuencia sus intenciones y acciones. No obstante numerosas tentativas nobles, las acciones personales de Andrés siguen siendo motivadas por vicios, egoísmos y explotaciones de otras personas. ¿Es posible una vida honrada y pura se pregunta a este punto Andrés? ¿Puede la humanidad decidir libremente el curso de sus acciones sin ser determinada por los instintos bajos y ruines? Andrés, considerando su existencia y analizando la conducta de la sociedad circunstante, concluye que todos son victimas de un determinismo que impide a las facultades intelectuales el ejercicio de sus buenas intenciones y determinaciones. Tal admisión de la negación de la libertad personal es el paso màs avanzado de la concepción negativa y pesimistica de la humanidad. ¿Por qué esforzarse en el camino de la virtud si toda acción tiene como finalidad un provecho personal, pregunta Andrés? ¿ No sabe la gente que"quàl màs, quàl menos, toda la lana es pelo? (121) ¿No somos todos de la confradía?: (121)"¿ No agrada a todos tomar truchas a bragas enxutas?[13] Andrés se lamenta que toda la sociedad, él incluido, ha llegado a tal punto de distorsión ética que glorifica a quien hace acciones moralmente malas y condenables "per se". ¿ No es acaso universalmente aceptado el refràn "quién hurta al ladrón gana cien años de perdón? (189)

La escuela pràctica de la vida le ha enseñado a Andrés varias lecciones. En su existencia al màrgen de la ley, el ladrón ha tenido la opotunidad de analizar las fuerzas que mueven el sistema de justicia (" santa hermandad") y las fuerzas que mueven a la "sociedad" de ladrones a la cual él pertenece. Andrés respeta a los encargados de hacer observar la justicia y afirma que las dos sociedades, la legítima y la ladronesca, prosperan porque ambas practican mutua tolerancia sin exageradas interferencias. La siguiente declaración confirma esa situación: "De todos los hurtos se saca primeramente el quinto para satisfazer con él al que nos perdona los açotes, destierro, galeras y horca." (203) Si la justicia acepta la existencia del hampa organizada ¿Quién es, pues, el enemigo màs peligroso de la cofradía? Andrés admite que los adversarios màs temibles provienen del seno de la fraternidad, provienen de los ladrones que actúan como espías. Esta gente es abominable porque goza de los beneficios de la sociedad de los ladrones y de los beneficios de la justicia. Para poder sobrevivir en la fraternidad de los ladrones, la virtud que se debe observar con màs escrúpulo es la prudencia. Tal virtud ha de ejercitarse mayormente con los humildes y piadosos, porque "tras de la cruz està el diablo." (122) "El diablo que nunca duerme" (173) està continuamente vigilando para relatar a los enemigos los planes de los ladrones. Cuando un nuevo miembro es aceptado en la sociedad de los ladrones se necesita mantener distancia por un determinado lapso de tiempo, ya que la experiencia enseña que "una hanagea de sal ha de comer un hombre con su amigo antes de fiarse dél." (168)

En numerosas ocasiones el ladrón ha sido apresado por la justicia, azotado y condenado a las galeras. Ahora Andrés, antes de cometer un hurto, aunque parazca fàcil y ventajoso, està màs propenso a decidir sobre la oportunidad y el azar del lance, "por ver si todo lo que reluze es oro" y " por ver si las nuezes son tantas como el ruydo." (191) En varias circunstancias, considerando la peligrosidad del hurto, Andrés se rehusa de cometerlo, porque tal acción tendría el mismo resultado que "tomar agua en un arnero y poner puertas al mundo." (179) Al mayordomo de la galera que duda del resultato favorable de un acto de brujería prometido por Andrés[14], el ladrón le anima diciéndole: "sosiéguese vuestra merced...que para todo ay remedio, sino para la muerte y lo que no va en la madexa, va en el centenal." (184-185)[15] Con qué amargura y desilusión el ladrón debe admitir después de unos lances desafortunados "fuy por lana y bolví trasquilado." (189)[16]

En conclusión, L.D.C. contiene numerosos otros refranes, sentencias moralizantes y aforismos no reportados en este estudio porque la selección presentada nos parece suficiente para clarificar los aspectos linguísticos y realísticos de la obra de Carlos García. L.D.C. utiliza la existencia al margen de la ley de Andrés para alargar su visión y abrir una ventana sobre toda una clase de personas que, por varias razones, vive al margen de la ley y que ha constituido, para sobrevivir, una "sociedad' autónoma en seno de la sociedad legítima. El emigrado aragonés aprovecha de los refranes para expresar las varias matices psicológicas de su protagonista Andrés; siendo la vida de Andrés saturada de amargura, adversidades e incomprensiones, el refranero reflejarà el estado de ànimo desengañado y pesimístico del ladrón. La representación de L.D.C. es viva y vibrante aun para el lector moderno, por contener, entre otros factores, el recurso linguistico de los refranes que, desde la Edad Media, dan al castellano una frescura y contemporaneidad inimitables.

## NOTAS

1. Para mayor claridad y homogeneidad agruparemos en este estudio los términos "proverbios", "dichos" y "sentencias moralizantes" bajo la voz genérica de refràn. Aunque el refràn haya sido entendido y definido de varias formas, nos parace que la siguiente definición de Julio Casares sea la màs apropiada y completa: "El refràn es una frase completa e independiente, que en sentido directo o alegórico y por lo general en forma sentenciosa y elíptica, expresa un pensamiento hecho de experiencia, enseñanza y admonición... a manera de juicio." "Introducción a la lexicorgrafia moderna," Revista de filología española, anejo LIII, (1950),192.

2. Ya Juan de Valdés apuntaba que cuanto màs abundante de refranes era la lengua, tanto màs efectiva y comprensible resultaba entre los varios estados sociales. De la forma siguiente expresaba el escritor español la eficacia de los refranes" "Aprovéchome de ellos (refranes) tanto como dezir, porque, aviendo de mostrar por un otro exemplo lo que quiero dezir, me parace sea màs provechoso mostrar por estos refranes." Dialogo de la lengua, ed José Montesinos (Madrid: La Lectura, 1928) Vease también Govanni Bertini, Il Refranero (Torino: Giappicchelli, 1969) p. 41-42

3. Todas las referencias a la obra de Carlos García de este estudio provienen de la edicíon crítica de Giulio MAssano, (Madrid: Porrúa Turanzas, 1977). Las citas de La desordenada codicia de los bienes agenos se anotaràn en el texto mismo del artículo. Para evitar repeticiones, el título completo de la novela serà abreviado L.D.C.

4. Frank Wadlcigh Chandler, Romances of Roguery (New York: McMillan, 1899), p 277. Antes de la aparición de la obra de García ya habian sido publicadas en Europa varias novelas cuyos portagonistas eran ladrones, vagabundos y gente de baja condicion social. Estas obras, sin embargo, no llegaban a la hondura dialectica y a la dimension vital de la novela del emigrado aragones; la unica intención de tales ejemplares era de entretener al lector con aventuras desairadas y fuera de lo comun y no discutir, como en vez hace L.D.C, el caso típico de un desechado y desamparado en medio de la indeferencia y hostilidad de la sociedad circunstante. Los mejores ejemplos de este genero de literatura son (así como aparecen en su edición original): The fraternitye of Vacabonds as wel of ruflying vacabondes, as of beggerly..with their proper names and qualities. Imprinted at London by Iohn Awdeley, 1575; A Caveat for Comon cursetors vulgarely called vagabondes, set forth by Thomas Harman, 1567; The Unfortunate Traveller of the Life of Iacke Wilton by Thomas Nashe, 1594. En Francia encontramos los siguientes ejemplares: Vie genereuse des Mercelots, gueuz, et Boesmiens contenant leur facon de vivre, subtilitez et gergon. Mis en lumiere par Monsieur Pechon de Ruby. A Lyon, 1596: Les Serees (Sairees) de Guillaume Bouchet, 1598.

5. Empleamos aquí la palabra "aparentemente" ya que el único documento relativo al proceso de Carlos García, increiblemente, no menciona las razones que motivaron a la justicia parisiense a apresar a nuestro autor. El documento sólo menciona la edad, el lugar de origen, la profesíon de Carlos García y los nombres de las personas que fueron condenadas al mismo tiempo por ser acusadas de negromànticas y

hechiceras. Pensamos que las profesiones de Carlos García (medicina, astrología) fueron las causas de su encarcelación. Para mayores informaciones sobre la vida de Carlos García, ver L.D.C. pp 7-15; George Mogrédieu, Leonora Galigai; Un procés de sorellerie sous Louis XIII. (Paris: Hachette, 1968), 73,80-81; Michel Bareu, La Antipatía de Franceses y Españoles, (Alta Pres 1979, 376 pages.

6. Joseph E. Gillet afirma que tal refrán tiene sus orígenes remotos en un principio de la ley romana codificada por Justiniano: "Quod principi placuit, legis habet vigorem." Propalladia and Other Works of Bartolomé de Torres Naharro (Bryn Mawr: University of Pennsylvania Press, 1951), p. 77. Cervantes emplea con frecuencia en el Quijote este refrán tan común que se permite de oscurecer su significado o dejando el segundo miembro de la expresión, "pero allá van leyes...", etcétera y no digo más (l, 45), o invirtiendo el orden de palabras, "pero allá van reyes do quieren leyes" (ll, 5).

7. Refrán tomado del juego del ajedrez, de las dos piezas que tienen este nombre; hoy día, sin embargo, el roque se llama torre. Crf. Julio Cejador y Frauca, Fraseología o estilística castellana (Madrid: Revista de Archivos, Bibliotecas y Museos), IV, 46; José María Sbarbi, Diccionario de refranes, adagios, proverbios, modismos, locuciones y frases proverbiales de la lengua española (Madrid: Librería de los sucesores de Hernanado, 1922), II, 303; Don Quijote, II, I.

8. Según Sbarbi (II, 137) y Alonso de Barros el refrán original era: "Más caga un buey que cien golondrinas." Refranero español (Madrid: Ediciones Ibéricas, sin fecha), p. 301.

9. Cervantes emplea con frecuencia tal refrán. Ver Don Quijote (II, I) y Rinconete y Cortadillo en La novela picaresca española (Madrid: Aguilar, 1966), p. 181.

10. Este refrán muy común aparece también con la variación "con su salsa se lo coma." Cfr. Francisco López de Ubeda, La pícara Justina, ed. Julio Puyol (Madrid: Sociedad de bibliófilos Madrileños, 1912), I, 138.

11. Este refrán de origen judío sonaba originalment "el Dios da la llaga y él da la medecina." Cfr. Foulché-Del bosc, "Proverbs Judéo-Espagnols, " Révue Hispanique, II (1895), 322, n. 324; ver además Louis Combet, "Lexicographie Judéo-Espagnole: Dío ou Dió; judío et judio," Bulletin Hispanique, 68 (1966), 321-337; Don Quijote (II, 19).

12. Referencias al verso de Virgilio: Quid non mortalia pectora cogis, auri sacra fames?" (Eneida, III, vv. 56-57).

13. Este refrán aparece muy temprano en la lengua española. Originalmente se presentaba de la forma siguiente: "No se toman truchas a barbas enxutas; Catulus vult pisces sed non vult tangere flumen." Cfr. Américo Castro, Glosarios Latino-Españoles de la Edad Media (Madrid: 1936), p. 143.

14. El episodio al cual aludimos aquí cubre dos capítulos de L. D. C. (IX-X, pp. 167-185) y es uno de los más interesantes y agradables de la obra. Anmdrés, con óptima percepción psicológica había convencido al capitán y al cómitre de la galera en que estaba preso, que él , a través de las artes mágicas aprendidas en la juventud, les podía procurar las mujeres de sus amores. El capitán y el cómitre creyeron en la promesa de Andrés, se dejaron llevar a un lugar apartado y mientras embelesados

cumplían con el ceremonial propuesto por el ladrón, el los ató, los despojó de sus vestidos y dinero, les robó el caballo y recobró, con este engaño, la libertad.

15. Refrán de origen aragonés que puede aparecer también en la forma "Lo que no va en la madeja cae en el atador (centenal) de la madeja."

16. Este refrán puede aparecer también de la forma siguiente: "Las mulas fueron a buscar cuernos, vinieron sin orejas." Varios críticos afirman que el refrán es de origen judío. Cfr. Foulché-Delbosc, art. cit., 350, n. 595 y Henry Y. Besso, "Judeo-Spanish Proverbs. Their Philosophy and their Teachings," Bulletin Hispanique, 50 (1948), 379, n. 82.

Diana J. Hartunian is Assistant Professor of Spanish at Loyola Marymount University, Los Angeles, California. Her current areas of research include women's poetry of early modern Spain, and women's diaries of the same period. Ms. Hartunian completed her dissertation titled " 'The carpe diem' in La Celestina" under the direction of Bruno Damiani at The Catholic University of America, and published her first book La Celestina: A feminist reading of the "carpe diem". Dr. Hartunian has collaborated with Damiani in several scholarly projects. From this association has evolved an enduring scholarly relationship.

\* \* \*

## GENDER POLITICS IN MONTEMAYOR'S LA DIANA

Recent criticism has successfully defended the worth of Spanish pastoral romances published between 1559 and 1663. Whereas early twentieth century critics viewed the Spanish pastoral as "artificial" and "frivolous." contemporary critics attribute to this genre, among other features, developed character portrayal, psychological penetration of characters, and the presence of antiutopian elements.[1]

Among topics currently under research, the question of gender in sixteenth-century pastoral novels has been a point of study. Within the realm of gender studies, two recent articles discuss both the forms and functions of androgyny in sixteenth-century Spanish pastoral novels, and the prominent role that women play in the Spanish pastoral both as characters and as readers.[2]

These studies focus substantially on La Diana, the first of the Spanish pastorals, published by Jorge de Montemayor in 1559. La Diana is a postoral novel of particular interest as far as the study of gender is concerned, because of the significant role that female characters play in the work, as well as for several scenes which express gender ambiguity.[3]

Given the major role that women play in La Diana, the purpose of this article is to analyze the work in the light of fairly recent American and French feminist theory. Several aspects of La Diana will be analyzed.

The first aspect to be analyzed is the debate like scene between Sireno and Selvagia in Book I, which reveals the shepherdesses awareness of the role of women as other, Selvagia's words parallel the views of modern critics concerning the status of women in the Middle Ages and the Renaissance. The other focal point of this article is on two scenes well known for their powerful exposition of androgyny: the Selvagia/Ismenia/Alanio scene in Book I, and the Felismena/Valeria/Celia/Don Felis scene in Book II. In Book I, the shepherdess Selvagia tells her story of a love frustrated by mistaken identity: Selvagia falls in love with Ismenia, believing her to be Alanio in woman's dress. In the second episode, in Book II, Felismena, in order to enter the Court in pursuit of her lover Don Felis, disguises herself as a page named Valerio. She then becomes a go-between for Don Felis and his new love, Celia. The latter, however, falls in love with "Valerio" and consequently dies of a broken heart.

In <u>La Diana</u>, women play an active role. Freely expressing their opinions, and often focusing on the general condition of women, they appear to be aware of their role as shepherdesses, and their ambiguous position with regard to the status of women within the courtly love structure. This can best be viewed in the debate like dialogue between Sireno and Selvagia in Book I, where Selvagia, in defense of women, questions the validity of courtly love, and the male lover who suffers of unrequited love:

> "-Dos cosas siento-dixo Selvagia- de lo que dizes, que verdaderamente me espantan; la una es que veo en tu lengua al revés de lo que de tu condición tuve entendido siempre, porque imaginava yo, cuando oía hablar en tus amores, que eras en ellos un fénix y que ninguno de cuantos hasta hoy han querido bien pudieron llegar al estremo que tú has tenido en querer a una pastora que yo conozco, causas harto suficientes para no tratar mal de mugeres si la malicia no fuera màs que los amores; la segunda es que hablas en cosa que no entiendes, porque hablar en olvido quien jamàs tuvo esperiencia d'él màs se deve atribuir a locura que a otra cosa. Si Diana jamàs se acordó de ti, ¿cómo puedes tú quexarte de su olvido? (36-37)...-Yo te digo, Sireno-dixo Selvagia-, que la causa porque las pastoras olvidamos no es otra sino la misma porque de vosotros somos olvidadas. Son cosas que el amor haze y deshaze; cosas que los tiempos y los lugares las mueven o les ponen silencio; mas no por defecto del entendimiento de las mugeres, de las cuales ha avido en el mundo infinitas que

pudieran enseñar a bivir a los hombres, y aun los enseñaran a amar..."(38)[4]

Recognizing that women's status within the courtly tradition is like that of a prison, and that women are thus at an extreme disadvantage, she comments:

> Mas con dodo esto creo que no ay màs baxo estado en la vida que el de las mugeres, porque, si os hablan bien, pensaís que estàn muertas de amores; si no os hablan, creéis que de alteradas y fantàsticas lo hazen; si el recogimiento que tienen no haze a vuestro propósito, tenéislo por ipocresía; no tienen desemboltura que no os parezca demasiada; si callan, dezís que son nescias; si hablan, que son pesadas y que no hay quien las sufra; si os quieren todo lo del mundo, creéis que de malas lo hazen; si os olvidan y se apartan de las ocasiones de ser infamadas, dezís ue de inconstantes y poco firmes en un propósito. Assí que no està en màs paresceros la muger buena o mala que en acertar ella a no salir jamàs de lo que pide vuestra inclinación. (38)

In La Diana, women escape from the rigid rules of courtly love; they show a general concern for feminist issues and express themselves freely with regard to themes such as intimate relationships, and emotional problems.[5] Elizabeth Rhodes tells us that women in La Diana play ...a prominent role... as well-rounded characters who are as active and believable as their male counterparts...[6]

Selvagia's defense of women and her questioning of the courtly game of love deviates from the prescribed code of sexual conduct. The pastoral in fact, was perceived as a threat vis-à-vis the prescribed code of behavior. Rhodes comments:

> Female characters play a distinctive role in the pastoral
> books, one which clashed with prescribed behavior for
> women, and women consequently read pastoral books with
> special interest and thereby had access to ideas that
> threatened the established code of sexual conduct (a code
> prescribed, interpreted, and enforced by men.[7]

It is not surprising therefore, that sixteenth-century moralists condemned pastoral novels. Such is the case of Malón de Chaide who perceived the pastoral as poisonous, particularly for women:

> como si por eso dejasen de mover el afecto de la voluntad

> poderosi'simamente, y como si lentamente nose fuese esparciendo su mortal veneno por las venas del corazón, hasta prender en lo màs puro y vivo del alma...¿Qué ha de hacer la doncellita que apenas sabe andar, y ya trae una Diana en la faldriquera?...¿Cómo se recogerà a pensar en Dios un rao la que ha gastado mjuchos en Garcilaso? ¿Cómo? Y honesto se llamo el libro que enseña a decir una razón y responder a otra, y a saber por qué término se han de tratar los amores? Allí se aprenden las desenvolturas y las solturas y las bachillerías.[8]

Selvagia's characterization of women as being caught in the man-made prison of courtly love, reflects perhaps the position of women as other in early modern Europe. Concerning the position of women in Golden Age Europe, Anne Cruz comments:

> In the Middle Ages and the Renaissance, such an ethics (male) was carefully maintained and nurtured by the debates on misogyny and feminism. Whether viewed as naturally diabolical and wicked, or equally as naturally angelical and pure, woman remained, nonetheless, "other" -a creature placed either below or above man on the spiritual scale, but never his equal.[9]

The ambiguous status of women can be related to the overall shifting nature of gender itself. By definition, gender can be viewed as being unstable:

> ...distinctions between male and female bodies are mapped by cultural politics onto an only apparently clear biological foundation. As a consequence, sex/gender systems are always unstable sociocultural constructions. Their very instability explains the cultural importance of these systems: their purpose is to delimit and contain the threatening absence of boundaries between human bodies and among godly acts that would otherwise explore the organizational and institutional structures of social ideologies.[10]

If in <u>La Diana</u>, women show an awareness of both their subordinate position and prescribed behavior in general, the following scenes of androgyny reveal also, woman viewed as other, and can be perceived as yet an other mode of feminist expression.

With regard to the Selvagia/Ismenia/Alanio scene in Book I, and the Felismena/Valerio/Celia/Don Felis scene in Book II, the flexible gender roles depicted in these two episodes of La Diana function not only as a ...middle point between the vicious extreme of homosexuality, rejected out of hand in Renaissance pastoral, and the socially productive extreme of monogamous heterosexual bonding in matrimony." but also as a form of feminist expression. the prominent role that women play, further heightened by their use of androgynous forms of travesty, enables them to enter and challenge the patriarchal system, which in the case of Felismena, for example, implies entry into the city and the Court.

Perhaps this can best be perceived in the ambiguous references to gender in the Ismenia. "Alanio" scene, where Ismenia is referred to with feminine subject pronouns and as having feminine characteristics, even though "un poco varonil." both before and after she claims herself to be a man:

> yo soy hombre y no muger, como antes pansavas...Todavía contemplava aquela hermosura tan estremada, mirava aquellas palabras que me dezía con tanta disimulación, que jamàs supo nadie hazer cierto de lo fingido como aquella cuatelosa pastora...(43)

She still addresses Alanio in the feminine as "hermosa pastora."(43) and they are aware of an attraction toward the same sex:

> Como puede ser, pastora, que siendo vos tan hermosa os enamoreis de otra que tanto le falta para serlo, y màs siendo muger como vos (42)

The flexibility of gender roles in these particular scenes presages one of the major goals of feminist theory-- that is....to 'deconstruct' sexual identity itself, to unsettle the classical metaphysical opposition that is gender difference. [12]

Basing her theory on Derridean deconstruction. French feminist Héléne Cixous speaks of "dual, hierarchial oppositions." in which Organization by hierarchy makes all conceptual organization subject to man. Male privilege, shown in the opposition between 'activity' and 'passivity', which he uses to sustain himself. Traditionally, the question of sexual difference is treated by coupling it with the opposition: activity/passivity. [13]

The experimentation with gender identity that occurs in the above mentioned scenes of La Diana can be perceived as an attempt to break or at least to challenge these oppositions, as well as the hierarchial order man/woman. Thus androgyny is an attempt at what Cixous defines as "...working (in) the in between...."Cixous describes "bisexuality" as ...each one's location in self (repérage en soi) of the presence-- variously manifest and insistent according to each person, male or female--of both sexes, non exclusion either of the difference or of one sex..."[14]

These means of achieving fustion of genders can be compared with Cixous' use of the term illes, a fusion of the masculine and feminine pronoun, and with what Stephen Greenblatt and Marjorie Garber refer to as the third sex.[15]

Interestingly enough, recent French feminist theory has much in common with sixteenth-century feminist theory, in that both consider the "non exclusion either of the difference or of one six."[16] In sixteenth century feminist theory, although the biological distinction male/female is present among theorists, the androgyne from a social point of view is accepted and integrated into Renaissance thought:

In practice their [Renaissance feminists] individualism often led to the celebration of a set of virtues that they identified as feminine as opposed to masculine, and this celebration served to advance arguments for conceiving of human nature as androgynous. A person was biologically male or female; but behavioristically both masculine and femine if virtuous; brutal and effeminate or cruel and vain if vicious. Diagnoses of character based on these distinctions of positive and negative gender attributes found important expressions in statements of "policy" or political practice.[17]

Gender fusion and travesty, enable women to enter realms normally prohibited to them. This is linked to the concept of otherness, which can be viewed as that which breaks from binary oppositions: Phenomena such as passive men, sexually aggressive women, gay men and lesbians, heterosexual men who cross-dress, transsexuals, fetishists of various sorts, and women body builders can be interpreted as escaping a binary system of sexuality and gender. Whether such manifestations are called ambiguity, excess, the Other, or positioned as a Lacanian construction of 'femininity,' they have become the focus of feminist deconstructionist, and some psychoanalytic theories, as well as a concern for certain Marxist theories of culture and ideology. Ambiguities of gender and sexuality are alternately and sometimes simultaneously celebrated as liberatory strategies for breaking with dominant ideologies and warned against as a recuperative, conservative cultural mechanism.[18]

It is interesting to note the parallel between the ideal of gender ambiguity and the overall ambiguous status of women in the early modern period. The gender ambiguity present in La Diana is a reflection of an era which feminists have characterized precisely as ambiguous.[19] Although condemned by sixteenth-century humanists such as Juan Luis Vives, gender ambiguity, often in the form of cross-dressing, was quite common in Europe.[20] A frequent occurrence in pastoral romances, instances of androgyny should not be viewed as merely conventional, and in the case of La Diana, travesty does not function merely as a means in which the shepherdesses reach their beloved.[21] Not only does travesty serve as a means for the shepherdesses to reach their beloved, it is also symbolic of their entering into the realm of patriarchy, and their overall questioning of gender roles. Annie Woodhouse explains that fashion can be viewed as a ...system of symbols [in which]...clothes play an essential part in the production of self....[22]

Traditionally, clothes represented an obstacle for women; as a form of retaining them in a position of subordination. Medieval dress codes prevented women from social climbing: ...modern dress codes differ somewhat from sumptuary laws in that their general objective seems to be to class up, to enhance upward mobility by requiring a higher standard of dress, whereas the sumptuary laws enacted in Western Europe from the late medieval through the early modern period were designed to keep down social climbers, to keep the rising social groups in their sartorial place. In any case, however, when gender enters into such codes, as, inevitably, it does, it is usually as a subset of class, status, rank or wealth- that is to say, as a further concomitant of either the subordination or the modification of women. If women are conceived as "status symbols"...in their dress, adding to the perceived social luster of their husbands or fathers, sumptuous dress for women becomes a desideratum. If, on the other hand, it is deemed important to put women in their place, rules like "no women in pants" or "ladies must wear hats" or "any woman entering a church must have her shoulders covered" come into force.[23]

If attempts were made in early modern Europe, perhaps no so successfully, to regulate women's dress, in La Diana, cross-dressing enables women to transcend certain boundaries of gender, language, and the social order in that they can now move in and out of the locus. This represents yet another mode in which women deviate from prescribed behavior. Thus, through, "disfraz," women in La Diana can move freely in both the masculine and femine world. In the case of Felismena, putting on a masculine disguise equates with gaining entry into the "Symbolic Order"-- that is, the patriarchal system to which she would normally not have access in sixteenth-century Spain.[24] It is in effect, another manifestation of women's awareness of her otherness: Cross-dressing is about the power of women....Cross-dressing is about the anxiety of economic or cultural dislocation, the anticipation or recognition of otherness as loss.[25]

Aware of the power of gender identity, Felismena tells us:

> ...yo determiné aventurarme a hazer lo que nunca muger
> pensó. Y fue vestirme en hàbito de hombre e irme a la corte
> por ver aquél en cuya vista estava toda mi esperança.(101)

In order to change her gender, although only temporarily, Felismena acquires male dress through a friend: ...con ayuda de una grandíssima amiga mía y tesoreras de mis secretos que me compró los vestidos que yo le mandé...(101)

She is aware of the risks that her actions involve: ...me partí de mi tierra y aun de mi reputación, pues no puedo creer que jamàs pueda cobraria (101)

She furthers her gender change not only by using male dress, but also by naming herself Valerio: ...determinando de llamarme Valerio...(105)

Felismena is practicing gender politics; she is using travesty as a vehicle to accomplish a task which permits her no other option but to dress as a man in order to enter the patriarchal realm. Through male dress, she acquires "masculine features," thus giving her a certain rank and status.

Enjoying the best of both worlds through gender blurring, it is ironically through masculinization that Felismena does not become a passive victim of male manipulation. It is worth noting that the "masculine" features that Ismenia and Felismena acquire through disguise are negative ones. Whereas shepherdesses in La Diana can be characterized as "virtuous" and "honest," when they are dressed in masculine attire they deliberately lie, flatter, and seduce women. Ismenia, for example, seduces Selvagia through the "gaze," a practice traditionally classified as masculine:

> Pues estando yo mirando la que junto a mí se havía sentado vi
> que no quitava los ojos de los míos. y que, cuando yo la

mirava, abaxava ella los suyos, fingiendo quereme ver sin que
yo mirasse en ello. (41)

Selvagia explains the effectiveness of Ismenia's deceptive use of words:

> La cautelosa Ismenia me supo tan bien responder a lo que
> dixe y fingir las palabras que para nuestra conversación eran
> ecessarias que nadie pudiera huir del engaño en que yo caí si la
> fortuna de tan dificultose laberintio con el hilo de prudencia no
> le sacara. (44)

Therefore, when women play men they acquire different personalities. In fact, these female characters resemble their Green counterparts, such as Penelope, for example, in that they are cunning.[26] Gender confusion is a strategy of deception, for both Ismenia and her cousin "Alanio," who deceive Selvagia for the fun of it. After Selvagia's encounter with "Alanio," she observes that Ismenia and Alanio display a mocking attitude:

> Vi que se iva medio riendo, mas creí que los ojos me havian
> engañado...le contó lo que conmigo havia passado, diziédoselo
> muy particularmente y con grandíssima risa de los dos;....(45)

The cunning attitude of women and women in disguise in these scenes shows an awareness of Montemayor's part that conflictive gender identity within the pastoral convention might be viewed as a parody of Renaissance of neoplatonic philosophy.[27] The neoplatonic tradition can be viewed within the pastoral as a means to: provide a pattern to guide the conduct of the lovers, [where] formalized rules are given and discussed constantly in these works....[28]

In La Diana, aware of their roles by commenting on them and deliberately deceiving, they mock the neoplatonic tradition. Gender irony, where all is "disimulo" and "fingido," as in the Greek pastoral, is part of a system that employs deliberate misdirection. John J. Winkler refers to the devious style of communication, that is misdirection, as being typical of the Greek pastoral.[29] In fact, the pastoral has been defined as having an intrinsic subtext: ...pastoral has had from the beginnings an energetic subtext, part of the play of difference that characterizes the mode but a special part, with the potential for special business. The pastoral subtext, like all others of its kind, leads a subterranean life holding within itself a strong counterstatement the statements made on the surface. Where the surface promotes the wholeness of the bucolic condition, the subtext speaks of plentitude and the fatness of flocks, the subtext shows deprivation and irremediable loss. To put it in broad summary terms, the surface points to presence as the pervasive bucolic condition, but the subtext announces absence as a contrary force and an equally necessary component. It is the property of a subtext the pastoral's and others', that the subterranean life that it leads within the whole always has the potential to rise up to the surface and undermine the assertions that characterize that surface. It is another property of subtexts that the energy within them seems hardly to be containable, that it always seems to be poking away at the statements of the surface and sometimes pokes through, making its own urgent claims.[30]

Perhaps the purpose of La Diana is to deceive, since Montemayor alludes to a hidden subtext in the introduction to his novel:

> Y en los demàs hallaràn muy diversas historias de casos que verdaderamente han sucedido, aunque van disfraçados debaxo de nombres y estilo pastoril.(8)

The scenes of androgyny analyzed here can be interpreted as a questioning of gender roles and stereotypes. Women in La Diana play with gender roles; they ridicule courtly love, men, and patriarchy. The role reversal that occurs not only grants women power, but also affords them the opportunity to take on an "active-masculine" role within the patriarchal system-- to view woman as other, to experience what men do to women. If, as Wardropper claims, in La Diana "Men for the first time were able to see themselves as women saw them," it is also true that women saw themselves as both men and women perceived them, by means of travesty.[31]

Even though the question of androgyny is "resolved" through the marriages of the shepherdesses and shepherds Felismena/Felis, Belisa/Arsileo, and Selvagia/Sireno, the incorporation of elements of sexual ambivalence in the development of these relationships demonstrates not only awareness of pastoral conventions, but also an examination and questioning of gender roles.

## NOTES

1. See Bruce W. Wardropper, "The Diana of Montemayor: Re-evaluation and Interpretation," Studies in Philology 48 (1951): 120-33; Juan Bautista Avalle-Arce, La novela pastoril espanola (Madrid:Istmo, 1974)182; Francisco Lopez Estrada, Los libros de pastores en la literatura espanola; la orbita previa (Madrid: Gredos, 1974); Barbara,Mujica, "Antiutopian Elements in the Spanish Pastoral Novel," Kentucky Romance Quarterly 26 (1979): 263-282: Paul Alpers, "What is Pastoral?," Critical Inquiry Spring (1982); 437-449; Bruno M. Damiani, Jorge de Montemayor (Roma: Bulzoni, 1984) 103; Barbara Mujica, Iberian Pastoral Characters, (Potomac, Md,: Scripta Humanistica, 1986); Frrederick Garber, "Pastoral Spapces, " Texas Studies in Literature and Languages 30.3 (1988): 4311-460.
2. For a reading of androgyny in the Spanish pastoral see John T. Cull, "Androgyny in the Spanish Pastoral Novels," Hispanic Review 57 (1989): 317-334; On gender see Elizabeth Rhodes, "Skirting the Men: Gender Roles in Sixteenth-Century Pastoral Books, "Journal of Hispanic Philology 11 (1987): 131-149. See also Gail David, Female Heroism in the Pastoral, (New York: Garland, 1991).
3 See for example Wardropper, 142: Judith M. Kennedy, A Critical Edition of Young's Translation of George of Montemayor's Diana and Gil Polo's Enamoured Diana (London: Oxford Up, 1968) xxl: Barbara Mujica, Iberian Pastoral Characters 1309-131.
4. Jorge deMontemajor, Los siete libros de la Diana, ed. Enrique Moreno Baez. (Madrid: Nacionnal, 1981.) All quotes from La Diana are from this edition.
5. See Rhodes 140 "The very nature of the pastoral narrative as it developed from Montemajor's La Diana served to create the type of literary environment in which women's concerns dominate the narration (and indeed, women characters control most of Montemayor's narration): physical action is minimal; proof of worth is non-agressive and instead is based on virtues of elegant conversation, song, feelings, empathy, and focus on human relationships."
6. Rhodes 133.
7. Rhodes 136.
8. Also cited in Cull 22.
9. Anne J. Cruz, "Studying Gender in the Spanish Golden Age." Cultural and Historical Grounding for Hipanic and Luso-Brazillian Feminist Literary Criticism., ed. Hernan Vidal. (Minneapolis: Institute for the Study of Ideologies and Literature, 1989) 195.
10. Julia Epstein, and Kristina Straub, ed., Body Guards: The Cultural Politics of Gender Ambiguity, (New York: Routledge, 1991)2.
11. Cull 319-20.
12. Paul Julian Smith, The Body Hispanic: Gender and Sexuality in Spanish and Spanish American Literature (Oxford: Clarendon Press, 1989)3.
13. Helene Cixous and Catherine Clement, "Sorties," The Newly Born Woman, trans. Betsy Wing (Minneapolis: U of Minnesota P. 1986)64.
14. Helene Cixous, "The Laugh of the Medusa: Signs 4 (1976): 884
15. Cixous, "The Laugh of the Medusa" 887. See the introduction of Marjorie Garber's Vested Interests: Cross-Dressing and Cultural Anxiety, (New York:

Routledge, 1992)9-11, 175,348, and Stephen Greenblatt, Shakespearean Negotiations: The Circulation of Social Energy in Renaissance England. (Berkeley and Los Angeles: University of California Press, 1988) 66-93.
16. Cixous 21.
17. Constance Jordan, Renaissance Feminism: Literary Texts and Political Models, (Ithaca and London: Cornell Up, 1990)8
18. Epstein 4-5
19. Margaret W. Ferguson, Maureen Quilligan, and Nancy J. Vickers, ed., Rewriting the Renaissance; The Discourses of Sexual Difference in Early Modern Europe, (Chicago and London: U of Chicago P, 1986) Introduction. See also Carole Levin, and Jeanie Watson, eds., Ambiguous Realities, (Detroit: Wayne State University Press, 1987,) 15 "While questions about women's position in the period are complex and often clouded by the influence of stereotypes themselves, we do know that women of all classes worked hard,not only inside the home but often outside it as well. In addition women played important parts in political, social and economic, change. The further one reads in the tests of the Middle Ages and Renaissance, the less uniformity and more ambiguity on finds about what some woman's role actually was."
20. See Juan Louis Vives, Instruccion de la mujer cristiana, 2nd ed. (Buenos Aires: Espasa-Calpe, l943) Book II, Chapter i; On the frequency of androgyny and cross-dressing in early modern period see chapter three titled "Fiction and Friction," In Greenblatt's Shakespearean Negociations.
21. Winfired Schleiner, "Male Cross-Dressing and Transvestism in Renaissance Romances."Sixteenth Century Journal 19.4 (1988) 605 "instances of travesty, gender inversions and or cross dressing should not be viewed merely as conventional."
22. Annie Woodhouse, "Breaking the Rules or Bending Them? Transvestism, Femininity, and Feminism,"Women's Studies Forum 12(1989):417-423. On the meaning of clothes in the Renaissance see Jean E. Howard, "Crossdressing, The Theatre, and Gender Struggle in Early Modern England,:Shakespeare Quarterly 39.4(1988): 422: "Dress, as a highly regulated semiotic system, became a primary site where a struggle over the mutability of the social order was conducted. Thus, Phillip Stubbes begins his Anatomie of Abuses of 1583 with an analysis of aparel.For Stubbes transgressions of the dress code don't just signal social disruption: they constitute such disruption."
23. Marjorie Garber 23; See also Christiane Klapisch-Zuber, ed., A History of Women inthe West: Silences of the Middle Ages, (Cambridge, MA: Harvard University Press,1992).
24. Woodhouse 424: On the significance of women in mens clothes "When women took men's clothes, they symbolically left their subordinate positions."
25. Garber 390.
26. See John J. Winkler, The Constraints of Desire: The Anthropology of Sex and Gender in Ancient Greece, (New York: Routledge, 1990)129-161.
27. On parody in the pastoral see Creel 1-4.
28. Greenwood 113.

29. Winkler 135.
30. Frederick Garber, 440.
31. Wardropper 142.

Luigi Imperiale was born in Tuglie, Italy in 1950. He studied French literature and Italian linguistics in France where he obtain his Licence d'Enseignement de L'Italien at the University of Grenoble. One year later he moved to San Juan de Puerto Rico and taught French at the Alliance Française and Italian at the Interamerican University. While in Puerto Rico he met Bruno Damiani, and decided to undertake doctoral studies at The Catholic University of America. Highly interested in the representation of the human female body in Golden Age Spanish masterpieces, Bruno Damiani never refused to consider such a topic in the following century by his students. This latitude of thoughts was always admired by his students who developed a warm friendship with their mentor.

\* \* \*

## ESCRITURA DEL SIGNO Y SIGNO DE LA ESCRITURA EN *LA LOZANA ANDALUZA*[1]
## ALGUNAS PREGUNTAS LIMINARES

El presente trabajo aspira a actualizar, dentro de las fronteras de la obra delicadiana, un examen semiótico mediante una pre-puesta en escena[2] del texto "dramático" del jocoso presbítero del Valle de las Cabezuelas. En efecto, Francisco Delicado pretendió cautivar la imaginación e "hipnotizar" la atención de su lector oyente[3] mediante la facundia y el brío eminentemente teatral y gestual de su heroína. Concurrentemente, aquel tan travieso padre literario de Lozana dominaba un sinnúmero de recursos retóricos y lingüísticos que fascinaban al lector hispano-romano y lo invitaban a entrar de lleno en el mundo ficticio lozanesco y subir al escenario romano de su *Retrato*.

De resultas de ello nacen al horizonte de nuestra exploración textual unas primeras interrogantes: a)¿Cuál era (en la mente del autor) el público que iba a leer *La Lozana*? b) ¿Cómo iba a desarrollarse el proceso de lectura de su tan singular *descubrimiento*?[4] c)¿Hasta qué punto, se podía hablar de narración, de novela dialogada o de drama narrado? d)¿Cómo podemos abordar el texto a fin de disfrutar plenamente de todos los recursos y gozar (en el sentido barthesiano) de la pluralidad de sus niveles de lectura? e)¿Podemos retener válida la observación que emite Juan Goytisolo cuando escribe?

Delicado recurre como Rojas, a la *mimesis* ¾esto es, deja a los personajes expresarse por su cuenta a través del diálogo y obtiene la *progressio* de la acción por medio de éste, como en el teatro. (1977: 54)

Contestar las diferentes preguntas enunciadas en estas líneas será una de las metas del presente análisis. Por otra parte, exploraremos cómo Delicado se las ingenia para entregarnos mediante los diálogos de sus tan parlanchines personajes un *retrato* de una Roma-amor dentro del cual aparecen estrechamente vinculados los retratos del *auctor* y de su petulante heroína.

## ¿Qué es el *Retrato de la Lozana andaluza* de Francisco Delgado alias Delicado [5]

Francisco Delicado se encontraba en Roma en aquel primer día de diciembre de 1524, cuando puso término a la obra que actuálmente conocemos como el *Retrato de la Lozana andaluza*.[6] Claro está, el texto sufrió una serie de cambios e inserciones que el "discreto" autor fue añadiendo entre 1524 y 1528-1529,[7] para que se publicara bajo su status definitivo en Venecia en el 1530. De notable importancia resultarán los hechos históricos, ocurridos en Roma durante el Saco de 1527 para interpretar correctamente las añadiduras y alteraciones que Delicado llevó a cabo en su texto y que aparecen como *signos* premonitorios del castigo "providencial" de la Urbe. Ahora bien, sabemos que, a la excepción de los primeros cuatro mamotretos, el *Retrato* se desarrolla integralmente sobre un *escenario* romano fuertemente hispanizado, evocando directa o indirectamente *Lo que en Roma passava*, como lo manifiesta parte del subtítulo de la edición príncipe.

Pasemos entonces a explorar, cuáles eran los "canales" de difusión y de divulgación del texto en cuestión y los efectos que produjo sobre sus "destinatarios." En los albores del siglo XVI, a pesar de los primeros "milagros" de la imprenta, la difusión de una obra se realizaba esencialmente de viva voz, en su contexto oral.[8] La lectura, como acto social y evento "espectacular," permanecía en voz alta y, en la mayoría de los casos, era dramatizada. Pascual de Gayangos insiste en la importancia que Delicado concedió a aquella forma de leer. De tal manera, el escritor cordobés logra acentuar, aún más, la dimensión auro-oral del texto.

Efectivamente, en su introducción al libro tercero del *Primaleón*, Delicado advierte con suma perspicacia:

> No es de maravillar si *los leyentes ya no querían ver ni oír en ninguna manera a este libro*, porque os juro cierto que en todo él no hallé renglón ni razón que concertada estuviese, ni palabra que derechamente fuese verdadera en romance castellano. (El subrayado es nuestro)[9]

Contemporáneamente, el contenido del *Retrato* reflejaba las costumbres, los vicios y los defectos de una determinada "dolce vita" romana con todos los abusos e injusticias que experimentó la aristocracia negra (la curia romana).[10] En resumidas cuentas, el *Retrato* iba destinado a un público hispano-romano que conocía los secretos de "alcoba" de una Roma, capital del sexo (*Coda Mundi*), más que Cabeza de Santidad (*Caput Mundi*).

Bien sabido es que el cortesano romano acostumbraba burlarse de su propio comportamiento en una carcajada franca y sonora,[11] cuando oía las sátiras y "beffe" de Pietro Aretino (le *Pasquinate*), Giafrancesco Straparola da Caravaggio (*Piacevol notti*), Giambattista Giraldi Cinthio (*Ecatommiti*), Antonfrancesco Grazzini, Il Lasca (le *Cene*) o cualquier otro "sfaccendato scrittore," siempre listo para solicitar la benevolencia de sus lectores oidores.

Ahora bien, si uno escudriña las lecturas de la obra de Delicado que se han hecho en estos últimos años, se inclina a pensar que la crítica moderna (a raíz de una lectura *solitaria* e interiorizada) ha considerado que la *poética* de Delicado consistía en: "reflejar con un rabioso realismo la vida licenciosa de los eclesiásticos de entonces" (José Gómez de la Serna, 1942), retratar, fiel a la técnica del pintor, artista verídico que sigue su principio guiador (Bruce Wardropper, 1953), componer un retrato que se acogiera a una copia de la realidad, con una base didáctica relevada directamente a la fuente del diario vivir (José Hernández Ortiz, 1974) y evocar "une tranche de vie", *ante litteram*, de tipo balzaciano o stendhaliano con una importancia preponderante en la forma dialogada (Bruno Damiani, 1969, 1975, 1975b). En el lado opuesto, se ve el *Retrato* como un *exemplum ad jucundum* en el cual el autor (maestro absoluto del material lingüístico) practica un auténtico juego de pim pam pum sobre todos los valores religiosos, sociales, históricos de la época (Claude Allaigre, 1980a, 1980b, 1985), una obra carnavalizada mediante el dialogismo de la voz narrante así como la inversión de las estructuras narrativas y los valores establecidos (Tatiana Bubnova, 1987).[12] Sin embargo, a pesar de la divergencia de teorías y opiniones, se incluye, invariablemente, la obra dentro del marco de una voz narrativa. Posición sostenida por Claude Allaigre, quien estima a raíz de las teorías emitidas por Pierre Heugas en *La Célestine et sa descendance directe* (1973) que, en el texto de Delicado, las piezas prologales y epilogales así como los argumentos de cada mamotreto resultan capitales:

> que no sólo permiten seguir sin ruptura excesiva el relato que subyace a los diálogos, sino que también facilitan a veces, sobre el episodio o la historia, un punto de vista o un contrapunto que sería peligroso para la comprensión suprimir o pasar por alto. (1985: 145)

Sin embargo, si nos ubicamos desde el punto de vista de la recepción de la obra,[13] la cual, tradicionalmente, se difundía de viva voz en los siglos XVI, XVII, XVIII y parte del XIX, podemos reconsiderar lo que Juan Goytisolo señala y retener lo que Bruno M. Damiani expresa en su introducción a *La Lozana* (1975)[14] y estipulando que el texto de Delicado se inscribe dentro de una tradición de comedia humanística (cf. *Liber Pamphilus*, *La cárcel de amor* y *La celestina*).[15] Entendemos, entonces, que *La Lozana* merece una forma de lectura más a tono con el modo de aprehender el texto en la época de su autor.

### El teatro de Lozana

A pesar de que no haya sido elaborado bajo una orientación claramente escénica, el texto que ha pasado a la posteridad con el título, el *Retrato de la Lozana Andaluza*,[16] está construido entorno a una voz integralmente teatral, la de Lozana: una voz que ocupa todo el espacio dialógico, utilizando como "apoyo" las voces de los personajes que la circundan. Lozana "devora" todo el tiempo-espacio del discurso, arrastra la inmovilidad de la escritura hacia la libertad de un puro movimiento donde la palabra se convierte en vehículo de una comedia *improvvisata*. Tal manifestación, constantemente repetida y nunca igual de un espectáculo total, tiene su fuente en la voz y relieve único e incontestado de la misma Lozana, personaje y máscara del autor, capaz de agotar en sí todas las posibilidades de representación de su mundo.[17]

Por su lado, Claude Allaigre, a pesar de que reconozca incondicionalmente las estructuras narrativas del *Retrato*,[18] no puede evitar aludir a la teatralidad y al carácter directo de los diálogos de algunos mamotretos. Refiriéndose a la "escena" del encuentro entre Lozana y Diomedes, el estudioso francés manifiesta con mucha lucidez:

> A la técnica cazurra sigue recurriendo Delicado para presentar a Diomedes, el nuevo personaje del mamotreto III. Este capítulo que, por su estructura y los procedimientos escénicos, prefigura ya los entremeses cervantinos, podría sin duda representarse en un teatro. Cuando se alza el telón, dos personajes, Aldonza y su tía, están bosqueados ya... El desarrollo de la acción estriba en las combinaciones escénicas de tres personajes...(1985: 98-99)

Seguimos creyendo, como el estudioso francés, que el mundo imaginario de Delicado no se deja encerrar dentro de los confines de un género bien definido --de hecho, cristalizar el texto del *Retrato* en una forma estática y cerrada, resultaría abusivo para la comprensión de la obra. Entendemos que un texto como *La Lozana* sigue entrañando, en el laberinto de su lenguaje, en la oscilación "perpetua" de su mecanismo, una serie de puntos oscuros que difícilmente se podrán aclarar. Lo que nos procuraría un mejor "rendimiento", sería el estudio de la pluralidad de sus registros de lectura. En efecto, gracias a la escenificación del texto, tal como se desprendió de sus primeras lecturas dramatizadas en el siglo XVI, el lector-actor iba plasmando en el universo mental de cada destinatario un mundo que iba abriéndose paulatinamente.

**Dispositivo escénico**

Herencia directa de *La Celestina*, como ella, *La Lozana* adopta una estructura híbrida, teatral y narrativa a la vez, prueba de que, en los días de Delicado, los géneros literarios permanecían en una fase experimental. El escritor cordobés, pensando en un público de lectores oidores, hispano-italianos, acostumbrados al teatro romano y sus derivados[19], sin ninguna sugerencia como no fuese la sugerida en el *drama* mismo, da tratamiento artístico a la acotación, incorporándola al texto "dramático."[20] Paralelamente, la elaboración de un diálogo a la vez vivo y rápido (que encontramos, igualmente, en *La Celestina*), sin el sostén de una voz narrativa ¾la cual aunque existiera como lo estipula Allaigre, está situada sobre por lo menos dos niveles auto y extradiegético¾[21] crea el efecto mimético del lenguaje directo, callejero que traduce no tanto una visualización de la realidad, sino una ilusión acústica ("un effet de réel') de una determinada forma de hablar ¾"alla romana spagnolizzata"¾ que lleva al lector oyente a "ver" a través del oído.[22] Tal tratamiento del antilenguaje, nos lleva a preguntarnos qué nos está comunicando Delicado, cuando apunta: "conformaba mi hablar al sonido de mis orejas." Nos parece que detrás de tal observación nace la necesidad de transmitir, mucho más que un cuadro visual (los hispanos-romanos no lo necesitan, puesto que lo viven a diario), un cuadro auditivo de los distintos lugares de Roma donde se lleva a cabo la acción de la trama. En el teatro romano (y parte sevillano) de *La Lozana*, el escritor va "grabando" mentalmente y nos hace escuchar los gritos, las inflexiones del lenguaje, originadas por aquella lingua franca.

Pasemos a explorar una primera escena de la obra que podríamos contemplar como un prólogo a los sesenta y dos mamotretos del trasfondo romano, ya que la escena se lleva a cabo en Sevilla donde Aldonza transcurre algunos día en casa de una tía cuya parentela queda muy dudosa.

**Engaño a la vista**

El primer segmento que nos interesa "escenificar" cubre el final del primer mamotreto, completamente el segundo, hasta llegar al mamotreto tercero, meollo de toda la acción dramática.[23] La actuación y la comprensión de la escena son capitales para captar el significado global de toda la obra. Huelga decir que se trata de una farsa y "beffa" donde se le informa previamente al burlado (a la burlada en este caso) sobre el mecanismo del engaño ("aquí veo muy bien, aunque tengo la vista cordobesa", M. III: 85):[24] una vez enunciado el resorte de la burla, dicho mecanismo se activa tal y cual se anunció. Acerquémonos entonces, a la dimensión sintáctica de la secuencia:

a. Aldonza y su tía conversan acerca del pasado de la joven y de sus padres. A la luz de la experiencia y conocimiento (empírico) de la "niña", la tía entiende el provecho y prebenda que puede sacar de los atributos físicos de la sobrina.

b. Se empieza a hablar de Diomedes quien está aguardando afuera. Las dos mujeres urden una trama para "enganchar" al cliente.

c. La tía se encuentra abajo con el mercader (mientras Lozana se queda en el piso superior). La tía-medianera empieza a encarecer los atractivos de Aldonza. Tan pronto el "raveñano" le promete una propina regia, la tía llama a su sobrina.

d. Aldonza conoce a Diomedes. La tía comete el error de retirarse del escenario. Los dos jóvenes se enamoran a primera vista y aprovechan de la ausencia de la tía para largarse a Cádiz.

e. La tía, engañada, expresa todo su despecho y vaticina a su sobrina (renegada) un porvenir en la prostitución. El tema vuelve igual que al principio pero las palabras son dichas con un tono de despecho y rencor.

**¿Cómo se diseña la entrevista sevillana?**

Aparecen en primer lugar dos personajes: Aldonza y la tía. La primera acaba de llegar de Carmona (¡Dios sólo sabe cómo!) ciudad andaluza, donde "saltando una pared sin licencia de su madre, se le derramó la primera sangre que del natural tenía" (M. I: 78). En términos claros: Aldonza perdió su virginidad cuando se rompieron las paredes vaginales (la membrana virginal) de su "madre."[25] No hace falta alegar en qué situación, Aldonza fue deshonrada. Es oportuno notar que nuestra heroína no podía tener más de doce años al momento de encontrarse con Diomedes.[26] Sin embargo, su precocidad la hacía ya toda una experta en las artes de Venus, ella misma confesará más tarde: "Y esto puedo jurar, que de chiquita me comía lo mío y en ver un ombre se me desperezava, y me quisiera yr con alguno sino que no lo dava la hedad... (M. VII: 99-100)"[27]

En cuanto a la tía sevillana, debemos reconocer que su actitud nebulosa dista mucho del dechado de virtud, idóneo para una sobrina "huérfana". Verdad es que la parentela de Lozana no refleja un ramo genealógico particularmente ambicioso. Las primeras palabras que la vieja sevillana pronunció, estigmatizaron para siempre a la petulante compatriota de Séneca. Oigámoslas: "Hija sed buena, que ventura no's faltará" (M. I: 79). El carácter anodino del pronóstico (para un lector del siglo XX) no puede dejar de asombrarnos si imaginamos la reacción de un lector oyente del siglo XVI. En efecto, dicha audiencia captaba inmediatamente la polisemia del calificativo "bueno/buena" con su doble connotación: "cornudo" (en su versión masculina), "puta" (en su género femenino).[28] En otros términos, la tía define la tonalidad básica de toda la novela dialogada, a través de los primeros tres vocablos. Reconozcamos que Aldonza, por su lado, ostenta una memoria prodigiosa para su edad: la conducta que llevó en vida de su padre, así como el despliegue de un conocimiento "sin par", dentro de la esfera de la gastronomía judía, llevan al lector oidor a relevar, en el primer retrato de la niña-mujer, los rasgos de una inteligencia viva y una psicología penetrante. Conjuntamente, podemos suponer que la tía en cuestión haya sido, realmente, tía de Aldonza, pero resulta más pertinente, conjeturar que se trata aquí de una tía-alcahueta que coloca a su pupila, en cambio de unas gratificaciones sustanciales. Por tal razón, la llegada de Diomedes no es en absoluto fortuita, se justifica merced las maniobras medianeras de la tía. Sin embargo, en esta primera toma de "contacto", Aldonza engaña a la vieja, ya que se las arregla para tomar las de Villadiego, sin dejar retribución alguna a su inescrupulosa "parienta."[29] Nuestra astuta Aldonza presenta ya todas las características de una Lozana en ciernes, mujer que tomará muy pronto en sus manos las riendas del rumbo de su vida.

Pasemos a explorar pues los recursos teatrales que se encuentran latentes en la puesta en escena de los tres personajes.¿Cómo se articula el mamotreto III? El telón se "alza" sobre Lozana que, desde adentro ("¿es aquél que está paseándose...; *Acá* mira...; ¿Veislo? Viene *acá*."), escruta la calle y observa con frenesí a Diomedes que "está paseándose con aquél que suena los órganos."[30] Una primera división se establece en el doble plano (dentro/fuera) subrayada por "aquél" y "Acá" (deícticos espaciales). El juego de sombras delimita la luz del interior de la casa que contrasta con la intensidad de la claridad del exterior. El pronombre demostrativo designa al músico que está tocando su vihuela, caminando al lado del mercader, mientras que, simultáneamente, Aldonza elabora un retrato conciso de los atributos viriles del "raveñano". En la dimensión acústica de la escena cabe aludir a la música de fondo (elemento importante para recrear la atmósfera de la escena), contrapunto irónico que inaugura un acompañamiento musical, un fondo sonoro detrás de la voz de la joven andaluza.[31] La música en cuestión llega al oído del público con otros elementos acústicos que se entremezclan (bullicio de la calle, ruido particular de algunos oficios, gritos de animales, alboroto del mercado, presencia cercana del Guadalquivir y el prostíbulo, etc.) Todo parece indicar que Lozana se pone a mirar el espectáculo de la calle (de una calle chillona y asoleada) desde el piso superior de la casa, e, iniciando una serie de oraciones breves pero concisas nos "retrata" a su futuro amante ensalzando las partes más viriles del hermoso italiano.[32] Notemos de paso que Lozana va excitándose a medida que emite sus juicios y empieza a rastrear las palabras para "degustar" la sensualidad que el sonido deja en sus oídos. Debe ser una voz sensual e infantil a la vez (Aldonza debería tener doce años pero es una niña precoz y "aguda", recordemos a Lazarillo): "¡Por su vida que lo llame! ¡Ay, cómo es dispuesto! ¡Y qué ojos tan lindos! ¡Qué ceja partida! ¡Qué pierna tan seca y enjuta! ¿Chinelas trae? ¡Qué pie para galochas y zapatilla zeyena! Querría que se quitase los guantes por verle qué mano tiene. Acá mira. ¿Quiere vuestra merced que me asome?" (M. III: 84-85). Los factores kinésicos[33] (mímica, mueca, gesticulación, ondulaciones y meneos del cuerpo) subrayan la erotización y la idea de que Aldonza no se queda insensible a la vista de los atributos viriles del "Ravegnano". Nos llegan las palabras de Lozana, acompañadas por una sincronización de los movimientos: todo su cuerpo se mueve, sus brazos evocan unos gestos obscenos: "¡Qué pie para galochas...!; Querría que se quitara los guantes por verle qué mano tiene."[34] El "pie" y la "mano" se refieren, por supuesto, a los órganos del hombre de Ravena, el cual según su origen lo indica, viene de la ciudad del "rabo". A este punto, la alusión a "Ravenna" se justifica menos por su referente geográfico que como indicio fundamental de la imponente masculinidad de Diomedes.

A raíz de las primeras observaciones de Aldonza, la tía sevillana nos revela todo su saber en el arte de la seducción, y cómo su pupila debe comportarse con el "enamorado". De ahora en adelante, la escena se desarrollará enteramente en un lugar cerrado: el doble nivel de la casa de la tía. De primera importancia son los desplazamientos de los actores, o relaciones proxémicas,[35] para percibir el mecanismo del engaño a la vista. El movimiento de los actores evoluciona sobre dos ejes: el vertical de las dos mujeres y el horizontal del mancebo. En efecto, Diomedes entra a la casa, y baja la tía. Después del "contrato" acordado con el italiano y la "inflación" de los encantos apetitosos de la bella andaluza, ésta baja, siguiendo las órdenes de la tía. Recordemos que la escena ha sido, previamente planificada por la medianera. Aldonza sabe ya cómo interpretar su papel frente al "patrocinador". Los signos kinésicos deben aparentar la timidez y falta de experiencia de nuestra "aspirante". Oigamos a la sevillana:

> Tía. No, hija que yo quiero *yr abaxo*, y él me *verná* a hablar, y quando *él estará abaxo vos vernéys*. Si os hablare, *abaxá la cabeça* y pasaos, y si yo os dixere que le habléys, vos *llegá cortés* y *hazé una rreverençia*, y *si os tomare la mano, rretraeos hazia atrás*, porque, como dizen, *amuestra a tu marido el copo, mas no del todo*. Y d'esta manera él dará de sí, y *veremos* qué quiere hazer (M. III: 85, la cursiva es nuestra)

No cabe la menor duda de que en este parlamento de la tía visualizamos globalmente la escenificación (elaborada en sus mínimos detalles) del encuentro de Aldonza con su amado. Las expresiones corporales, signos que se inscriben dentro de un determinado código de cortesanía, deberán motivar la simpatía y predisposición del cliente frente a la doncella.[36] Toda la estrategia de la seducción y el efecto de persuasión (verosimilitud) residen en la descripción minuciosa de cada detalle. La sincronización perfecta entre movimiento del cuerpo, expresión de la cara (componer una máscara) y texto pronunciado tiende a generar la ilusión teatral en su doble vertiente: engañar al público, engañando a Diomedes. En la prestancia de los actores e interpretación de sus partes estriba el éxito de la seducción. La nota cómica surgirá al momento en que Aldonza fingirá olvidarse de las consignas de su tía, mas no nos adelantemos demasiado.

La vieja alcahueta recibe al mercader quien la aborda con las siguientes palabras: "Madre mía, yo querría ver aquella vuestra sobrina. Y por mi vida que será su ventura, y vos no perderéys nada." (M. III: 85). Algunas explicaciones se imponen sobre los propósitos de Diomedes. Llama a la vieja "madre mía", dudamos que sea por exceso de afección o por el respeto que imponen los años, optamos más bien por una denominación que se oye con más frecuencia en los lupanares y otras casas de tolerancia, y que se otorga a la "madre" del prostíbulo. La promesa de una jugosa recompensa ("y vos no perderéys nada") corrobora el fundamento de nuestra hipótesis. No olvidemos que la tía había platicado previamente con el mercader invitándolo a admirar la belleza de su pupila.

Utilizando los recursos del cazurrismo, la tía invita a Diomedes a llevar su "telar" para que vea cómo su sobrina teje.[37] La tía, en su papel de estratega, sigue dominando el plan de la seducción:

> Desçi, sobrina, que este gentil ombre quiere que le texáys un texillo, que proveheremos de premideras. *Vení aquí, hazé una rreverencia a este señor* (M.III: 85-86, la cursiva es nuestra).

En su afán de "presentificar" una acción, Delicado introduce a menudo una serie de informaciones acerca de la disposición de los personajes sobre el escenario. Ello ayuda al público, al lector oyente a construir su propia puesta en escena. Finalmente aparece Aldonza, después de haber dejado pacientar a su futuro pretendiente. La mirada de la joven debe sugerir un aire "celestial", susceptible de mostrar al mercader una doncella "puta" sin que aparente serlo: un ingenio diabólico en el cuerpo angelical de una niña de doce años. Rostro tan inocente que Diomedes no puede dejar de decir: "¡O qué gentil dama!" Es preciso imaginar la emisión de esas palabras. Los indicadores paralingüísticos nos ayudan, en tal caso a relevar dentro de la enunciación del discurso, el tempo de la emisión de las palabras, su tono, su registro de voz, su dicción y su ritmo.[38] La pronunciación de tales palabras introducen al lector, al mundo del amor cortés, corregido y revisado por Francisco Delicado. Tratemos de desarticular el mecanismo de esta extraña teatralización del "rapto" de Aldonza. Como lo hemos señalado anteriormente, la tía, discreta y profesional al máximo, comete, sin embargo, el fallo de dejar a los jóvenes a solas: "Tía. Sobrina, rrespondé a esse señor, que luego torno." (M.III: 86).

Se abre la escena de seducción con una declaración de amor digna de la más pura tradición de corte:

> Diomedes. Señora su nombre me diga. Lozana. Señor sea vuestra merced de quien mal lo quiere. Yo me llamo Aldonza, a servicio y mandado de vuestra merced. (M.III: 86).

Desafortunadamente la escena resbala hacia unos propósitos menos elevados, el juego de manos releva el intercambio de palabras. Si Diomedes es herido al corazón con "la saeta dorada de amor" disparada, supuestamente, por Cupido. Aldonza, menos vertida en los meandros de los altos ideales del amor platónico, recibe una flecha del "Ciego Amor", cuyo blanco será "la teta yzquierda". Cabe señalar la inserción del antilenguaje dentro de un sistema reconocido por los cánones de un amor idealizado. Aquel amor platónico tan ensalzado por el "Dolce Stil Nuovo" recibe un "golpe bajo" en la escena vivida por nuestros dos amantes. El lector oidor percibe ya una nota desafinada en los códigos del amor cortés, desacuerdo que se precisa con la metamorfosis del tierno y ciego Cupido en un "ballestero". Ese último término evoca la fuerza, la energía, la virilidad y, sobre todo, un hombre que sabe usar su "ballesta", eufemismo gastado en la literatura erótica del Renacimiento para designar el miembro viril. Aldonza tiene oídos para oír y ojos para ver; la sagaz y caliente andaluza no puede refrenar un acto de admiración frente a los atributos viriles del mercader y se deja conquistar al instante para fugarse con su nuevo amor a "Cáliz."[39] Sin embargo, si las palabras aluden al acto erótico, en ningún momento, se nos dice nada sobre los gestos actos y posiciones de los dos protagonistas. Aquí entra en "juego" otro factor, se trata del tiempo. ¿Cuánto tiempo se quedan los dos jóvenes a solas? En la medida en que la escena es totalmente dialogada, i.e. mimética, sin acotaciones o elementos narrativos que describan la secuencia, Delicado pide al lector oidor que imagine lo que no se señala mientras los dos enamorados se quedan solos en una habitación especialmente "decorada por la tía. Por otro lado, lo que sucede en nuestra escena tiene que ser bastante convincente para que Aldonza decida seguir al "segundo amor de su vida". Huelga decir que la fogosa cordobesa es toda una perita en las artes de Venus y no se va a conformar únicamente con promesas y tiernas palabras.[40] Lo que pide la mujer son hechos. Hechos que el narrador (si hay uno) escamotea en su "discurso narrativo", en una magnífica paralepsis. El lector oidor debe buscar las piezas que faltan en el rompecabeza, se encara a un texto horadado (Anne Ubersfeld, 1980) en el cual hay que rellenar los agujeros y disponer a cada personaje en su determinado espacio escénico. Leer el mamotreto III y escenificarlo son dos actos y dos tiempos fundamentalmente distintos. El tiempo de lectura es relativamente breve, no el tiempo de la acción. El final del mamotreto III entraña a guisa de preámbulo, el asalto amoroso del XIV. Los dos amantes no se quedan a hablar y a limpiarse las uñas. El "suplico a vuestra merced se venga conmigo" opera sobre sus virtudes polisémicas. Por su lado, Aldonza subraya su intención de escaparse, proyecto afine con los deseos del mercader: "Lozana.-- Yo, señor, verné a la fin del mundo, mas dexe subir a mi tía arriba, y pues quiso mi ventura, seré siempre vuestra más que mía" (M.III: 86-87). Lozana se atreve a pronunciar tales palabras a "hecho consumado" (*après coup*), acaba de comprobar que Diomedes ES lo que aparenta ser. El parecer alcanza el ser, y la fórmula desmiente el refrán "el hábito no hace al monje". El factor tiempo nos hace captar mejor las palabras de la tía burlada. Tratemos de construir el juego escénico de la vieja. Confiada de que Diomedes y Aldonza están en pleno "encarame", la sevillana deja pasar el tiempo para que el mercader "tome plazer" justificando y vislumbrando, de tal manera, el otorgo de una mayor gratificación. Bajando a la habitación de la planta baja, la vieja llama a su sobrina con cierto entusiasmo, convencida de que el cliente ha quedado plenamente satisfecho: "¡Aldonza!", y se queda a la escucha. Nadie contesta. Todavía no se ha percatado de la burla, sigue bajando, "¡Sobrina!", quiere anunciar su presencia y avisar a los dos amamntes que la "sesión" bastante duró. No recibe ninguna respuesta, empieza a preocuparse (no por la sobrina, si no por su recompensa), descubre la habitación vacía y *grita*: "¿Dónde estáys?", pregunta inútil para la tía, pero pertinente para el lector oidor que lo induce a pensar que Aldonza se encuentra prácticamente a lo largo de las costas españolas, navegando hacia nuevos rumbos. Si suponemos que la casa no incluye más de una o dos habitaciones, la tía no tarda en caer en cuenta. Finalmente, la alcahueta entiende que ha perdido la soga y la cabra (una pupila, un cliente y una retribución). Se le fastidió el día, su invectiva cae como una sentencia sobre el destino de Aldonza:

> ¡O pecadora de mí! El hombre deja el padre y la madre por la mujer, y la muger olvida por el hombre su nido. ¡Ay sobrina!... ¡Mirá qué pago, que si miro en ello, ella misma me hizo alcagüeta! !Va, va, que en tal pararás! (M.III: 87)

La dinámica de la escena así como su estructura se inscriben perfectamente dentro de un círculo. En efecto, la tía aconsejó a Aldonza de ser "buena" y termina augurándole una carrera excepcional en lo que se refiere a alcahuetería y prostitución: "en tal pararás". Convengamos que nuestro acto se cierra con el pronóstico de una carrera en el mundo de los amores venales que Aldonza-Lozana-Vellida llevará a niveles cimeros. Creemos que ha llegado el momento de situar a nuestra heroína en un escenario a las medidas de sus ambiciones, por las calles de una de las ciudades más espléndidas y corruptas de aquellos tiempos tan inestables: "patria común [de las cortesanas], que voltando las letras, dize Roma amor" (Epístola de la Lozana: 439).

## Las camiseras de Pozo Blanco (mamotretos VI a IX)

Pese a lo que diga Delicado frente a la actitud de sus compatriotas españoles en la ciudad papal, es preciso admitir que el primer contacto romano que Lozana estableció con las mujeres de su tierra no fue uno de los más agradables. Parece que el hecho de que la petulante andaluza, mediante la práctica de un camaleonismo deliberado, demostrase tener parientes y familiares en "Castilla", en "Andalucía", en "Turquía", en "Alcalá la Real", en "Vaena", en "Luques" y en la "Peña de Martos", en "Arjona" en "Arjonilla" hasta en "Montoro" (V: 93), impidió a la joven exilada establecer duraderos vínculos de puro y franco compañerismo con las españolas que ya vivían en la ciudad papal. De hecho, este primer encuentro se concluye en menos de veinticuatro horas, con una demostración abierta de lucha libre (¡muy teatral por cierto!) en la cual Lozana se opone a cuatro contrincantes españolas que terminan rodando por las escaleras: "y otro día hizo cuestión con ellas sobre un jarillo, y echó las cuatro abajo" (*ibid*).

Volviendo al itinerario de Lozana, constatamos que nuestra bella andaluza queda, de aquí hasta el final de la obra, "insertada" dentro de un marco-escenario definitivamente romano. Ella dirige sus pasos rumbo Pozo Blanco, barrio que, para un lector-oidor local, contemporáneo del autor, al tanto de los distintos barrios de la ciudad causaba una cierta hilaridad. En efecto, todo el mamotreto V es presentado por el autor-cicerón-prologus, el cual interviene directamente en el escenario para anunciar que su heroína "demandava por Pozo Blanco . . . Y como en aquel tiempo estuviese en Pozo Blanco una muger napolitana con un hijo y dos hijas que tenían por oficio hacer solimán y blanduras . . .". Mencionar Pozo Blanco a cualquier habitante de Roma o persona conocedora de la Ciudad Eterna, equivalía despertar en su mente una serie de imágenes, nociones, comentarios e ideas que incitaban al mismo lector-oidor a seguir mentalmente los pasos de Lozana. Delicado componía el universo referencial de su heroína valiéndose de una técnica adoptada por los "novellisti", es decir, evocando un lugar tan público y tan famoso que prescindía de toda descripción. Una vez oído tal nombre, se visualizaba inmediatamente el lugar-escenario y uno mismo reconstruía el "teatro" de los hechos. Gracias a semejante recurso, la escena se "materializaba" enseguida. Con aquel procedimiento muy ingenioso, el autor confería a su relato un sabor de verismo concreto, inmediato y espontáneo. Por ende, pronunciar el nombre de Pozo Blanco equivalía a evocar y escenificar, como señalan Damiani y Allegra: "Un lugar poblado de meretrices y camiseras españolas, en su mayor parte judías o cristianas nuevas." (1975: 93-94, n. 10). A partir de la referencia topográfica, los críticos nos informan que aquel lugar "coincide con la actual plaza y calle de la Chiesa Nuova ¾es decir la plaza que está frente a la iglesia de "Santa Maria in Vallicella". Su nombre procede de un pozo que aún pudo contemplar Delicado en su temporada romana". Todos esos detalles toponímicos (valiosos para un lector de nuestro siglo) resultaban superfluos para un destinatario hispano-romano de la época. Queda claro que en la mente de un lector-oidor, Pozo Blanco se convierte en un escenario natural. La referencia a Pozo Blanco que encontramos hoy día en la obra de Delicado, era entonces una alusión directamente vinculada con la experiencia vivida en *Pozzo Bianco*, por cada lector-oyente hispano-romano. Este último va siendo, pues, un colaborador importantísimo para edificar el universo lozanesco y se le exige conocimientos muy concretos del espacio ficticio.

En efecto, al mencionar el nombre de Pozo Blanco, el autor sube el telón de un teatro de espacio abierto sin límites. La noción de espacio hay que interpretarla desde un punto de vista acústico y desde los varios movimientos escénicos que aparecen en la novela dramatizada: gente que camina, se saluda, se cruza, se encuentra, sube, baja, gesticula . . . Pozo Blanco, con sus habitantes hispano-judíos (recordemos que los hebreos debían llevar "la señal colorada"), y sus prostitutas de bajo y alto rango, tiene unas implicaciones valiosas para toda escenografía de la obra y referencias al vestuario y maquillaje de los personajes:

a. Estamos en un barrio hispano, poblado por lavanderas y camiseras, profesiones que encubren, entre otras actividades, las de prostituta, medianera, "astróloga", bruja y "cosmetóloga".

b. Somos testigos de las profesiones de una franja de la población romana que se distingue por sus negocios poco edificantes y al límite de la legalidad (apretaduras y abortos). Dicho fenómeno lo percibe claramente el autor, puesto que encamina a Lozana directamente hacia Pozo Blanco desde su llegada a la Urbe. El encuentro tan "providencial" entre la "sin par" y la madre de Rampín debería suscitar un intercambio de puntos de vista, llevado a cabo por dos personas cuyo oficio principal era el de componer afeites. En este aspecto sabemos que la napolitana tiene su botica en la propia casa ubicada en la calle Calabraga. Por el momento, notemos lo que nos dice el "auctor" sobre las técnicas del maquillaje que poseía la esposa de Jumilla: muger napolitana con un hijo y dos hijas que tenía por oficio hazer solimán y blanduras y afeites y cerillas, y quitar cejas y afeitar novias, y hazer mudas de azucar candi y agua azofeyfas, y qualque buelta, apretaduras y todo lo que pertenecía a su arte tenían sin falta, y lo que no sabían se lo hacían enseñar por las judías, que también bivian con esta plática, como fue Mira, la judía que fue de Murcia, Engracia, Perla, Jamila, Rosa, Cufa, Cintia y Alfarutia, y otra que se dezía la judía del vulgo, que era más plática y tinie más conversación. (V: 94-95).

c. El espacio teatral de Pozo Blanco nos permite trabar conocimiento de la "cosmetología" femenina, tan importante luego en toda Europa. El "auctor" enuncia una serie de técnicas propias a realzar la belleza de la mujer, en particular la mujer cortesana, la cual precisa más que las otras el cuidado que procuran los afeites y los productos de belleza. En otras palabras, la "madonna" romana considera vital arreglar y embellecer su aspecto físico, su rostro, sus cabellos y el tono de su tez, con cremas y perfumes susceptibles de realzar su lozanía natural y a la misma vez suscitar el deseo en los hombres que la admiraban al deambular por las calles de la ciudad. A diferencia de las mujeres de los siglos anteriores, intimidadas por las invectivas de los predicadores moralizadores, las mujeres del siglo XVI descubrían sus cuerpos poniendo de relieve algunas partes de sus miembros que requerían más cuidados estéticos, en los que Lozana era experta. Todos los detalles mencionados se vinculan con Pozo Blanco (escenario muy evocador) y con la apariencia de los actores que prestan sus cuerpos a los personajes de la obra delicadiana. Tratemos de acercarnos a la entrevista de Lozana con sus nuevas y simpáticas amigas.

De un corte muy distinto se anuncia la secuencia romana de las insólitas camiseras hispano-conversas que se extiende sobre cuatro mamotretos y está estructurada alrededor de la gesticulación, efectos de dicción y movimientos aparentemente desordenados y sin conexión (pero, en realidad, previamente estudiados) de cada individualidad. En la presente escena se trata antes que nada de descubrir los orígenes raciales de cada mujer:

    a. Primera escena. Tres personajes en la plataforma: Lozana, una viuda Sevillana y Mencia. La escena se extiende sobre todo el mamotreto VI. Una sevillana llama a Lozana que pasa ("casualmente") por una calle de Pozo Blanco. Al conocer la patria de nuestra heroína, la mujer manda a su hija Mencia a buscar a Teresa de Córdoba y otras mujeres. Lozana relata su primera aventura en Roma y nos enteramos de que lleva una "estrellica" ("signo") indeleble de su enfermedad venérea) en la frente.

    b. Segunda escena. Personajes: Lozana, Sevillana, Teresa de Córdoba, Beatriz de Baeza. Empieza la entrevista con el mamotreto VII y se extiende hasta la salida de Lozana: "Y perdonáme, que luego torno, que me meo toda." (M. VII: 102). Lozana relata parte de su vida andaluza, alude a lo que aprendió en Levante y termina contando lo que le sucedió en su primer día romano.

    c. Tercera escena. Los mismos personajes sin Lozana. La escena abarca todo el final del mamotreto VII. Beatriz de Baeza, sorpresivamente la más "bova", logra descubrir el origen semítico de Lozana.

    d. Cuarta escena. Los mismos personajes y Lozana. Nuestro segmento dramático cubre dos mamotretos (VIII-IX). Se evocan las peripecias y tribulaciones marítimas de la muchacha así como el origen de la enfermedad que dejó desfigurada a la (otrora) bella andaluza: "Tomé tanta malenconía que daba con mi cabeça por tierra, y porrazos me he dado en esta cara que me maravillo que esta alxaqueca no me ha çegado. (VIII: 107)

    La cápsula dramática que nos proponemos explorar, reviste un aspecto particular dentro de la economía de la obra. En primer término, acabada de llegar a la Urbe (está actualmente viviendo su segundo día de su estancia romana), Lozana va a establecer su primer contacto con la realidad romana, en presencia de unas "lavanderas" cuyo papel resulta central para descubrir su origen étnico y los síntomas de la enfermedad que ella contrajo en sus peripecias marítimas. Recordemos que la escena está acondicionada por el contexto histórico: la toma de posesión de su "Santidad". Toda la ciudad se engalana y reviste un aire de fiesta y de "dolce vita rinascimentale" puesto que los romanos viven la "encoronación" de León X, a través de una espectacular teatralización de la toma del poder así como la representación de un gran número de obras dramáticas. Las festividades duran varias semanas en una atmósfera de disfraz, de carnaval y de alegre teatralidad.

La importancia de la entrevista de Lozana estriba en las réplicas veladas de los varios personajes, los cuales se escrutan y se "estudian" mutuamente (desconfianza inmanente que nace entre los miembros pertenecientes a minorías perseguidas y desprestigiadas), hasta llegar a convenir que pertenecen a la misma comunidad racial: el hebreo converso. Sin embargo, en el mecanismo de desenmascaramiento de los orígenes lozanescos, asistimos a un proceso de puesta en escena susceptible de patentar al público los indicios de un cambio de status en la identidad de Lozana. Notemos desde ahora que, al principio de la entrevista con las camiseras conversas, la "sin par" ensalza su tierra andaluza, esconde su origen de cristiana nueva y empieza una nueva etapa de su vida mudándose hasta el nombre. Por primera vez la oímos hablar en Roma, en nombre de "Lozana". El cambio radical de su vida se opera en este pasaje , puesto que, provista de una experiencia "inolvidable" y unos cuantos desaires amorosos, entiende tomar el control sobre sus actos ("para ser siempre libre y no sujeta" [V: 93]) e incorporarse a un sistema que no privilegia ni la iniciativa "privada" de la mujer, ni su supremacía (a *fortiori* cuando se trata de una extranjera cristiana nueva). En este sentido es preciso afirmar que Delicado se pone en contra de los prejuicios sociales, al darle a su protagonista un status social autónomo y desligado de toda subordinación frente a la autoridad del discurso patriarcal.

En la presente teatralización de la escena, nos toca insistir sobre la importancia: de las vestimentas (Lozana lleva un traje de "fortuna" "a la ginovesa"); del maquillaje y de las marcas indelebles de la sífilis (la cicatriz en la frente y parte de la nariz amputada); los efectos paralingüísticos (intercambios rápidos y ritmo sostenido en un diálogo gesticulado, entonación apropiada al carácter mediterráneo de las interlocutoras); los indicadores kinésicos (gestualización, movimientos de los cuerpos, y de los labios, muecas y expresión de los ojos), recordemos la lista de "especialidades" culinarias, típicamente judías que se nos da en el mamotreto VIII donde se mezclan, a la buena de Dios, *cuisine* y sugerencias eróticas, detalles que exigen una maestría incondicional de las actrices para evocar con expresiones de la cara (muecas, sonrisas, ojeadas, labios "torcidos") todo lo que significa para Delicado-Lozana el arte de la gastronomía; y proxémicos (disposición escénica de los personajes, entrada y salida de Mencia, Lozana y las lavanderas) que tienden a impulsar la vitalidad y el dinamismo del cuadro.

En efecto, la entrevista (dominada por el elemento femenino) se desarrolla totalmente en casa de la sevillana donde debemos notar los "juegos" escénicos de los personajes. Entendemos que, Mencia, la hija de la sevillana puede aparecer en la escena cuando su madre la llama (" Mencia, hija, va llama a tu tía y a Beatriz de Baeza y Marina Hernández, que traigan sus costuras y se vengan acá" (VI: 96) y salir para buscar a su tía y algunas coterráneas de Lozana.[41]

Otra opción escénográfica podría ser: Mencia, "mensajera-agente de relación", puede evolucionar ya en la escena con su madre, cuando Lozana llega. Sale, luego, para conseguir a las demás camiseras. En las primeras palabras que intercambian Lozana y la sevillana, lo que incita a la lavandera a intuir la presencia de una cristiana nueva en la persona de la andaluza es la referencia a la zona (o barrio) donde Lozana solía vivir en Córdoba: "Señora a la Cortiduría" (VI). Tal indicio es valioso para la sevillana y para el lector-oidor ya que, en primer lugar, les recuerda que Celestina "moraba" en las "tenerías", y, en un segundo tiempo, tal elemento servirá para revelar que Lozana pertenece a una familia de cristianos nuevos. Sin embargo es a nivel de la ostentación del cuerpo que nuestra escena parece interesante. En efecto, hemos aludido al descubrimiento del cuerpo bien proporcionado, debido a una nueva estética preconizada por el movimiento humanístico de la época: esculturas, motivos pictóricos, escenas pastoriles, reuniones amorosas, poemas eróticos . . . Lozana no tarda en mostrar su cuerpo en la medida en que quiere que los demás lo admiren. La presente escena nos retrata una jovencita lista a mostrar las regiones más íntimas de su persona, como si fuera una mera "promoción":

> Lozana. Y enbió comigo su moço, y Dios sabe que no osava sacar las manos afuera por no ser vista, que traygo estos guantes, cortadas las cabeças de los dedos, por las encobrir (VI: 97).

Dicho comentario estimula a la viuda a contemplar la desnudez de Lozana y quedarse asombrada frente a la belleza del cuerpo lozano:

> Sevillana. ¡Mostrad por mi vida, quitad los guantes! ¡Biváis vos en el mundo y aquel Criador que tal crió! ¡Lograda y

enguerada seáys, y la bendiçión de vuestros pasados os venga! Cobrildas, no las vea mi hijo, y acabáme de contar cómo os fue (VI: 97).

Cabe imaginar detrás de aquellas palabras la estupefacción de la sevillana, mujer conversa que cubre a Lozana de fórmulas de bendición. Señalamos de paso que en los últimos comentarios, las "manos" de Lozana no son las extremidades de los brazos (se trata de las *partes pudendas*), si no no podríamos explicar por qué la viuda no quiere que su hijo las vea.[42] Las dos mujeres, muy experimentadas en la profesión, saben apreciar la "mercancía", y la escena debería presentar todo un lenguaje corpóreo que demuestre al público que Lozana sabe cautivar y fascinar a sus víctimas. Es importante apuntar que Lozana alcanza una seguridad de sí misma porque entiende que su cuerpo está ahí para "respaldar" sus propósitos.

La teatralización nace aquí no del movimiento, sino de la voluntad, que es pensamiento y acción, pensamiento de una acción y acción informada por un pensamiento. Ahora, donde hay pensamiento, hay lenguaje. La palabra no es sólo un medio de intercambio; antes de enunciar, la palabra significa. La lozanía de su cuerpo lleva a la cordobesa a ser más persuasiva con sus palabras y nos recuerda constantemente que dicho cuerpo tiene sus exigencias, sus necesidades y sus debilidades:

> Lozana. ¡Ay señoras! Contaros he maravillas. Dexame yr a verter aguas que, como eché aquellas putas viejas alcoholadas por las escaleras abaxo, no me paré a mis neçesidades, y estaba allí una beata de Lara, el coño puto y el ojo ladrón, que creo hizo pasto a cuantos brunetes van por el mar Oçéano (VII: 100-101).

La joven española reitera su idea de satisfacer sus necesidades corporales: "Y perdonáme, que luego torno, que me meo toda." Notemos, de paso, mediante el discurso de nuestra heroína su desplazamiento en la plataforma. Su salida exige un cambio de escena, pero es una falsa salida ya que (a pesar de que el autor no lo señale, pero lo vio Alberti) Lozana se queda cerca de la puerta para escuchar los comentarios suscitados por su salida. La única sombra, en la apariencia física de Lozana, sería aquella vergonzosa e infame "estrella" que ostenta su frente, y una nariz amputada ("quedará señalada para quanto biviere" observa Teresa Hernández), que obliga a los hombres a mirar hacia el busto y la parte inferior del cuerpo[43] (movimiento de los ojos de los actores que conversan con la protagonista).

Aquella fea cicatriz en el medio de la frente, obliga a Lozana a llevar "la toca baja ligada a la ginovesa", detalle de indumentaria, importante para la actriz que encarne a Lozana. Además la Sevillana se ha fijado en los cabellos de la "sin par", ("Los cabellos os sé dezir que tiene buenos" [VII: 103]), detalle de su descripción físico-fisiológica. Debemos entender que la alopecia que provoca la caída de los pelos de las cejas (cf. LIV) y de sus partes más íntimas (XVII), no contagia la espesa cabellera (como ocurrió con la lavandera del mamotreto XII). La relación de abundancia de cabellos tiene mucho que ver con la profesión de Lozana, su arte de la seducción (recordemos el poema de Baudelaire, "La chevelure"), así como su intención de hacer nacer el deseo en el sexo opuesto. Muy bien sabido es que las religiosas y religiosos se cortan el pelo para que éste pierda mucho de su atractivo.[44] Lo que más nos sorprende es que todos los detalles físicos, los accesorios del vestuario, la forma de caminar y comportarse surgen a través de los diálogos y son señalados por los mismos personajes.[45]

La sevillana hace venir a sus coterráneas para "evaluar" y apreciar a nuestra protagonista, personaje *primus inter pares* del elenco impresionante de los ciento veinticinco incluidos en la obra. Notemos parentéticamente cómo cada persona tiene que esconder su verdadera identidad y adoptar una máscara "lingüística" para evitar toda sorpresa desagradable. La palabra pronunciada es ya palabra "ensayada" y dramatizada. Se revela elemento integrante de la máscara; en cuanto al lenguaje, escudo protector del ser, se despega del pensamiento de los interlocutores dejando aparecer una zona de ambigüedad entre lo que se piensa y lo que se expresa, recurso fundamental, natural y característico de la función comunicativa del diálogo en *La Lozana*. En esta función teatral de Lozana, lo que nos sorprende es la volubilidad y facundia de su carácter sureño. Con tal personaje femenino, Delicado anuncia ya en su forma de expresarse a la Nanna aretiniana. El brío de Lozana estriba en el dominio de un lenguaje de germanía, de una jerga del bajo mundo del hampa con una fuerte connotación erótica y vulgar. El habla callejera de la andaluza es libre, metafórica, imaginativa y no presenta la mínima inhibición. La escena se dibuja dentro del diálogo, un diálogo que tiene la virtualidad de impulsar a los personajes fuera del libro y colocarlos en la plataforma teatral, como aquellos personajes pirandellianos que pasan directamente de la mente de su autor a la plataforma escénica sin que uno sepa por donde llegaron. Los personajes del *Retrato* se definen por su autonomía y su vida desordenada.

## Consideraciones finales

Difícil resulta concluir sobre un texto tan polifacético que nos ofrece, además, tantas conclusiones y un final *sin final*. Podemos decir, ante todo, que aquella libertad lozanesca, que tiene un tinte de anticonformismo, se identifica con la libertad que toma el desenfadado escritor cordobés ¾en contacto con las capas inferiores de la colonia judeo-española¾ frente a su ministerio en particular y a su religión en general. Aquella aguda libertad roza la anarquía y el caos y nos presenta el clima social de la ciudad eterna. El anticlasicismo delicadiano encuentra su lugar físico y su justificación real en el teatro natural de las calles, plazas, establecimientos públicos de Roma. Toda la ciudad toma el aspecto de un vasto escenario multiforme. Si existe una identificación entre la roma Lozana y Roma-ciudad, existe simétricamente una adecuación entre las aventuras de Lozana y el lugar de la actualización de las aventuras en cuestión. Dicha ciudad es teatro abierto, en la medida en que las situaciones y comportamientos de los personajes se alimentan a partir de la confusión y la libertad. Roma-teatro es el espacio sin límites de las burlas. En ella está implícita la posibilidad de reirse, de ofender, de traficar, de burlarse o ser burlado según el antojo de la suerte. La vida romana se desarrolla al compás de las danzas, de los desfiles de carnaval, sin cesar renovados por la continua llegada y partida de una gran parte de la población que refuerza la inestabilidad de la población romana. La imagen de una Roma-Babilonia viene a ampliar la imagen de la ciudad como espacio escénico, caótico y subvertido, lleno de movimientos sin ninguna lógica aparente, de objetos que no tienen ni el lugar ni el uso que se les atribuye en el diario vivir. Mediante una evocación dramática, Delicado nos sugiere un espacio teatral "urbano." Se perfila la perspectiva de un escenario con una perfecta integración de Roma en el espacio de la escritura. El texto sugiere la imagen de una ciudad que no quiere definirse como un objeto cerrado, con una tendencia idealizante, aún cuando encontramos edificios, plazas, monumentos físicamente existentes. La escritura del autor andaluz, toma poco a poco el aspecto de un interminable y perpetuo "camino" que echa una mirada por todos los rincones, las calles y callejones de la ciudad, rastreando y filtrando todos los objetos, los ruidos, las muecas y vicios de una Urbe que el público hispano-romano de aquellos años reconoce en seguida a través de la ficción y que él repone de manera "natural" en el contexto de una realidad cotidiana. Aquella Roma fragmentada, "enmarcada" es la imagen polifacética restituida a través de las pinturas múltiples inmortalizadas en los cuadros de los grandes maestros del Renacimiento romano.

## NOTAS

1. Tomaré todas las referencias textuales de la edición de Bruno Damiani y Giovanni Allegra (1975) sin descuidar, desde luego, las excelentes ediciones de Giovanni Allegra (1983) y Claude Allaigre (1985).
2. Entendemos perfectamente que, dentro de la esfera de un estudio semiológico del teatro, "leer" un texto desprovisto de toda representación no es espectáculo. Sin embargo, eso no le quita su potencial teatralidad. Además, opinamos que un texto como *La Lozana* incluye virtualmente una determinada representación (con tadas las variantes posible y efectos escénicos) de manera que podemos aludir a un hipotético texto espectacular. La especificidad teatral estriba ya en el texto ideado por Delicado. Por otro lado, como muy bien lo expresa Anne Ubersfeld (*lire le Théâtre*, 1977), no todos los lectores de un texto dramático poseen el "hábito escénico" para dar figuaración a la obra, y no todos tienen la imaginación fecticia imaginaria, pero en el texto hay indicios suficientes para la puesta en escena con amplio margen de varieantes. Paralelamente, conocemos las adaptaciones teatrales del *Retrato* por Rafael Alberti (1964) (versión a la cual nos referiremos a menudo para una visualización directa del texto teatral y la de Miguel Delibes, *Cinco horas con Mario* por Lola Herrara (1987) entre otras. Nos interesa, precisamente, explorar los mecanismos de transpocición que impulsan la palabra "inanimada" del discurso narrativo, y observar el traslado del diálogo referido a la enunciación directa de los actores. Sobre tales procedimientos tendremos las oportunidad de explayarnos con mayor relevancia en las prócedimientos tendremos la oportunidad de explayarnos con mayor relevancia en las próximas páginas.
3. La noción de "lector oidor" o "lector oyente" se encuentra en el acertado estudio de Margit Frenk "La difusión oral de la literatura en el Siglo de Oro: Lectores y oidores"(1980). Tal dimensión social de una recepción colectiva del texto constituye uno de los pilares fundamentales del andamiaje estructural de nuestra labor investigativa.
4. Suscribimos a la diferencia que observa Juan Goytisolo entre "creación" y "descubrimiento" (diferencia que procede de las teorís de Foucault cf. "Qu'est-ce qu'un auteur", 1983). En efecto, el afamado novelista y crítico español expresa al respeco: *La Lozana Andaluza* puede vindicar también un papel importante en el desenvolviemiento de las técnicas narrativas que culminarán en el descubrimiento cervantino de la novela moderna (prefiero el término *descubrimiento* al de creación, pues incluso un autor de genio como Cervates no hace más que actualizar las posibilidades virtuales del discurso novelesco, del mismo modo que el investigador científico descubre unos fenómenos naturales que, con anteriordad a sus hallazgos, permanecían en estado latente. (1977:53)
5. En lo que se refiere a la vida del escritor cordobés se pueden consultar la introducción a *La Lozana andaluza* (1967) de Joaquín del Val, la monografia de Bruno M. Damiani, *Francisco Delicado*," (1974-75) "Sobre una nueva hipótesis en la biografia de Francisco Delicado," (1967) y su estudio preliminar en su edición de *La Lozana* (1983).
6. Si nos referimos a la información que nos facilita el autor-narrador, su *Retrato* lo escribió en cinco meses, del treinta de junio (M.I) al primero de diciembre de 1524

(M.LXVI): es decire entre la fiesta cristiana que conmemora el día de San Pablo y las de San Eloy. ¿Podríamos buscar, detrás del simbolismo del último día de junio la celebración religiosa de la Conversión de San Pablo (Schaoul el judío)?
7. Fluctuación debida al cómputo peculiar de los años en el calendario veneciano. Véase para la compresión de tal fenómeno el artículo de Francesco A. Ugolini. (1974-75)
8. Cabe subrayar, desde ahora, el interés que la gente tenía oír historias y el placer que tomaba a entrar en el mundo el la inlusión. El advenimiento de la imprenta y las democratización de la iducación escrita cortaron las alas a la imaginación y atrofiaron la función de la memoria. Es importante notar que el lector oidor del siglo XVI sabía su texto casi de memoria y se complacía en su dramatización. Poseía, además, innegables dones de histrión. No en balde, el ventero del capítulo XXXII del *Quijote* afirmará casi un siglo más tarde: Porque cuando es tiempo de las siega, se recogen aquí, las fiestas, muchos segadores, y siempre hay algunos que saben leer, el cual coge uno destos libros en las manos, y rodeámonos dél más de treinta, y estámosle escuchando con tanto gusto que nos quita mil canas; a los menos de mi sé decir que cuando oyo decir aquellos furibundos y terribles golpes que los caballeros pegan, que me toma gana de hacer otro tanto, y que querría estar oyéndolos noches y días. (1973:321)

A Maritornes le agradecen, igualmente, las historias que los demás leen:

> -Así es la verdad -dijo Maritornes-; y a buena fe que yo también gusto mucho de oír aquellas cosas, que son muy lindas y más cuando cuentan que se está la otra señora debajo de unos naranjos abrazada con su caballero...*(ibid)*

> En cuanto a la hija del ventero, recoge de las lecturas oídas lo que más gusto le procura en las aventuras sentimentales de los caballeros: "...también yo lo escucho... que recibo guso en oillo..." *(Ibid)*

La idea de un acercamiento entre un lector histrión y un público oyente crea ya un evento teatral, según lo que teoriza con agudeza Antonio Tordera:

> Pero aun en el caso de que el punto de partida y el soporte de la acción dramática sea un texto que se recita, siempre hay un momento en que el teatro, por deficnición se realiza: cuando el actor ye el espectador se encuentran.(1986:166)

9. *Libros de caballerías*, Madrid, B.A.E., XL, 1950. Consúltese el "Discurso preliminar" pp. XXXIX-XL, Nota 4. No olvidemos tampoco las observaciones muy penetrantes de José Sánches acerca de *La Lozano Andaluza* está en forma dialogada y que intervienen ciento veinticinco personajes, lo que produce alguna confusión: el ambiente es semiitaliano, semiespañol, y contiene elementos folklóricos, históricos,

supersticiones, noticias de cocina; hay cuentos interpolados; se habla español, italiano y catalán; es decir, de estructura irregular, el libro es un verdadero *mamotreto.* (1943:157)

10. Vale recordar que para esa época, florecían en Italia todas aquellas historias fantásticas o "reales", información *noticiosa,* cuentos fantásticos, relatos de viajes marítimos o terrestres más o menos fieles, que algunos escritores cristalizaron en recopilación de novelle. Paralelamente, los escritores "irregolari" alteraban, a su aire y según el capricho de los lectores, el género de una obra. Así que el mismo texto podía presentarse como una "novella", una novela dialogada o un drama narrado, una comedia, o una rapsodia de cuentos susceptibles de plasmarse al gusto del público.

11. Dentro del tema de las risa y el humor festivo, es preciso observar la distinción entre "comique significatif" y "comique absolu". A propósito de los escritos de Charles Baudelaire sobre las esencia de la risa, Patrice Pavis apunta" Baudelaire distingue comique significatif et comique absolu. Dans le premier type, on rit de quelque chose ou de quelqu'un; dans le second on rit avec: et le rire et celui du corps tout entier, des foncions vitales et du grotesque de l'existence (rire rabelaisien par exemple). Ce type de comique arrache tout sur son passage et ne laisse place á aucune valeur politique ou morale." (1980:77) Concurrentemente, los límites de las risa que señala Umberto Eco en su artículo, "The Frames of Comic 'Freedom'" (1984), nos parecen aplicables a la *La Lozana Andaluza,* si partimos de la oposición "comic/humor".

12. Para Bubnova el *Retrato* es, después de todo, una construcción verbal que presenta un sinnúmero "de chistes, juegos verbales, alusiones, expresiones equívocas y ambigüedades que constituyen la característica más marcada de este problemático texto." Por otro lado, "la ambigüedad intencional y lúdica del texto, punto central sostenido por Allaigre, pne de manifiesto el *más truculento cazurrismo* (emparentado con el del Arcipreste de Hita) que desde siempre se presentía en la lectura del *Retrato* ("Sobre una edición reciente del *Retrato de la Lozana Andaluza,*" Criticón 39 [1987]: 115-6)

13. Para ser más exactos, nos estamos situando en la posición de receptor-emisor que ocupa usualmente el director de escena al momento de elaborar la pre-puesta en escena. Observemos lo que escribe Patrice Pavis (1980: 305-306) al respecto de la "pré-mise en scène":

1. --Hypothèse selon laquelle le texte dramatique contiendrait déjà, plus ou moins explicement, des indications pour la réalisation de sa mise en scène "optimale"... Mais, la pré-mise en scène est le plus souvent lisible -- et de fait, c'est souvent ainsi que procède le l'intensification de leur ton ou de leur manière" (STYAN, 1967: 3).

2. D'autres chercheurs vont jusqu'à présupposer l'existence dans le texte de "matrices textuelles" et de "noyaux de theâtralité" (UBERSFELD, 1977a: 20), voire d'une "virtualité scènique connotée dans le texte" et assumée ensuite par le "métalangage du réalisateur, acteur, metteur en scène, etc." (SERPIERI, 1977, également GULLI-PUGLIATI, 1976). Seul J. VELTRUSKY parle de mouvements scèniques qui sont "les transpositions des significations véhiculées par les notes de

l'auteur, les remarques et les commentaires (...) et qui sont "appelés directement, et donc prédéterminés par le dialogue." (VELTRUSKY, 1941: 139 et 1976: 100)

14. En efecto, Bruno Damiani observa lúcidamente que la agilidad de los diálogos, el uso de los verbos en el presente del indicativo confieren a la obra una dimensión teatral. El crítico italo-americano declara:

> En el mamotreto V empieza el lector a darse cuenta de que el retrato que se está formando posee una extraordinaria vivacidad, algo teatral, creado por el diálogo vital que es aquí y será en todos los mamotretos siguientes el medio sobresaliente de expresión. La forma dialogada de las dos partes centrales de la Lozana es indispensable para el propósito que tiene el autor de retratar con palabras a su protagonista en su ambiente, ya que solamente a través del diálogo puede el autor captar las expresiones y los sentimientos de los personajes, la intimidad y espontaneidad de sus acciones. (1975: 21)

Vale retener que en la determinación del espacio lúdico ocupan una importancia imprescindible los deícticos. Los índices de persona (Yo/Tú) que están siempre en el diálogo directo crean distancias entre los actuantes y señalan sus posiciones relativas, no sólo en el espacio sino también en el tiempo.

15. Su puede alegar, con mucha razón, que en el siglo XVI la comedia humanística ya había sido consumada, lo que resulta cierto del punto de vista de la producción, de la creación literaria. Ahora, sería más difícil concebirlo desde la recepción del texto.

16. A pesar de todos los obstáculos encontrados por La Lozana dentro de los límites de una crítica "seria" cabe señalar, siguiendo las observaciones que nos proporciona Luce López-Baralt, que "los lectores modernos han hecho un respetuoso caso omiso a la fulminante maldición que lanzó contra el texto Marcelino Menéndez Pelayo: "libro inmundo y feo", que "apenas pertenece a la literatura" y cuyo análisis "no es tarea de ningún crítico decente", y han comenzado a leer y comentar la obra con un entusiasmo febril. (1992: 164)

17. Concibiendo a La Lozana como parte de la descendencia (entre muchas más) de La Celestina, entendemos que se apoya en nuevas estructuras de teatro, sin que se defina abiertamente su género. J.Ma. Díez Borque escribe al respecto:

> [Aquellas obras] se apoyan, como modelo teatral, en las formas avanzadas del teatro italianizante de Torres Naharro. Muchas de ellas son ejemplo de género destinado a la lectura o recitación más que a la repesentación escénica, con lo que se aproximan a la forma de communicación de La Celestina, a la par que se apartan de lo específicamente teatral... No obstante, de un extensísimo conjunto... en el que confluyen lo teatral y lo no teatral... podríamos retener: F. de Silva, Segunda comedia de Celestina (1534); Gómez de Toledo, Tercera comedia de Celestina; La tragicomedia de Lysandro y Roselia (1542)... aparte de la bien concida Lozana Andaluza. (1987: 90-91

18. Conocemos las ideas de Allaigre acerca de una definición más marcada de La Lozana como punto de partida del género novelesco español. Para el crítico francés no hay duda de que la obra de Delicado ES la primera novela moderna como tal. En

uno de sus recientes artículos observa: Il n'est pas question, dans les brèves limites qui me sont imparties, de revenir sur la structure globale du roman. Je dis bien, cette fois, roman; non que je veuille entrer dans un débat sur le genre romanesque et sa définition, mais simlpement parce que le récit, implicite dans La Celestina, est, dans le Retrato, manifeste... si la forme dialogue est nettement dominante sur le plan quantitatif, elle n'en est pas moins soumise, pour la démarche générale de l'oeuvre, à un discours indirect, ce qui éloigne d'autant plus la Lozana des sources, pour ce roman, lointaines et médiates de la comédie humanistique. (1980: 105)

19. En cuanto a las ideas y hábitos que los romanos solían tener del espectáculo teatral, de gran ayuda resulta el cuadro socio-histórico de Guido Davico Bonino, quien escribe acerca de las festividades de la toma de posesión de León X (ceremonia que presenció Francisco/Lozana: Il papa della pace e della cultura ("Leoni Pontifica Optima Maximo litteratorum praesidio ac bonitatis fautori", si leggeva sul suo baldacchino, l'll marzo del '13, giorno della sua fastosa ascesa al soglio) inaugura il proprio pontificato con una articolatissima sequenza di feste e spettacoli; svoltisi in Campidoglio nel settembre di quell'anno, che costituiscono un riepilogo dell'intera tradizione teatrale romana e, al tempo stesso, un preciso programma di attività cuturale...La kermesse spettacolare, che richiede l'impiego di uomini, mezzi e energie ingenti si svolge alla presenza dei legati di tutte le grandi potenze, dell'intera curia, registra un concorso di oltre dieci mila spettatori, e costituisce la realizzazione del piú grandioso progetto teatrale dell'intero secolo. Questo progetto presume innanzitutto la costruzione di uno specifico luogo teatrale, un loco publico di capacità et ornato magnifico e bello, el quale rappresentasse forma di theatro", sul modello realizzato dagli antichi latini... Costruito sulla piazza del Campidoglio -- in cui erano state appositamente abbattute "certe muraglie et edifitii"--bene in vista delle reliquie di Roma imperiale, il grandioso teatro ligneo colpiva per la vastità delle dimensioni (tra i trentacinque metri di lunghezza, trenta di larghezza e una ventina di altezza) per l'armonia classicheggiante della facciata... per la maestosa spzaiosità dell'interno, dove un vasto spazio rettangolare era delimitato su tre lati da una ripida gradinata per il pubblico e fronteggiato da un profondo palcoscenico. (1977: XIX-XX)

20. De notable interés puede ser el capítulo II de la obra señera de María Rosa Lida de Malkiel, la cual, refiriéndose a la acotación como uno de los resortes de la técnica dramática en La Celestina, escribe:

> "Quizá sea menos paradójico de lo que a primera vista parece
> el hecho de que obra de tal envergadura como la Tragicomedia
> haya surgido en una êpoca en que, aparte el drama devoto o
> breves espectáculos jocosos, sólo existía el teatro romano,
> conocido por la lectura, y sus derivados medievales. Semejante
> vacío, que hubiera anulado a un dramaturgo mediano, ofrecía
> a hombres excepcionales la posibilidad de un arte escénico
> desembarazado a la vez de convenciones heredadas y de
> limitaciones materiales. Desde el punto de vista de su técnica

dramática, el teatro ideal de La Celestina es el único de veras libre (1962: 81)

Las técnicas teatrales, embrionarias en la obra de Fernando de Rojas, se van a desarrollar y afinar en La Lozana en la medida en que Delicado no podía quedarse totalmente insensible a los efectos dramatúrgicos de la ilusión escénica.

21. Lo que más importa en nuestro análisis no es tanto la presencia de la voz del narrador, detrás de cada palabra re-presentada, si no el efecto que la lectura produce sobre el público cuando recibe el texto fragmento en cada palabra, convertida, a su vez, en señal acústica.

22. A proposito de aquella facultad específica que tenía el púbilco renacentista de percebir una oralidad literia, Margit Frenk apunta que en aquella época: "Todo se sabe por el oído, por un oído que ve; 'para el gusto basta oyr' comenta Urgada" (1980: 114).

En su admirable estudio sobre las estructuras sociales y tradicciones culturales, Robert Mandrou no falta de subrayar, como factor imprescindible, el dominio absoluto del oído y de la dimensión audio-oral. El estudioso francés opta por la siguiente teoría:

1. Primauté de l'ouïe et du toucher. En cela, l'époque moderne prolongue un caractère essentiel de la civilisation médievale; non sans un brin de paradoxe, puisque l'imprimé en incessante progression exprime apparemment la faveur croissante de la lecture: mais dans tous les milieux sociaux, elle se fait encore à haute et intelligible voix; elle est à la fois lecture et audition. L'information reste principalement auditive: même les grands de ce monde écoutent plus qu'ils ne lisent; ils sont entourés de conseillers qui leur parlent, qui leur fournissent leur savior par l'oreille, qui lisent devant eux. Dans les assemblées d'administrateurs, les conseillers des rois et des princes portent tout naturellement et fréquemment le titre d'auditeurs; et á la veillée, dans les humbles chaumières paysanne, c'est encore le récit qui nourrit les pensées et les imaginations. Enfin, même ceux qui lisent volontiers, les humanistes, sont accoutumés de la faire aussi en compagnie --et entendent leur texte. A cette primauté, il y a tout d'abord une raison d'ordre religieux: c'est la Parole de Dieu qui est l'autorité suprême de l'Eglise. La Foi elle-même est audition (1974:77-77)

2. Rôle secondaire de la vue. Sans doute cette époque a-t-elle eu ses peintres, tout comme ses musiciens --et même ses dessinateurs, ne serait-ce que Léonard de Vinci. Encore que ces individualités, Vinvi, Dürer, Holbein et tant d'autres soient passablement hors série. Il est assuré, en effet, que les contemporains de ces génies visionnaires ne sont pas habitués à voir des formes -- à les représenter et les décrire. Erasme ne dessine pas, ne "croque" pas en marge de son texte, à aucun moment. Marguerite de Navarre ou Brantôme, l'un et l'autre bien placés our voir les grands de ce temps, ne décrivent pas: ni rois, ni empereurs, ni papes, pas une silhouette qui vive devant nous. Rabelais lui-même donne vie à ses personnages par leur discours: c'est frère Jean dans la tempête, qui parle, cependant que les cordages crissent, et que le mât s'abat à grand fracas. (Ibid: 80-81).

Si Rabelais no describía; Delicado tampoco. En vez de "retratar", el escritor cordobés se limitaba a enumerar o evocar sitios famosos, monumentos, ruinas de la antiguedad clásica, plazas y calles romanas. ¿Y por que? Podría ser, como lo expresa Allaigre, para llevar el texto a un nivel simbólico y on tono de parodia, pero, podría set también que, dirigiéndose a un público romano (poliétnico), el vicario andaluz aprovechaba del efecto inmediato que producía el diálogo de sus personajes para prescindir del toque de "couleur locale", y totpografía implícita en el nombre de cada trasfondo escénico.

23. En cuanto a la noción de "anti-lenguaje" (en textos de ficción), aplicada a La Lozana, proviene de la lingüística "funcional" y "sociológica" de M.A.K. Halliday, que Roger Fowler conceptualiza de la siguiente manera:

> "The term 'anti-language' was coined by Halliday to refer to the special jargons or canting slang, or secret languages, spoken by the members of what he calls 'anti-societies'. For Halliday, anti-language is the extreme case of social dialect. Its speakers are not simply special groups contained within a society but subcommunities in an antagonistic relationship to the dominant culture: people categorized as 'deviant' or 'criminal' or 'deficient'-- thieves, junkies, sexual perverts, convicts, political terrorists, street vandals, etc. Because they are antithetical to the norm of society, Halliday argues, their language structure will envolve systematic inversion and negation of the structures and semantics of the norm languages. Halliday illustrates this sociolinguistic antithesis from Elizabethan rogues' cant, and the special languages of the underworld of Calcutta and of inmates of Polish prisons. The interest of such special languages is not only their practical functions such a secrecy, solidarity and verbal play; their most importnat value is that they facilitate an alternative social and conceptual reality for their speakers. There is a Whorfian argument here: the anti-language creates an anti-world view.
> (1981: 146-147)

Sobre la idea de los anti-lenguajes aplicados a la novela delicadiana consúltese nuestro estudio El contexto dramático de La Lozana Andaluza, en particular "El auctor en busca de sus personajes."

24. La "vista cordobesa" es la que engaña; se trata de tomar la expresión en su doble acepción: a) si uno no ve muy bien es por falta de luz, o porque le falla la vista; b) la vista que engaña puede remitir a las vistas que proyecta Lozana para defraudar a su "parienta".

25. La idea de "saltar paredes" nos recuerda las palabras de Melibea, aplicades a Calisto, en el aucto IV de La Celestina:

¡Jesú! No oiga yo mentar más ese loco, saltaparedes, fantasma de noche, luengo como ciÜeña, figura de paramento mal pintado...(Edición de Pierre Heugas, 1963: 226).

Notemos de paso que las piernas "secas y enjutas" como las de Calisto, Diomedes o Rampín podrían ser indicios de predisposición e inclinación natural hacia el acto sexual.

26. En efecto, Lozana (estando en Roma) declarará ella misma la edad que tenía en su estancia de Granada: "Señora, de honze años fuy con mi señora a Granada, que mi padre nos dexó una casa en pleyto por ser él muy putañero y jugador, que jugara el sol en la pared." (M. VII: 99).

27. Emerge una primera discrepancia entre la Aldonza de Delicado y la de Rafael Alberti: en efecto, la heroína de Alberti tiene ya dieciocho años en su estancia sevillana. Es claro que, por el mismo carácter "osé" de la comedia, no se podría poner una niña de doce años en el elenco de una obra tan erotizada. Ahora sí, tal evento hubiera podido ocurrir en la Roma de León X.

28. Consúltese a Sebastián de Covarrubias, Tesoro de la lengua castellana (1611).

29. En su adaptación teatral de La Lozana (1964), Rafael Alberti pone en escena a una vieja labrandera vestida con traje oscuro, más bien simpática y afable que se pone a bailar en el medio del escenario. Pensamos que la figura de la tía es un poco tendenciosa. Tal personaje suele ser muy peligroso con sus mediaciones celestinescas: los consejos que le inculca a Aldonza tienden a darnos la razón.

30. La alusión a "los órganos" en su doble sentido, instrumento/miembro viril, no tiene nada de gratuito e involuntario ya que hemos estado hablando de los atributos más relevantes del joven italiano.

31. No compete explayarnos sobre las teorías teatrales de Antoine Appia, estudioso suizo, quien, a propósito de la opera wagneriana, preconizó la escritura de una puesta en escena sobre varias líneas como las partituras musicales, sin embargo queda claro que el análisis dramático necesito un método vertical sintético en lugar de uno horizontal y analítico.

32. Nótese de paso que el nombre del cortesano Diomedes (con sus variantes en español: ¡Dios me des! o Diome des) deriva del griego Dio(Zeus) y de medos (eosous), palabra de dos caras, ya que puede significar: meditación, pensamiento, designio y en un segundo tiempo, testículos lo que nos lleva a imaginar los juegos de sentido más o menos verdes que pudiera causar tal referente entre los cortesanos hispano-italianos de la época.

33. Patrice Pavis, en su Dictionaire du Théâtre define el factor kinésico de la siguiente manera:

> Science de la communication par le geste et l'expression faciale. L'hypothése fondamentale est que l'expression corporelle obéit á un systéme codé appris par l'individu et variant selon les cultures. L'étude des mouvements comporte plusieurs domains: l'étude des formes et des fonctions de la communication individuelle, la nature de l'interaction entre

mouvement et langage verbal, l'observation de l'interaction gestuelle entre deux ou plusieurs individus(1980: 229).

En su Trattato di semiotica generale, Umberto Eco entiende que tanto los indicadores kinésicos como las posiciones proxémicas pueden convertirse en un sistema de significación altamente institucionalizado por determinada comunidad social:

> Tra le discipline assestatesi più recentemente ricordermo la CINESICA e la PROSSEMICA, nata in ambiente antropologico ma rapidamente affermatesi come discipline del comportamento simbólico: i gesti, le posture del corpo, la posizione reciproca dei corpi nello spazio (cosí come gli spazi architettonici che impongono e suppongono determinate posizioni reciproche dei corpi umani), diventano elementi di un sistema di significazioni che la societá non di rado isituzionalizza al massimo grado. (1975:22)

34. Entendemos que Lozano posee una capacidad poco usual en el arte de apreciar y "calibrar" a los hombres; ella explotará y agudizará ese dono natural en su "aprendizaje" marítimo por los puertos del Mediterráneo, valiéndose de la mera observación. Además, el prologus-narrador nos informa acerca de la técnica que usará Lozana al vivir en Roma:

> Y como ella tenía gran ver e ingenio diabólico y gran conoscer, y en ver un ombre sabía quánto valía y qué tenía, y qué la podía dar, y qué la podía ella sacar. Y mirava también cómo hazían aquellas que entonces heran en la cibdad, y notava lo que le parescía a ella que le avía de aprovechar, para ser siempre libre y no sujeta a ninguno, como después veremos. (M.V:93)

35. Esta nueva rama de la semiótica teatral se presenta, según Patrice Pavis (1980: 313) como:

> Science récente, d'origine américaine (HALL, 1959, 1966), qui examine la façon dont l'homme organise son espace: distances entre les gens au cours de leurs rencontres quotidiennes, organisation de leurs habitats, de leurs édifices publics et de leurs villes.
>
> Au théâtre, la mise en scène prend parti pour un certain type de relations spatiales entre les personnages en fonction de la pièce (idéologie), de leurs relations sociales, de leur sexe, etc. Chaque esthétique scénique a donc une conception implicite de

la proxémique, et sa visualisation influe beaucoup sur la réception du texte (cf. RACINE "re-situé" par A. VITEZ, M. HERMON ou J.C. FALL).

Plus important que la mesure de la distance entre les corps, l'étude des regards et des angles de vue entre les acteurs donnerait peut-être la clé des relations inexprimé et des personnages et d'une infracommunication qui précède et modalise le texte prononcé. (SEARLES, 1977)

36. La conducta de la cortesana debe de ser impecable en su primer acercamiento al "cliente" y "concienzuda" en su labor, nos dice la Nanna aretiniana, al educar a su hija Pippa en Sei Giornate: "vo' che tu sia tanto puttana in letto quanto donna da bene altrove." (II-l: 158)

37. El lector oidor del siglo XVI reconoce el arte de tejer, urdir, tramar, lavar, enjabonar... una serie de actividades, directamente vinculadas con la nota erótica y el acto sexual, a tal punto que Gonzalo Correas en su Vocabulario de Refranes alude a Marita en su acto de "tejer":

--- Marita: ¿y con un pie texes?
--- I kon el kulo a vezes (526, b)

Por su parte, Camilo José Cela nota la acepción de "tela" como sinónimo de himen, o membrana virginal. Refiriéndose a Delicado, en particular, apunta el sentido de "actividad sexual coito" (1988). La tía informa a Aldonza que Diomedes "quiere que le texàys un texillo", ¿podríamos poner dicha expresión al lado de la que encontramos en el M. XXII cuando Lozana se dirige a Rampin? "Lozana.--- y vos procurà de arcarme la lana si queréys que texca cintas de cuero." (195)

38. Antonio Tordera se refiere al campo paralingüístico como " alguno de los sistemas ... ya objeto de disciplinas semióticas en vías de desarrollo. Asi...el tono que comprende elementos tales como la entonación, la velocidad, la intensidad, etc., es estudiado por la paralingüística." (1986: 173).

Umberto Eco, por su parte, esboza en Trattato di semiotica generale un marco más extenso acerca de los alcances y límites de la paralingüística. El afamado crítico italiano estipula lo siguiente:

> Il vasto campo della paralinguistica studia quei tratti una volta detti "soprasegmentali" (o varianti libere) che corroborano la comprensione dei tratti linguistici propriamente detti; e anche questi tratti soprasegmentali appaiono sempre piú "segmentati" o almeno "segmentabili", e di conseguenza istituzionalizzati o istituzionalizzabili, cosí che oggi la paralinguistica studia, con la stessa precisione con cui un tempo si studiavano le differenze tra fonemi, le varie forme di intonazione, la rottura del ritmo d'eloquio, il singhiozzo, il sospiro, le interiezioni vocalii, i mormorii e i mugolii interlocutori, sino a studiare come linguaggi articolati dei

sistemi comunicativi che paiono basati su pure improvvisazioni intonatorie, come linguaggi fischiati, o su una sintassi ritmica sfornita di spessore semantico, come i linguaggi tambureggiati. (1975: 21-22) (M.III: 86)

39. Observemos una vez más la selección oportuna del nombre de la ciudad "Cáliz", que evoca el "cáliz", metáfora corriente en los días de Delicado, para referirse al cunnus. Diomedes dice claramente: "pues yo voy a Cáliz, suplico a vuestra merced se venga conmigo." (M.III: 86)

40. Nos parece oportuno señalar que en el M. XXVI, Lozana recuerda al viejo Germán que la mujer no necesita hombre "proveido de melón, sino de buenas razones... salvo que ya sabéis que aquella señora quiere barbiponientes y no jubileos... ella me dijo que quería bien a vuestra merced porque se parecía a su agüelo, y no le quitaba tajuda." (XXVI: 223) En otras palabras, a pesar de que la prostituta se presenta como una mercenaria del amor, su profesión no la curte totalmente del placer que puede sentir copulando con un joven mozo. Razón por la cual las cortesanas romanas no vacilan en aunar lo útil con lo sabroso.

41. En lo que se refiere a la segmentación del texto teatral, Alessandro Serpieri nos comunica varios acercamientos que se pueden adoptar a nuestro Retrato:

> Un approccio semiotico al testo teatrale puó avere probabilitá di successo solo se si riesce a proporre una teoria di segmentazione che consenta di individuare le unitá semiologiche fondamentali dell'articolazione di senso per la scena alla luce delle correlazioni significante/significato specifiche del genere.
> ...i tentativi di segmentazione veri e propri (da non confodersi con paralleli, e pur utili, tentativi di classificazione categoriale dei segni teatrali) si sono rivolti finora alla enucleazione di unitá dinamico-narrative sul piano del testo oppure sul piano della correlazione testo-scena (ma sempre a partire del testo). Nel primo caso (cfr. p.es. Pagnini), dopo aver riconosciuto arestitolicamente come livello piú importante del teatro quello dell'azione --- in quanto 'dominante della struttura drammaturgica' ---, si é proceduto a un découpage narratologico e parafrastico sulla scorta della segmentazione del racconto proposta da Barthes (funzioni cardinali, indizi, catalisi). Nel secondo caso (v.p.es. Souriau e Jansen) si é puntato sull'unitá situazionale cercando di far salva la correlazione segnica fra testo e scena: si veda la conclusione di Jansen, 'La situation sera définie comme le résultat d'une division du plan textuel en parties qui correspondent á des groupes achevés du plan scénique. Cela veut dire que dans l'analyse du texte concret, nous instaurerons la limite entre deux situations là où un personnage entre ou sort ou bien encore là

où il y a un changement de lieu dans le décor. La situation aura alors pour caractéristique fondamentale de former dans le texte dramatique une unité cohérente, c'est á dire, indivisible par rapport aux deux plans, textuel et scénique, pris ensemble, puisque dans la situation une partie ininterrompue de la ligne textuelle correspond á un groupe d'éléments 'scéniques' qui ne change pas.' (1977: 12-13)

42. No será la única vez en la cual Lozana ecxpondrá su cuerpo; recordemos la escena de la *estufa* (XIII) y la de la came del mamotreto XIV.

43. No olvidemos que, desde el siglo XII, dentro de un discurso eminentemente femenino, la parte inferior del cuerpo de la mujer se consideraba más apropiada para satisfacer el deseo amoroso. En su estudio muy exhaustivo sobre la *Histoire de la littérature érotique* (1989), Alexandrian alude al primer gran teórico del erotismo puro en Occidente, André le Chapelain *(De Amore libri tres)*, quen opera una distinción entre el amor puro *(amor purus)*, el amor mixto *(amor mixtus)* y el amor comercializado *(amor per pecuniam acquisitus)*. Oigamos uno de sus diálogos en el cual se escenifica a una dama aristócrata y un barón:

> Deux amants se disputent une dame qui leur propose cette alternative: 'Je donne á l'un de vous la moitié supérieure de ma personne, á l'autre la moitié inférieure. Choisissez.' Un des deux prend le haut, l'autre le bas: quel est celui qui aime le plus? - Celui qui a préféré le haut, pense le trés haut baron. -Pas du tout, répond la trés grande dame; c'est du bas que proviennent tous les plaisirs qui consolent les hommes de leurs soucis; et on n'aurait aucun plaisir á regarder le haut, si on ne songeait pas au bas; et sans cela vous auriez autant de plaisir á contempler une tête d'homme qu'une tête de femme; ou bien c'est que vous êtes eunuque, car la cause de l'amour réside dans la partie inférieure; il n'est pas douteux qu'on doive préférer la partie du bas, comme plus digne. (1989: 42)

44. Acaso, cabe recordar la secuencia inicial de Sei giornate de Pietro Aretino donde Nanna es obligada a tomar las órdenes; es precisamente en la escena de iniciación que el padre superior le corta su abundante cabellera. Paralelamente, podemos pensar en la Magdalena que llevó igualmente en su vida de pecadora una hermosa cabellera.

45. En su estudio sobre L'essence du théâtre, Henri Gouhier cita una reflexión de Gaston Baty que nos parece muy penetrante para entender el mecanismo de puesta en obra de un drama a partir de la idea que nace en la mente del dramaturgo hasta su escenificación, mediante la colaboración del director de escena:

> Le poète a rêvé une pièce. Il en met sur le papier ce qui est réductible aux mots. Dans le cas même où il a du génie, les

mots ne peuvent exprimer, nous l'avons dit, qu'une partie de son rêve. le reste n'est pas dans le manuscrit et seul un idiot oserait déclarer que son oeuvre écrite contient tout de son oeuvre rêvée. La tâche du metteur en scène sera de restituer á l'oevre du poète ce qui s'en était perdu dans le chemin du rêve au manuscrit.

Pour le faire, il réglera le jeu, non plus seulement dans les répliques, mais dans leurs prolongements, harmonisera l'ensemble de l'interprétation, rythmera le mouvement de chaque tableau. Par le costume, par le décor, par la lumiére, et s'il y a lieu, par la musique et par la danse, il créera autour de l'action le milieu matériel et spirituel qui lui convient, l'ambiance indescriptible qui agira sur les spectateurs pour les mettre en état de réceptivité, pour les rapprocher des acteurs, pour les accorder avec le poète.

Si le texte n'est pas toute la piéce, toute la piéce est du moins en germe dans le texte. La mise en scéne doit donc respecter et transposer dans tous ses éléments le style même de l'écriture. Il ne faut jamais ni répéter ce que disent déjà les mots - ce qui serait un pléonasme barbare - ni modifier la pensée de l'auteur...(1968: 77-78)

Juan J. Pindado was born in Cantabria (Spain) and lives in Washington D.C. He received his doctorate in journalism from the Complutense University in Madrid and holds an American Ph.D. from the School of Arts and Sciences of The Catholic University of America. His research and teaching interests include the relationship between literature and journalism, studies of opinion in newspapers and analysis of the discourse regarding technology and nuclear energy in the environment.

Dr. Pindado is currently the Director of the Association of Enterprises and Industries in Spain, Inc. in Washington D.C. He organizes courses on cultural perspectives on media and communications and lectures on the interaction between journalistic and literary discourse. He recently conducted an international conference on the principles of government-business relations and techniques of lobbying. This conference was held in Menéndez Pelayo International University, Santander, in Spain.

Although he was studying Latin American books and applying criticism at Catholic University, he tells us he met Dr. Damiani often and found him to be a wonderful resource. Pindado found that Bruno Damiani loved Spain and the Renaissance and was a forceful advocate for students contemplating a career in international scholarship.

\* \* \*

## LA POESIA DE LA GUERRA CIVIL ESPAñOLA COMO POSIBLE ANTECEDENTE DE LA REVOLUCIONARIA HISPANOAMERICANA

### INTRODUCCION

La referencia comparativa de algunas posturas poéticas latinoamérticas en torno a la guerra civil española, aunque sea un tanto «arriesgado» situarla inmediatamente como antecedente, sin embargo parece ofrecer, en principio, provechosas posibilidades críticas. Motiva la falta de suficiente atención su tratamiento[1], y además la reactualización inevitable del marco -siempre apasionanate- de la rica y compleja reacción entre Hispanoamérica y España, especialmente al haber concluido las más o menos oficiosas y polémicas ceremonias conmemorativas del año 92.[2] Pero el motivo de la guerra civil será, en realidad, un pretexto para reesaminar aspectos comunes de la poesía revolucionaria, antiimperialista, de protesta, de «voces del descontento», ideologizada, etc.

No deja de tener sentido, en principio, echar un poco atrás la mirada: Uslar Pietri, por ejemplo, para la búsqueda relacional de España e Iberoamérica, ha propuesto, más que reavivar rescoldos, la ruptura de los "equívocos" del Descubrimiento, la Conquista (hecho físico, militar) y la Colonización (con sus fantasmas, más próximos al XIX).[3] Según esa formulación, lo que hizo España, o los hombres que descubrieron América "no pertenecía a un plan político, no era el resultado de una operación militar", sino movimiento de expansión natural y necesidad de encontrar nueva ruta a las Indias resultando imposible el intento de transplante de la sociedad castellana, generando "las tres culturas de mestizaje abierto".

Desde una perspectiva historicista, no atacamos aquí el castellanocentrismo ni se aborda el cuestionamiento del origen[4]; pero sí parece muy digna de atención cualquier interpretación con la que se crea intentar la superación de prejuicios, aunque no sea una tarea fácil, y acaso ni siquiera posible. Abundando inicialmente, por tanto, en la búsqueda de opiniones que paracen centradas, recogeré también la siguiente declaración:

> **La rebeldía política hispanoamericana, el dolor imperial español, dañaron durante el S. XIX la clara visión de las cosas: nos hacían llamar madrastra a España y hacían a los españoles acusarnos de hijos ingratos o, cuando menos, de pérfidos hermanos. Madrastras eran realmente y nada más, muchas de las figuras de la política   española, y a un algunas de su mundo intelectual, soberbios esclavistas; y pérfidos hermanos lo eran, de verdad, los hispanoamericanos ciegos y mutilados que confundían la lengua y la cultura con la lucha política.[5]**

Basten, a modo de muestra, las dos referencias anteriores para apreciar, asimismo, el difícil intento de deslindar lo político y lo cultural, así como el del consiguiente reequilibrio de memorias o estimaciones históricas. De ahí, por tanto, un mayor interés en explorar la influencia en aspectos más específicos, como es en nuestro caso, por ejemplo, el de un tipo concreto de poesía.  En esta ocasión, la poesía genérica y ampliamente denominada "revolucionaria".[6]

# I
## Origen de la Poesía Política

Se ha considerado, por cierto, que la poesía en Hispananoamérica emana de la Historia misma- desde la epopeya de Ercilla hasta la épico-social-, habiéndose querido localizar concretamente en 1805 el origen de la poesía anti-imperialista, específicamente en un poema del vate guatemalteco D. Simón Bergano y Villegas. Poema surgido curiosamente ante la amenaza anglosajona por el apresamiento de cuatro naves españolas.[7]

Aparte de la puntual atribución original apuntada, incluso hay quien va más lejos y no considera la poesía llamada **de protesta** una "invención" hispanoamericana sino una "proyección hispánica", tratando de verla como una faceta constante de la literatura peninsular desde la Edad Media (Mid Cio, Mingo Revulgo, y Las Coplas del provincial) , por lo cual derivaría, después, "del drama humano del Continente", en 1.511, con las angustiosas homilías de Fray Montesinos y de Las Casas, y de la primera protesta armada de Cuaracuya en Bahoruco (Santo Domingo).

Por otro lado, se ha dicho, sin embargo, que la guerra de la Independencia, como consecuencia de la ruptura ocasionada por su resultado, no separó tanto a España de Hispanoamérica como lo hiciera la propia guerra civil española.[8] Y ya es sabido que no puede haber distanciamiento sin previa proximidad... He aquí, por tanto, un pequeño avance, una pista básica de nuestra hipótesis enunciada sobre la poesía guerracivilista como **precedente** .

Tras la guerra civil española, se ha indicado que fue estrechándose el acercamiento española-hispanoamericano debido a los siguientes factores: Mayores contactos personales; un cuerpo superior de material literario latinoamericano; la gran cohesión de Rubén Darío (aclamado como "maestro" indiscutible en España, trocándose el entusiasmo que suscitó por "adoración"); el mayor número de críticos españoles en América -a partir de 1940-; y la influencia de Octavio Paz en el Colegio de México de Reyes. El desastre de la guerra también fue una "quiebra superada", pues, evidentemente, como ha dicho alguien, sin la presencia de España no hubiera podido haber mundo hispánico.[9]

Una obviedad, por cierto, esa unificadora "presencia española" que no conviene pasar por alto cuando se enfatizan diferencias o alejamientos[10]; o cuando , en contraste a la predica globalista hoy tan de moda, todavia parezca predominar en algunos ámbitos cierto cultivo cultural de reductos de "marginalidad" hemisférica, o bien por elcontrario, ante cierta pretendida moda eurocentrista española, sin apreciarse suficientemente la posible cohesión cultural del panhispanismo.

## Neruda y Vallejo, denuncia e imprecación

Junto al juego de seguimiento de pistas -y de avances y retrocesos en unas u otras direcciones a la hora de la composición "ideológica" de interpretaciones histórico-literarias-, creo que lo que más puede pesar es la prueba de la interacción de experiencias entre poetas y la influencia. No sería más probatorio eludir el asunto mediante apelaciones a algún tipo de intertextualidad formal. Cuenta mucho, por tanto, lo que me atrevo a llamar "biografías compartidas", e incluso "obra común" en torno a España[11] (o al doliente "tema español") de los autores poetas americanos. Octavio Paz ha señalado que parece darse una especie de forcejeo centrípeto o interior con lo centrífugo exterior, hacia la cuidad o hacia la huída. A su juicio, esa caracterización reveladoramente podría corresponder, por otro lado, al "gran fragmento de nuestro ser que se llama España" y a la "imposibilidad del diálogo" con los españoles, aunque "nuestra relación ha oscilado siempre entre una adhesión sin reservas y una indiferencia no menos absoluta". Y es un hecho resaltado, en efecto, que los poetas más importantes nacidos antes de 1915, como Rubén Darío[12], Alfonso Reyes, César Vallejo, Vicante Huidobro[13], Pablo Neruda y Octavio Paz, incluyendo la primera etapa de Borges en su juventud ultraista (estimulada por conversaciones con Rafael Cansinos Assens) "comparten una circunstancia biográfica fundamental; su experiencia vital en Espana".[14] Así lo subrayaría, sobre todo, el poeta cubano Nicolás Guillén:

> **España es la experiencia más rica de nuestro tiempo, y asomarse a esa experiencia, participar en ella de algún modo, es tocar de cerca la carne de la revolución en marcha.**[15]

La cita de autoridad teine en este caso el peso profundo del testimonio directo y vivo. Pero, entremos ya en el análisis "intracontextual" de algunos fragmentos poéticos. Si partimos, por ejemplo, de los versos de Neruda y Vallejo, a grandes rasgos podremos advertir la diferencia entre una poesía <u>"denunciatoria"</u> y otra <u>"imprecativa"</u>, cuyas modalidades, por cierto, aunque sin sátira ni involucracion religiosa, se han practicado también por los poetas de España.[16] Si bien alguna muestra nerudiana estaría más cerca de lo expresamente denunciatorio, clama, asimismo, dialogantemente, por sus amigos (García Lorca "bajo tierra"...).

Y, tanto la estrofa de los "generales traidores" en "Explico algunas cosas" de Neruda (que forma parte de España en el corazón, incluído en Tercera Residencia), como la del "Himno a los voluntarios de la República" de Vallejo ("Voluntarios por la vida...matad"), sin dejar de ser denunciadores, muestran, a su vez, gran virtualidad apelativa. Pero sea, por tanto, más **apostrófica** la poesía nerudiana, o más **deprecatoria** la vallejiana, esta distinción de formas retóricas optatives, con ser útil, evidentemente no resuelve, en absoluto, lo que debemos ambicionar en nuestro estudio. Ello nos invita, por consiguiente, a seguir buscando.

Por otra parte, se ha intentado también otra clasificación poética -sin delimitar nítidamente sus perfiles-, tratando de distinguir entre poesía guerrillera y poesía revolucionaria en general.[17] Creo, no obstante, que debemos prestar oído a la intertextualidad poética -al dialogismo que se produce en y "con" los poetas posteriores-, para intentar refrendar, por otro lado, la búsqueda del hipotético "precedente" guerracivilista a que aludiamos al principio. Por ejemplo, en el poeta guatemalteco asesinado, René Castillo, podemos escuchar acento vallejiano casi con una resonancia de evocación cercana a lo literal:

**Vamos patria a caminar/ yo te acompaño/ yo bajaré a los abismos que me digas/ yo beberé tus cálices amargos.**[18]

La evocación o intertextialidad, si me es permitido usar dos términos bien distintos ahora para simplemente aludir, no se limita a una voz. Se torna en seguida polifónica, pues este poeta adoptará, igualmente, la variación o alternativa de la cadencia de la voz nerudiana:

**Ay patria/ a los coroneles que orian tus muros/ tenemos que arrancarlos de raices/ colgarlos en un árbol de rocío agudo/ violente de cóleras del pueblo.**[19]

Así puede apreciarse, por tanto, cómo se funden, la actitud acusatoria y el deseo de encarnar la voluntad popular (expresado en plural con el "nos" inclusivo), revistiéndose del concepto de "patria". Se asume, en realidad, una gran representatividad; mas aun, una plena identificación con el destinatario colectivo. El poeta, en un poema dedicado a Andrés Castro -que peleó en la Hacienda de San Jacinto contra William Walker-, dirá: "Lanza la piedra ¡ **Lanza la piedra / ¡ Lanzala /A un siglo de distancia, el enemigo/ es el mismo.**"[20]

Esa invitación a la agresividad defensiva, podría evocar, en efecto, la más abstracta y paradójica invitación vallejiana a la lucha con su "matad a la muerte" (simbolizada en el enemigo). Modo imperativo, en todo caso, referido a la muerte, que, en otro sentido, reaparecerá -no menos paradójica y desesperadamente- en el guatemalteco Otto Raúl González, cuando ordena, en crescendo emotivo:

**Matad,**
**Fusildad**
**ametrallad la luz;**
**siempre,**
**siempre continuará**
**siempre continuará habiendo luz.**

Se ha dicho que la poesía de Neruda -a diferencia de la españoles que no tiene anécdota-, contiene la "crónica" (como en el "suceso" de su casa), aunque será más adelante, como han reconocido Parra y Gelman [21], cuando el hecho sustituirá a la metáfora formando un entrecruzamiento de los géneros narrativo y lírico[22]. En efecto, el Neruda de "Canto General" y de las "Odas fundamentales" se ha considerado el Neruda influyente "en la evolución hacia el lenguaje asequible y de las actitudes comprometidas".[23] El legado nerudiano forzosamente se ha de percibir, sin duda, en los ecos poéticos de muchos vates.

### El mismo camino de Machado y Lorca

No se trata solamente de "parecerse a sí mismos" los poetas de América Latina ante situaciones bélicas (o de injusta violencia) en distintas circunstancias históricas o tompoco se les ha escapado a la sensibilidad de los hispanoamericanos, como por ejemplo a Miguel A. Asturias, el papel de la influencia de los poetas españoles en ese mismo contexto de mutua, fructífera interrelación. De Antonio Machado dirà Asturias, por ejemplo, que ni un sólo momento da la espalda a la realidad. Diríase que en la gran confluencia de su espíritu, se parten las aguas dulces de su poesía, tan llena de paisaje y las aguas amargas del dolor de su España y del hombre, que como poeta presiente que ha de enfrentarse a los màs tràgicos designios".[24]

En efecto, importantes versiones de admiración suscitarà D. Antonio, sin duda, en los poetas latinoamericanos, que abrazan una identificación supratemporal "de caminos". Así lo mostrarà Benedetti, por ejemplo, al escribir en Baeza, Jaén, (agosto de 1987) lo siguiente:

> y junto a mí sin verme
> y junto a él sin verlo
> entramos don Antonio y yo en la niebla
> medidos por el rojo sol muriente
> él como el caminante de sus sueños
> yo como pregrino de los suyos.[25]

Sin, verse. los poetas se adentran juntamente en la niebla bajo la misma medida de agonizante sol, confesàndose Benedetti fiel seguidor de los sueños machadianos, por lo que no estamos ante influencias o coincidencias meramente reóricas y formales. Mónica Mansour sostiene que "el contexto ideológico no es sino la selección de valores dentro de un corte tranversal de la cultura en un momento y lugar determinado, y determina el sentido del texto poético al ubicarlo dentro de su marco de creación".[26] Deja sentado seguidamente, en cualquier caso, que los apoyos fundamentales de la poética de Benedetti descansan en la poesía de Muchado y de Vallejo por una parte, y en el ideal de un sistema económico y sociopolítico socialista por otro.

La fraternidad literario-"ideológica" hispano-americana en esta poética de temàtica bélica, cuenta en efecto, con innúmeras expresiones de aproximación e identificaciones de actitudes. Serà de nuevo Asturias, por ejemplo, quien propone la reivindicación del poeta civil Lorca[27] frente al plan encaminando a disvincularlo del pueblo español y su lucha al comerciar con su nombre y su poesia".[28] El rescate propio que las voces de Neruda[29] o Asturias hacen de Lorca son pruebas contundentes de una sensibilidad fraterna, poetica y cultural unidas, ademas, por el hijo ideológico. Como lo será la relación entre Neruda y Miguel Hernández cuando le pidieron al primero los poetas españoles que dirigiese Caballo Verde, donde acogió los versos del segundo, que llegaba de Orihuela con alpargatas y pantalón campesino de pana siendo más tarde el más influyente de los peninsulares en el ámbito hispanoamericano.[30]

Sin embargo, con todo el mérito puntual de esta "ideologización" de la poesía (o poesía ideologizada), no se debe, yo creo, en un anàlisis como éste, encerrar su producción exclusivamente en una definición política o "social". Podría ser una limitación, pues esa amenaza està siempre ahí. En realidad, se ha dicho que no existen poetas sociales sino poesía social hecha por los poetas, pues lógicamente tienen otras muchas dimensiones, como, por ejemplo, la del amor en Aragón o Neruda.[31] Recordarlo libera, por consiguiente, de la trampa del encerramiento ideológico.

### ¿ Unidos por las rupturas?

Cernuda, al hablar de poetas españoles, ha mencionado màs ampliamente las "voces del descontento" y también se ha señalado concretamente que todavia no se ha estudiado a fondo el impacto de Vallejo y Neruda. Los nombres manejados para definir la poesía de esas voces descontas son diversos como "desarraigada, cívica, civil, existencial, social, inconformista, crítica, política, mediatizada o comprometida".[32] Importa, de hecho, separar bien por lo menos la poesía política de la panfletaria, cuya diferencia vendrà dada por el contexto de la obra y por el caracter "no inmediatamente pràctico".[33] Benedetti ha señalado el límite de la literatura con el panfleto señalando que la poesía revolucionaria no puede ser demagógica, aunque sí "violenta, insultante, mordaz, demoledora, pero nunca insincera".[34]

Ademàs, para Paz[35] habría, incluso, un paralelo entre la Historia de España e Hispanoamérica desde la guerra de la Independencia, revueltas y revoluciones, "tentativas por romper con un pasado que nos ahoga y una búsqueda de nuevas formas políticas y sociales".[36] Ante esto, el poético denominador común puede ser, por tanto, esa ruptura -con su "continuidad" antes y después de la querra en España-, de la que emergen diferentes ramificaciones[37] (compromiso, testimonio, potesta, nadaismo, neopopulismo). Sin embargo, los conceptos del "espacio americano" y el "discurso americanista", aunque pueden buscarse homogeneidades, serían dos caracteristicas distintivas en la poética de ruptura latinoamericanista, como búsqueda de legitimación continental de donde procedería el fuerte tono de referencialidad.[38] Intentemos, en todo caso, "ver" algún emparejamiento u "oir" la mezcla de voces.

### León Felipe/Claribel Alegría

Ha sido, quizàs, en el entrecruzamiento poético de las voces donde hemos tenido mayor rendimiento. Dejemos un instante alusiones críticas o historicistas para volver a los poetas. Podemos seguir justificando ciertas analogías, por ejemplo a partir de "La Insignia" de León Felipe:

> **Tuya es la hacienda,**
> **la casa,**
> **el caballo**
> **y la pistola.**
> **Mía es la voz antigua de la tierra.**
> **Tú te quedas con todo**
> **y me dejas desnudo errante por el mundo...**

León Felipe primero designa, luego hace inventario, y se dirige al tirano nombrando sucesos en contraste. Y después añade, increpando, apostrofando:

> **mas yo te dejo mudo... Mudo!**
> **y cómo vas a recoger el trigo**
> **y a alimentar el fuego**
> **si yo me llevo la canción?**

En "Flores del Volcàn" de Claribel Alegría rico poema con resonacias intertextuales quizà pudieramos oir un eco leonfelipesco. La apelación es al hermano, no al tirano; el contraste es solidario, de reparto de papeles en la lucha y de dialogo poético:

> **tú te quedas aquí**
> **yo me voy a la lucha**
> **tú enterrando tus dudas**
> **yo cargando pistolas**
> **tú escondiendo**
> **al hermano**
> **yo al acecho**
> **en el monte**

No estamos, desde luego, buscando meras similitudes temàticas y es patente, justamente, la oposición de contenido entre el símbolo de quedarse el tirano con la pistola o estar cargàndo pistolas en el monte el hablante lírico del poema de Alegría.[39] Sea intertextualidad màs o menos pura, o no, quedamos a gusto ejerciendo nuestro "derecho connotativo" con la muestra presentada.

> **Ni tan iguales los hispanoamericanos**
> **Ni tan diferentes los españoles.....**

Hay deferencias, notoriamente, entre los poetas españoles y los latinoamericanos.[40] Pero, no existen entre los propios poetas americanos? He aquí una enumeración: Mayor "claridad" en bolivianos, venezolanos y colombianos; lo "telúrico" en México y los andinos; la "síntesis" en Centroamerica y, ademàs, lo afroantillano y una mayor "fusión con el legado hispanico" en las Antillas.[41] Aunque se reconozca la voz singular civil de Léon Felipe frente al agostado bando de esteticistas de càtedra y cenàculo gongorino, se le ha echado en falta "lenguaje nuevo y vírgen de profecía, pues se escuda en los lugares comunes para ir dejando lo pasajero con el fin de captar lo esencial".[42]

Otra de las grandes diferencias, no obstante, se ha querido derivar de la "actitud profética y renovadora" delprohombre americano de Whitman, quien estimulado por los ensayos de Emerson, integró el espíritu nuevo en formas métricas nuevas con las que se desciende al detalle o se remonta a la esencial".

De todos modos, la época de los textos poéticos en torno a la guerra civil española, se encuadra en la publicación de Canto General, de cuya influencia ha indicado Max Aub que no se libraría nadie, como no hubo quien lo hiciera del Romancero gitano de Federico García Lorca, e insistirà en lo que llama "bases americanas" citando a Larrea a propósito de Vallejo:

> **Porque así como Darío, en el proceso de universalización espiritual del castellano, puede decirse que tradujo Centroamérica al español al volcar sobre nuestro idioma la magnificencia y suntuosidad de su trópico de abundancia, Vallejo ha vertido allenguaje hispànico el extracto planetario de la cordillera andina, sus derrumbes, angosturas y pedregosidades, sus arideces y altas tensiones, sus libertades sísmicas, sus oasis de infinita ternura y sobre todo, esa su vertical soledad suspendida como una plomada del hilo de luz delgado y pleno que pone allí el sentido en comunicación con el fuego creador màs puro. Nunca, nunca, en lo que va de mundo, ni aun incluyendo el clamor de los profetas bíblicos, se ha oido un acento màs embargado por la materia exclusiva del hombre, una màs expresa vocación de muerte. Voz enteramente proletaria a ras de infortunio, en la que se han concentrado los tesoros ascéticos del pedernal golpeado hasta la flagrante efusión del espíritu.**

Y, según Aub, esa voz vallejiana, resuena, recorre las venas de la poesía de Blas de Otero, de Victoriano Cremer, de Eugenio de Mora. Es, en efecto, un reconocible voz puntual, pero es, a su vez, la voz histórica de la lengua poética recorriendo el Atlàntico o deteniéndose un instante en una de las dos orillas. Así es también consignable en este sentido la errónea visión monolítica que ha existido sobre España olvidando que el unitarisom fue impuesto por dinastías extranjeras y que no se tomas en cuenta que no se trata de un solo pueblo con una sola lengua integrado en un mismo proceso de formación histórica. El desconocimiento o desinterés que implica esta actitud respecto de España, se ha explicado que no solo ha impedido comprender la personalidad histórica de los españoles cuya presencia americana ha tenido tan grandes y variadas consecuencias, sino que esas diferenceias impiden valorar hechos que atañen a la propia definición.[43] Quede así, sanamente insinuada, la cuestión del origen.

## CONCLUSION

Sobre la polémica de adhesiones y diversos modos de entender el compromiso, y a pesar de la diferente adecuación referencial, creo que la experiencia de la guerra civil española -y la obra que inspiró a los poetas citados justifica el situar su creación como precedente. La actitud de solidaridad, el sentido de testimonio, las coincidencias en los modos apelativos acusatorios, imprecatorios o apostróficos, así como la utilización de recursos semejantes interrogaciones retóricas, anàfora, oxímoron, polisídeton, etc) permiten deducir que se trata de algo màs que una "coincidencia biogràfica". De ahí, por consiguiente, que se pueda hablar no solo de una cierta "intratextualidad" de modalidades poéticas politizadas, sino quizàs, incluso, de correspondencias estructurantes, Esto obviamente, no exige monolitismo o encajes exactos entre los poetas españoles y latinoamericanos, pues ha originado muy legítimas diferencias de enfoque entre cada uno de los grupos.[44] Curiosamente, sin embargo, polémicas y distintas posiciones reflejadas en las revistas[45] sobre temas revolucionarios americanos no reflejarían, en cambio, las importantes coincidencias que tienen, por ejemplo, hombres como Paz y Fuentes, en los màs amplios temas culturales, entre ellos, hablando en general, sobre el mismo papel de España....

## NOTAS

1. Es indicativa, por cierto, la ausencia de referencias a la guerra civil española en obras como la de John Beverly and Marc Zimmerman, Literature and Politics (Texas, Austin: University of Texas Press) 1990, donde solamente hay una referencia (p. 35), partiendo de notas de Hodges (1986) a propósito de que algunos veteranos del ejército de Sandino habían estado en contacto con un exiliado republicano de la guerra civil española, el coronel Eliseo Bayo, que usó sus historias orales de campaña para construir su propio manual de tàctica guerrillera, 150 Preguntas para una Guerrilla, la cual usaría para entrenar miembros de la expedición Granma de Fidel Castro en 1956, incluyendo a un joven doctor llamado Che Guevara.

2. A propósito de la narrativa latinoamericana se ha definido el sentido dinàmico como cualidad relativa, "cristalización" mediante la representación, dialéctica histórica mantenida de movimiento pendular: atracción y rechazo, contraimagen de Europa. Lo que une se ha visto también como "signos culturales importados" y lo que hace a la América de habla española "diversa" son peculiaridades regionales o nacionales indentificadas a veces con "lo telúrico" cuando no con lo pintoresco o lo específico de un folklore. Entre el inventario de características diferenciales estàn anotadas el propio descubrimiento indígena y oriental, el cosmopolitismo, idas distintas de tiempo y espacio, el irracionalismo y la búsqueda de los orígenes. Así lo ha presentado José A. Míguez en "La identidad cultural de Iberoamérica en su narrativa", Insula, num 484 20. No obstante, véase también Cortazar sobre cierta "vuelta a los orígenes" y cierto telurismo que le es "profundamente ajeno por estrecho, parroquial y hasta diría aldeano", llegando a decir que le parece "preàmbulo a los peores avances del nacionalismo negativo....." (Julio Cortazar, Textos políticos, Barcelona: Plaza y Janés 1985, 35)

3. Uslar Pieri, Boletín de la Academia Nacional de la Historia, Caracas, Núm. 278 (abril junio 1987)

4. Véase la nota núm. 1. De todos modos, independientemente del hecho de resaltar lo que une, no es menos cierto que hay que liquidar, como me comentaba en Washington D.C. de viva voz, en 1988, el poeta mexicano Hugo Gutiérrez Vega, "cierta retórica de la Hispanidad". De hecho, el papel de España y la propia Hispanidad ha sido visto distinguiendo a lo largo del tiempo entre dos visiones inválidas la "genética" y la "resultativa" como peculiar modo de definir la misión europea, calificada en sentido universal como "creadora y ablativa", pues para Laín Entralgo América sería "una ampliación de Europa en el espacio y el tiempo entrañando la peculidad española tenacidad en la defensa de la realizacion social del Cristianismo y tendencia a las formas activas esteticas". Pedro Laín Entralgo, España como problema. (Madrid: Aguilar, 1957) 678-679. A esta visión logocéntrica y eurocéntrica debe oponerse, sin embargo, comos màs flexible "la doble recepción de lo precolombino y lo español" que otros han advertido en los autores, por ejemplo en Vallejo, en los poetas andinos, Neruda, Paz, en los de los llanos, y en otros poetas hispanoamericanos" 200 poetas de hoy en España y América (Madrid: Colección Poesía Nueva, 1982)
1-12.

5. Andres Iduarte, Hispanismo e Hispanoamericanismo (México: 1983), 1, 59.
6. Véase nota núm. 9. Aunque Cortazar describió como "testigo del tiempo" la exigencia del compromiso, como acción directa cumpliendo actividades periodísticas o de colaboración con organizaciones nacionales e internacionales, no lo entendía como "constante invariable en la obra" y consideró la cultura revolucionaria de Nicaragua "como una palestra de ideas y de sentimientos en sus màs diversas posibilidades y manifestaciones". (Julio Cortazar, Textos Políticos. Barcelona: Plaza y Janés, 1985 42, 127, 148. Menos radical que la postura de Benedetti, quien tiene una opinión sobre la poesía como "testigo de cargo y descargo" y aunque ha indicado que "mas que a los hechos conretos se atiene a los procesos espirituales, a la marea de las ideas y las sensaciones", añadiría que "no hay veredicto sin poesía. La marginalidad a que se la somete le otorga una libertad incanjeable. Pero la poesía no acepta esa exclusión, y se introduce, con permiso o sin él, en la trama social". (Mario Beneditti, El Desexilio. (México: Editorial Nueva Imàgen, S.A., 1986, 131).
7. Ramiro Lagos, Mester de Rebeldia de la Poesía Hispanoamericana( Madrid Bogotà: Edicion Dos Mundos, 1973) 14, 17, 28.
8. Serà Octavio Paz quien defina la relación de Hispanoamérica con España en tres etapas: la de conocimiento (Descubrimiento y Conquista); la de desconocimiento (finales del XVIII); y la de reconocimiento (Guerra Civil Española, a la que encuentra, incluso, ciertas afinidades con la Revolución Mexicana). Pero señalarà tres momentos de "adhesión sin reservas", el que hay ante la ocupación napoleónica de 1808, ante la guerra con Estados Unidos en 1898 y, efectivamente, con motivo de la guerra Civil 1936-1939. Peter G. Earle, "Octavio Paz y España", Revista Iberoamericana, Núm 141 (Octubre - Diciembre 1987) 946, 952. 9. Anna Wayne Ashurst, La literatura Hispano Americana en la Crítica Española (Madrid: Gredos, 1980) 600.
10. Los estorbos para propiciar una correlación y moncumuniad estética, al revivir el vital ejemplo dado por los modernistas en 1900 sobre cualquier nacionalidad o posición geogràfica, son los siguientes: Limitación de críticos nacionales españoles, la anodina posición de diversos suplementos literarios que se editaban en las principales capitales de los pueblos hispanos, la actitud de los emigrados, y lo que se ha llamado "compromiso ineludible con el poderoso de la aldea". Añàdase la "injusta propensión" que había en Madrid de no reconocer como español lo escrito en ultramar y su guiebra como viejo y valioso meridiano intelectual no reemplazado", Antología Caballo de Fuego, (Buenos Aires: La Poesía del Siglo Veinte en América y España, 1952) 310.
11. Peter G. Earle, op cit. 946. (corresponden estas opiniones al prólogo del gran poeta mexicano en Puertas al Campo).
12. Dario tiene en su obra una muy fuerte presencia española, concretamente andaluza, donde se funde el interes y atracción por lo oriental con una repercusión en la prosa cuando visita esa parte de España según se ve en los reportajes de "Tierras solares", de una visión "ahincada, profunda, lírica y trascendental" que permite saborear, "tocar un mundo físico que se vuelve poético y eterno" habiéndose afirmado que es, sin duda alguna, "el mejor canto que de Andalucía se ha hecho: y que Andalucía debe agradecérselo al sin par poeta de Nicaragua", quien, para

explicar el "angel" andaluz solicitó humildemente "exegetas" de dicha tierra. Francisco Sánchez-Castañer, La Andalucía de Rubén Darío. (Madrid: Cátedra Rubén Darío, Universidad Complutense de Madrid, 1981) 155-156. Rubén estudió a los clásicos españoles en Rivadeneira y tendría el padrinazgo de Juan Valera sin que pueda dejar de considerarse la interrelación con Juan Ramón y Antonio Machado para una comprension de la evolución poética de la lengua española. Como sería absurdo ignorar la polémica entre Huidobro y Guillermo de la Torre, pues el poeta chileno engarza con Larrea e incluso con Gerardo Diego, escribió la hazaña de Mío Cid Campeador (1929) y contempla como un macrocosmos a Cortés, Colón, Lantario, Bolívar, Góngora, Cervantes y San Juan de la Cruz (1918). 200 poetas de hoy en España y América. (Madrid: Colección Poesía Nueva, 1982) 1-

13. Huidobro, culminada y tal vez concluida ya la experiencia creacionista con Altazor (1931), lúcido testigo del absurdo contemporáneo, tuvo una decisiva presencia en el Madrid de 1918 para que se despertasen las inquietudes del ultraísmo español. (Opuesto al imperialismo británico, se acercaría temporalmente al comunismo y aspiraría a la presidencia de Chile). Teodosio Fernández, La poesía hispanoamericana en el siglo XX. (Madrid: Taurus, 1987) 26, 28. Huidobro participó en el bando republicano de la guerra española y su inclusión en el conficto se aprecia en el poema tetulado "Pasionaria". J. Lechner, El compromiso en la poesía española del siglo XX. (Netherlands: Universitaire Pers Leiden, 1968) 129.

14. G. Peter Earle, op. cit. 946.

15. Julio Vélez, et. al., España en César Vallejo (Madrid: Fundamentos, 1984) 178.

16. J. Lechner, El compromiso en la Poesía Española del siglo XX (Holanda: Universitaria de Pers Leiden, 1975) 111-114.

17. Como se ha querido diferenciar en España entre teatro social, de denuncia y comprometido frente al de "evasión". Los representantes prototípicos serían respectivamente Dicenta (Juan José), Lauro Olmo (La Camisa) y Casona. Ver Ramón Esquer Torres, Didáctica de la Literatura (Madrid: Ediciones Alcalá, 1971) 217.

18. Edward Darn, et. al., Guerilla poems from Latin America (New York: Palabra de Guerrillero, Poesía Guerrillera, Grossman Publishers, 1968) 59.

19. Edward Darn, op. cit. 59.

20. John Beverley and Marc Zimmerman, op. cit. xi.

21. Mario Benedetti, Los poetas comunicante (México: Marcha Editores, 1981) 203.

22. Esto, a su vez, habría podido provocar una transformación valorativa o crítica, que sugiere la aplicación de procedimientos novelísticos ante los valores altamente poéticos conseguidos mediante un lenguaje coloquial y aparentemente prosáico. Así opina Andrew Debicki, Poetas hispanoamericanos contemporáneos (Madrid: Gredos, 1976)· 12-13.

23. Teodosio Fernández, La poesía hispanoamericana en el siglo XX (Madrid: Taurus, 1987) 26, 28.

24. Miguel Angel Asturias, América, Fábulas y Otros Ensayos (Caracas: Monte Avila, C.A., 1972) 57, 68.
25. Mario Benedetti, Yesterday y mañana (Montevideo: Arca Editorial S.R.L., 1987) 63.
26. Mónica Mansour, Tuya, mia, de otro. La poesía coloquial de Mario Benedetti (México: Universidad Nacional Autónoma de México, 1979) 77.
27. El 19 de julio de 1936 estaba García Lorca citado con Neruda, pues es el día en que había de aparecer el núm. 6 de la revista Caballo Verde, pues, a instancias del empresario, iba a ir a una función de circo. "Faltó Federico a la cita. Ya iba camino de la muerte", escribiría Neruda. Así lo refiere Margarita Aguirre, Las vidas de Pablo Neruda. (Santiago de Chile: Zig-Zag, S.A., 1967) 196-202.
28. Miguel Angel Asturias, América, Fábula de Fábulas y Otros Ensayos (Caracas: Monte Avila, C.A., 1972) 57, 68.
29. Impresionado por la guerra civil española, Neruda abandonó su antigua temática modernista (Crepusculario, 1923) y vanguardista (Tentativa del hombre infinito, 1925; Residencia en la Tierra, 1935) para escribir obras como España en el corazón (1937), la Tercera Residencia (1947) y particularmente Canto General (1950) en donde asume la postura de un poeta comprometido y de convicciones marxistas. Virgilio Carmelo et. al., Aproximaciones al estudio de la Literatura Española, New York: Random House, 1983. Alberti ha contado cómo llegó Neruda a España, despues de haber mantenido correspondencia con él durante varios años, un buen día de 1934. Pronto le hicieron los poetas españoles una edición separada de los tres Cantos materiales como homenaje y al año de su llegada publicó Residencia en la tierra. Le pidieron que dirigiese la revista Caballo Verde. Neruda, cónsul para la inmigración española, saldría posteriormente a Francia, tras haber hablado con el presidente Aguirre Cerda, y, venciendo dificultades diplomáticas logró que embarcasen más de dos mil refugiados españoles en el barco francés "Winnipeg" a finales de 1939, año en el que escribe "Chile os acoge". Margarita Aguirre, op. cit. 202-203. (En realidad hay dudas si el poema es escribe el 37 o el 38, año en que Octavio Paz estaba en Valencia, donde un pintoresco mexicano, Juan B. Gómez mandaga una brigada republicana).
30. Ramiro Lagos, op. cit. 22. Junto a Vallejo, Neruda y Guillén se consideran "portavoces continentales" a Manuel González Prada y Diaz Mirón, además de la influencia de Miguel Hernández y la poesía rusa, siguiendo la Antología de Parra.
31. José Gerardo Manrique de Lara, Poetas sociales españoles (Madrid: ESPESA, 1974) 11.
32. J. Lechner, El compromiso de la Poesía Española, op. cit., pp. 2-4. (De Garcilaso, Cremer, Celaya, Otero, Angela Figuera, pasando por Hierro y Nora, y de Sahagún, Valente, José A. Goytisolo, Crespo, Claudio Rodríguez, a Angel González, Gil de Biezma y Barral, se ha indicado que existe "continuidad de la poesía comprometida de antes del 36", pp. 3, 40, 58. Cabe deducir que si ejercieron influencia los poetas hispanoamericanos en España es lo más lógica que, cuando tornan la mirada al su Hemisferio, la lleven consigo.
33. Lázaro Carreter, op. cit. 42, 43, 59.

34. Mario Benedetti, Letras de emergencia (México: Editorial Nueva Imagen, 1977) 9.
35. Octavio Paz participó en 1937 en el Congreso de Escritores Antifascistas y colaboró al regresar a México en "El Popular", diario obrero de izquirerdas. Se alejó del socialismo desde el pacto Hitler-Stalin en plena expansión nazi y aunque las referencias históricas, como ha visto en la obra poética, hay excepciones significativas como en la "Elegía a un jóven muerto en el frente". Paz ha confesado que "España le enseñó el significado do la palabra fraternidad".
36. Peter G. Earle, op. cit. 952.
37. Ramiro Lagos, op. cit. 952.
38. Guillermo Barzuna, Poéticas hispanoamericanas. (Centroamérica: Editorial Universitaria Centroamericana, 1985) 194. Véase nota núm. 15. Por otra parte, en cuanto a los origenes americanos, hay una cierta limitación del alcance si se piensa en los pueblos precolombinos centroamericanos ya que se conectan a las bases materiales del maíz y la yuca, del "acceso directo a la libertad -irracional o no- del hombre" en comunicación viva "con la naturaliza y el misterio de la creación", recreados por Cardelnal o Pérez Estrada. Jorge Eduardo Arellano, "Los hijos del maíz y de la yuca", Cuadernos Hispanoamericanos, núm. 449, Nov., 1987, p. 80.
39. Igualmente intersante es la "coincidencia" en la forma apostrófica entre Neruda y León Felipe cuando el primero se fefiere al tirano argentino Videla en "América no invoco tu nombre en vano" como "mezcla de mono y rata" y el poeta española a Franco en "La Insignia" como "sapo iscariote y ladrón". El modo vallejiano quizás está más cerca de lo que hemos denominado "impricativo".
40. Sin embargo, el propio Martí ha sido considerado "gran enlace lírico" entre América y España en el XIX, pese a la situación que hubo de protagonizar, destacándose su formación en el Siglo de Oro y el Romanticismo, e incluso "cierto temglor becqueriano" en su quehacer poético frente a otra característica, en el otro extremo, que si contiene vibraciones whitmanicanas no deja de engarzar con la tradición neopopular española y con raíces canarias. 200 Poetas de Hoy en España y América. op. cit. 1-13.
41. 200 Poetas de Hoy en españa y América, op. cit. 1-18.
42. Peter G. Earle, op. cit., 946, 952. Otra de las grandes diferencias entre el lenguaje poético español y el latinoamericano se ha derivado de la "actitud profética y renovadora" del prohombre americano de Whitman, quien, estimulado por los ensayos de Emerson, integró el espíritu nuevo en formas métricas nuevas con las que se desciende al detalle o se remonta a la plenitud. Sin embargo, la apreciación leonfelpesca del tambeén poeta español Max Aub, exiliado igualmente en México, es, naturalmente, más elevada. Señala que es el único poeta de nuestro tiempo que ha tenido el valor de enfrentarse directamente "sin barroquismos/sin añadidos ni ornamentos/con el "silencio de los dioses", por lo que, bajo la condsideración de "profeta", considerándolo menos retórico que Unamuno, afirma que no viene de los románticos sino "de la oscuridad del desierto que creó el monoteismo" y añade que "el panteismo, sentir general de la generación, tiene en León Felipe características de drama porque especifica sus encarnaciones: ha pasado por Jonás y Job y Whitman y

Prometeo y un lagarto y una iguana". Máx Aub, Poesía española contemporánea. (México: Ediciones ERA, S.A., 1969) 152-154.
43. Anselmo Carretero Jiménez, Los pueblos de España. (México D.F.: Universidad Nacional Autónoma de México, 1980) XIII.
44. Mario Benedetti, aunque reconoció que no se le censuró una sóla línea en el diario madrileño El País, trató de justificar el abandono de su colaboración por la actitud de intolerancia y cerrazón de buena parte de los intelectuales peninsulares. Pero los poetas hispanoamericanos, afectados por la revolución castrista, han tenido trayectorias que van de una poesía difícil a otra plenamente accesible (Pablo Armando Fernández, Fernández de Retamar, etc.). Y la copiosa poesía "comunicante" que, aunque tenga los semejantes propósitos de abordar críticamente la realidad inmediata o indagar en la Historia con vistas a una mejor comprnsión del presente. Pero como ha visto Teodosio Fernandez (83-84), las actitudes van desde la antipoética e irónica de desesperanzada vesión, hasta la de la tarea transformadora y el compromiso con los procesos revolucionarios, con la enorme variedad de matices que pueden mediar entre ambas. No es menor la variedad del lenguaje empleado, coloquial, incluso con sus jergas locales, irónico, de indagación verbal rupturista, bajo el peso de la influencia vallejiana y quizás, más que nada, frente al hermetismo intelectual, condicionada la evolución poética por las circunstancias históricas. Bastaría mencionar los posicionamientos mexicanos para ver las diferentes posturas en torno a la problemática centroamericana. Como me señalaba de veva voz el ensayista Adolfo Aguilar en abril de 1988, el debate público habría tenido por una parte la de quienes rechazaban por rıesgosa la implicación mexicana debido al contenido totalitario y prosoviético de los procesos y por otra la de los partidarios de implicarse pricisamente para preservar interses mexicanos, pues no consideraban que la evolución sandinista estuviera bajo satelización. El primer grupo estaría formado por Octavio Paz, cuya información podría estar influída por su relación con Valladares y Cuadra -disidentes de la revolución cubana y sandinista respectivamente-, más Gabriel Sáinz y Enrique Krause y el segundo estaría constituído por Pablo González Casanova, Carlos Fuentes y Jorge Castañeda.
45. Adolfo Aguilar situó su explicación de las posturas mexicanas en la inmediata "prehistoria ideológica" en la célebre ruptura de la revista Plural, por lo Proceso encarnaría la posición contraria a Vuelta Abajo de Paz.

Sir John E. Keller, born 1917, retired 1988, was Professor of Spanish at the University of North Carolina, the University of Tennessee and since 1967 at the University of Kentucky. He is the author of more than twenty books treating Medieval Spanish Literature and specializing in brief narratives and the Cantigas de Santa Maria. His editions of Libro de los gatos, Libro de los exenplos por a.b.c., Calila e Digna, and Barlaam e Josafat, published earlier by the Consejo Superior de Inviestigaciones Cientificas in Madrid, are being re-edited for the same publisher. In 1984, King Juan Carlos conferred upon him the Gran Cruz in the Orden de Isabela la Católica and in 1988 made him Comendador in the Orden de Alfonso el Sabio. His interest in the Cantigas led to a collaboration with Richard P. Kinkade of the University of Arizona which culminated in the book, Iconography in Medieval Spanish Literature, which accompanied by illustrations, many in color from the Castigos e documentos del Rey Don Sancho IV, El Libro del Caballero Cifar and La vida del Ysopet con sus fabulas hystoriadas, studies the art of pictorial narration in these books. Keller has lectured in ninety-odd universities in Spain, Portugal, Great Britain, Canada, Mexico and the United States. In retirement he is organizing a group of scholars to produce a book on daily living in medieval Spain and another to study the Caballero Cifar in depth.

\* \* \*

## THE BLESSED VIRGIN MARY AND THE LITTLE SINS OF WOMEN IN KING ALFONSO'S CANTIGAS DE SANTA MARIA

Sin and its punishment and forgiveness played an important role in the lives of medieval people. And since King Alfonso el Sabio included miracles in his Cantigas de Santa Maria which concern sin, its punishment and its forgiveness, this article will contribute one additional facet to the over-all study of Alfonso's favorite work. At least one hundred scholars across the world are now actively researching various elements of the *Cantigas*. With individual contributions, however small, we shall have in due time a composite picture of what the *Cantigas* mean to modern scholarship in a remarkably vast spectrum of investigation and what they represented in medieval Spain. The *Cantigas* in the four manuscripts devoted to St. Mary, her miracles and the songs in her praise, offer the scholar a world to explore¾in the miniatures, in the four hundred or so melodies, in the most fertile assemblage of miracles, motifs,and in opportunities to study the daily life of all the masses and classes. The so-called "*Codice Rico*," archived in the Escorial, contains such a copious collection of full pages of miniatures[1] with the text of all the *cantigas* in Galician-Portuguese verse and the musical notation to every miracle or song of praise, that it has been ranked in importance with the Bayeux Tapestry and the Cathedral of Chartres.

The *Cantigas* treat all sorts of sins, their punishment and their forgiveness. Some are horrendous sins, indeed, horrendous crimes: murder, incest, blasphemy, pacts with the devil, and the breaking of all of the ten commandments. And, when one can see these atrocities visualized in some of medieval artists' most remarkable miniatures, can read the ghastly details and hear each *cantiga* set to music, the threefold impact, visual, verbal and musical, must have been enormous and compelling in Alfonso's time.[2] I leave to someone else the treatment of the worst sins and shall herewith touch upon the "little sins" which in the light of sin then and today, seem trivial, scarcely more than peccadillos. That such minor sins could be visualized is a tribute to the miniaturists. In passing, let me remind my readers that each page of miniatures is divided into six panels or sections and that each panel is captioned with a succinct statement of the action contained therein. Miracles whose number ends in the roman numeral V are accorded two full pages of miniatures. One manuscript's illustrations consist of the depiction of musical instruments and of the men and sometimes women who played the instruments.[3]

In the two manuscripts illustrating miracles and hymns of praise the settings of the miracles provide a panorama of daily life among all the masses and classes enabling the viewer to see life on farms, in cities, on the sea, indeed wherever people lived and acted. Therefore the *Codice Rico* and the Florentine manuscript provide what I consider to be the most complete portrayal of how people lived and died in the Middle Ages.[4]

Scholars are still speculating as to the various reasons which led Alfonso to spend an inordinate amount of time, money and energy, requiring the efforts and skills of probably scores of artists, calligraphers, gatherers of miracles, singers and possibly actors and translators, to name but some of the collaborators. Obviously he wanted to disseminate the power and beneficence of St. Mary and to make his subjects understand what she meant to him and to them. His was an age of faith and of mariolatry, since no saint and no other being, perhaps not even Jesus and God the Father, was so close to humanity as she. Even so, the Cantigas were designed to mean more. They were certainly meant to entertain those who could see the manuscripts while the songs were sung. And today there is an increasing speculation that those which could lend themselves to dramatic production were, in Alfonso's time, actually staged. And, as Maricel Presilla believes, that Alfonso, as he regarded the often too severe and final punishments carried out by the Church, hoped that through his Cantigas he might offer a blessed palinode against the people's dread of damnation and unforgiving heavenly castigation.[5] In the *Cantigas* Alfonso's subjects could read or hear the message that St. Mary sometimes could stand as a buffer against the Church itself, that she would at times allow sinners and the unconfessed to escape hell fire as well as punishment on earth. What a comfort this must have been, what an escape hatch which not every one, of course, would be privileged to use, but which was at least provided to a few sinners, permitting each transgressor to entertain the hope that he or she might win support for the Virgin, even though his neighbor might not be so blessed.

The "little sins" were often severely punished by the Virgin, but if the sinner was contrite and sincerely sought forgiveness or salvation on earth or in the afterlife, St. Mary was often prepared to pardon such peccadillos.

One quite startling example of a "little sin" which is severely punished and then forgiven appears in *Cantiga* 157. Its title, as is the case in many miracles, tells the essential plot of the miracle, but does not detail it. The title reads, "How some pilgrims were going to Rocamador and lodged in a village, and how the innkeeper stole from them part of the flour they were carrying." Rocamador was one of the Virgin's favorite shrines, so she may have been more lenient than usual toward sins committed en route to such a center of her worship. The story relates, and the six panels which encapsulate the six visualize most graphically what the miracle is about. The viewer can clearly see the pilgrims cooking fritters in a large skillet placed on a tripod over a fire. To the left of this scene can be seen the inkeeper filching a small amount of flour from a leather bag belonging to a pilgrim. Once the travelers depart, the woman sits before the fire and makes fritters out of the stolen flour. While they are cooking she spears one on a long kitchen knife and pops it into her mouth. Instantly the blade of the knife pierces her throat and emerges from the back of her neck, causing agonizing pain and a terrible wound. Doctors come and the viewer can see them trying to remove the knife.

The text relates that "one pushed and the other pulled," but to no avail. Finally at her request they take her to the Virgin's shrine and there a priest is able to draw out the knife, even as the wound closes, miraculously. Hence the "little sin" of theft of flour is punished cruelly by St. Mary, but even so, since the sinner repents that punishment ended and a complete cure of it granted.[6]

Some little sins are hardly punished at all. In *Cantiga* 18 the sin of forgetting a promise made to the Virgin resulted in no more than moments of remorse upon the sinner's part. A woman in Segovia who produced silk, an element of daily life for whose illustration we are grateful, found that the silkworm larvae were dying of some disease. She carried a tray of dying worms to the shrine of the Virgin in Segovia and begged her to cure them since they were her only means of support and she promised a new wimple for the image's wimple which was shabby and worn. But the woman forgot her promise, and, when sometime later she was in the church, she saw the shabby wimple and remembered. Hastening home, she found that a team of silkworms had almost finished weaving a beautiful wimple and that a second team was hard at work on another. She called in her neighbors to show them the miracle, which we can see clearly depicted in the miniatures. The worms poryrayed by the artists have been enlarged in order that the viewer may see them. When news of this miracle reached Alfonso, he traveled to Segovia to verify the miracle. In the miniature we can see the King receiving one of the wimples for the image of the Virgin in his royal chapel.[7]

In *Cantiga* 79 a very "little sin" was punished and then the sinner was rewarded. A young girl named Musa was vain about her great beauty. Moreover she was fickle, talkative and she laughed too much. One night in a vision the Virgin, accompanied by a group of beautiful virgin damsels, appeared to Musa. Then the Virgin spoke, saying, "If you wish to go with me, put aside laughter and jest, and pride and disdainfulness. And if you do this, in thirty days from today you will be with me and among this company of maidens, who, as you see, are not silly girls." Musa, of course, gave up her frivolous ways, and before the thirty days had passed she became feverish. Then the Virgin appeared to her, called her, and took her to heaven with her to be with the lovely damsels. Musa, who had willingly accepted the punishment of death for her "little sins" received the greatest possible reward.[8]

A surprisingly touching story is found in *Cantiga* 71. In this miracle an inordinately pious nun prayed night and day until she fell ill from lack of sleep and from reading long books. In other words she exaggerated all the acts of piety. St. Mary appeared to her, rebuked her in a kindly fashion, and ordered her to say only one Ave Maria each day and to let that alone suffice. Apparently such unexaggerated piety led to illness and even death. Here Alfonso takes this sin into account.

*Cantiga* 98 treats failure to confess. This sin seems to have been treated as a "little sin," as it is often treated today. The woman in this *cantiga* is of good character and failure to confess was her only sin. One day when she went to church, an invisible barrier prevented her from opening the door and entering, although others had free access. As soon as she realized what was causing her exclusion, she went immediately to a priest and confessed, and, as would be expected, the next time she pushed upon the church's door, it opened easily.

*Cantiga* 76 a peasant woman confronts the Virgin, not as a mortal should approach the Queen of Heaven, but as a woman would face a woman of her own class. This occurred in the Church of the Macarena in Sevilla. The woman went up to the altar above which an image of the Virgin and the Child stood and said, "Mary if you will grant my wish, I will light a candle for you every day for a month; but if you don't grant it, you'll get no more lighted candles from me." I was privileged to see the same act take place in the same Church of the Macarena. At first I was shocked, but soon realized that the poor peasant woman realized the greatness of the Virgin and yet believed she could threaten her and receive the favor she needed because St. Mary was, after all, a woman.[9]

In *Cantiga* 381 we read that a woman had an evil son who was arrested and convicted of murder and hanged. His mother, wild with grief, rushed to the Virgin's altar, snatched from the statue's arms the image of the child Jesus, and cried out: "You have no power if you cannot resurrect my son. I"ll keep your son until I see mine returned to me alive and without injury!" At this the Virgin brought the woman's son back to life and heard him berate his mother for her audacity and impropriety. Then the joyful mother returned the image of the Christ Child to the arms of the Virgin's statue and soon thereafter became a nun.

Magic, white and black, was practiced in Alfonso's realm, and we can justify this statement from laws pro and con in his *Siete Partidas* (Seven Divisions of Law). White magic, such as driving off a hailstorm was permitted and lauded, but other kinds of magic intended to damage man, land or beast, regarded as black magic, was forbidden.[10] In *Cantiga* 104 a woman, in order to gain a man's affection, used a wafer from holy communion in the preparation of a love charm. After the celebrant had placed the wafer in her mouth, she left the church and hid it in her wimple.

As she walked along, blood began to weep from the wimple and when people called her attention to it, she quickly returned to the church and spoke to the Virgin, saying, "The devil made me do it." At this the blood stopped flowing, and the woman soon thereafter took holy orders.

The sin of a woman who forgot to go to church in *Cantiga* 246 is punished by having the door refuse to open, but once she remembers and is contrite, she can open it. But a more serious punishment was visited on a woman who worked on the Sabbath, for, of course, she broke a commandment. Her hands were afflicted until she repented. To us breaking the Sabbath is a little sin, but in Alfonso's time it was serious.

In *Cantiga* 153 a woman would not go on pilgrimage to Rocamador. I cannot refrain from believing that Alfonso, or at least his miniaturist, intended to give a humorous touch to this miracle. The Virgin caused the chair in which the woman was sitting to fly through the air all the way to Rocamador. In the miniature she is seen clutching the arms of the chair as it passed over a cloud. Since one of the Virgin's symbols was a white cloud which appears in several miniatures, this particular cloud may indicate that she is, through the use of her cloud, sending the woman through the skies to her shrine.

One of the most interesting of the *Cantigas* is number 58, *Como Santa Maria aveo as duas conbooças que se querian mal*. One is tempted to think that Alfonso was something of a psychologist or that the Blessed Virgin was. The wife of a merchant lost her husband's affection because he had fallen in love with another woman. Therefore she hated the other woman and begged Santa Maria to punish the rival with great pain and suffering. Given the Virgin's quick response when a sin was being committed, one would expect that she would punish the erring woman. Instead, when the wronged wife had prayed to the Virgin, she was made to fall asleep and to dream. She saw a vision of St. Mary with a host of angels and heard her say, "I have heard your prayer, but cruelty is not in me, nor does it please me. Besides, that other woman goes to kneel at my altar, placing her face against the floor and she hails me a hundred times."

Immediately the wife awoke, left the church, and in the street met the other woman who flung herself at her feet saying, "It was an accursed devil, blacker than pitch, who made me commit this sin against you. But now I will never do it again, since you are so unhappy."

Then the Virgin made these two women come together as friends, and those who had been bitter toward one another no longer were.

The four hundred and twenty seven *cantigas* reveal every sort of good work and bad with deserved reward or punishment. In this area of his view of life he allows his audience to understand something of his philosophy and of his and his people's deep faith in the power as well as the human lovingkindness of his patroness.

## NOTES
1. Walter Mettman. Alfonso el Sabio. `El Códice Rico' de las Cantigas de Santa Maria. 2 vols. Madrid: Edilán, 1980.
2. John E. Keller. "The Threefold Impact of the Cantigas de Santa Maria: Visual, Verbal and Musical." Studies on the Cantigas de Santa Maria: Art, Music, and Poetry: Proceedings of the international Symposium on the `Cantigas de Santa Maria' of Alfonso X, el Sabio (1221-1284) in Commemoration of its 700th Anniversary Year¾1981. Eds. Israel J. Katz and John E. Keller. Madison: Hispanic Seminary of Medieval Studies, 1987, 7-33.
3. Escorial Codex j.b.2 contains forty miniatures revealing musicians, today

The Most Reverend Sean P. O'Malley, O.F.M. Cap., presently the Bishop of Fall River, Massachusetts, earned a doctorate in Spanish and Portguese Literature at the Catholic University of America in 1978. He tells the reader that "Bruno Damiani has been a constant inspiration for his students over the years on account of his scholarship, his standards of excellence and his generous availability to his students. This festschrift edited by Doctor Toscano is a fitting tribute to a man who has given so much to Catholic University and to the world of Spanish Letters." Bishop O'Malley uses this forum to express his gratitude for the support by Dr. Damiani.

\* \* \*

## LITERARY CRITICISM IN THE EXORDIA OF SPIRITUAL
Debate over Vernacular

One of the most disputed topics discussed in the exordia of the spiritual writers of the Siglo de Oro was the value of the vernacular as a literary tool. It was the lot of the great authors to justify the vernacular, first by a philosophical defense, and secondly to prove in their own writings that the vernacular is a worthy vehicle to express the lofty truths once uttered only in Latin.

Philological interests are part of the Renaissance phenomena in Europe. As Valbuena Prat states: "El Renacimiento española coincide con el italiano en el desarrollo de la filosofía neoplatónica, con el sentido humanistíco del idioma, con el culto de la forma."[1]

The problem of the vernacular was therefore not a Spanish but a Renaissance issue that surfaces in Spain in a slightly different way. This is true because the Spanish Renaissance, in spite of its similarities with the Italian Renaissance, is uniquely Spanish. Spain of the Golden Age gives prominence to religious and national values without rejecting the humanistic ideals of the Renaissance. "Si sus productos son distintos de los que encontramos en otras literaturas es debido a que el humanismo se impregna del genio peculiar de lo español, pierde el sentido predominantemente pagano que tiene en Italia, y se yuxtapone al fondo de medievalismo que continua vivo en España."[2]

The Renaissance is a complicated period in European history with different manifestations in different countries. Politically, a national conscientiousness was emerging in most countries and thus negated the universality and catholicity of the Middle Ages. During the Medieval period the clergy, the knights and the troubadours formed a universal class regardless of nationality. Gothic and Romanesque architecture, scholastic philosophy, Church and the universities also reflected the unity of Europe as the "Civitas Dei," a unity which finds expression in the universal enterprise of the Crusades.[3] In Spain the national awareness reaffirmed many Medeival concepts such as the universal empire and the supremacy of the spiritual order, while at the same time adopting certain aspects of the Renaissance thought and vitality.

From a literary point of view the Renaissance is a "re-birth" of the classics and the rediscovery of the full human life idealized in the ancient writers. Oftentimes the Medieval life and letters suffered by comparison with the brilliance of the Classics. Many came to consider the Middle Ages as the Dark Ages and looked to the Classical Period for inspiration. However, great transitional figures like Petrarch, Dante and Boccaccio were so Medieval in their outlook and expression that there is a dualism in the literary languages of the Renaissance.[4] On the one hand, Latin is reinforced because of the interest in philology and the classics, and on the other hand the vernacular begins to take on importance as the national differences are reevaluated in light of new intellectual and cultural stirrings.

Many of the religious aspirations of the Middle Ages: Devotio Moderna, mystical prayer and popular religiosity surface in Renaissance Spain after centuries of religious wars and coexistence with the Moors. Spain's loyalty to the Catholic faith keeps the country in communion with Rome while in Northern Europe the Renaissance spirit prompts schisms and new doctrines.

Often enough the religious currents in a country greatly influenced the attitude toward the vernacular. In fact, Martin Luther's translation of the Bible into German is one of the greatest influences in dignifying and establishing the vernacular in Germany as well as in unifying the language.[5] Similarly in England the reformers Kindale and Coverdale put the Bible into English and thus helped greatly to propagate English as a literary language.

The Renaissance in Spain promoted studies of Scripture typified by the efforts of Cardinal Jimenez and the writings of Luis de Leon. However, Spain was faithful to the old traditions of the Latin Scripture and the Spanish translations of the Bible could hardly be called a significant factor in the development of the vernacular in Spain.[6] Instead the Renaissance nationalism was the factor that determined the fate of the vernacular. Beginning with the efforts, led by Castile to free the Peninsula from the Moors, the Reconquista served to spread castellano, the "cuña lingüística,"[7] that helped to unify the country by a single dominant language.

The nationalism of Spain soon turned into an imperialism as conquistadores imposed the Spanish language on the indigenous population of the Americas. In 1492, the fateful year of the fall of Granada and the discovery of America, Antonio de Nebrija proclaims the "linguistic imperialism" of the Spanish language.[8] The aspiration of Nebrija proved to be prophetic, as the Spanish empire extended throughout the New World; and with the coronation of Carlos I of Spain and V of Germany the Spanish sphere of influence spread across the continent. Carlos himself sought to promote the use of Spanish. A. Marcel Fatio, in his article: "L'espagnol langue universalle," recounts that Carlos I chose to speak Spanish when he once gave a speech in the presence of Pope Paul III and other dignitaries. The emperor justified his deviation from the traditional Latin by stressing the nobility of the Spanish language.[9]

During this same period of expansion and growth religious literature proved an important force in the evolution of Castilian as a literary language. Jose Francisco Pastor explains this influence in the following terms:

> Los místicos españoles desvalorizaron el latín que se presentaba como la lengua en que hablaba la autoridad jerárquica. Era la lengua estructurada por las formas de la inteligencia. Ellos buscaron y tendieron a captar una lengua alógica que pudiera originar una deviación de metáforas en que poder expresar su inefabilidad...que es una de las características del estado místico.[10]

Besides the pastoral concern spiritual writers made their writings available to the masses, their "voluntad de estilo" served to greatly enrich the language and develop a vocabulary and style that could better express one's interior life and intimate relationship with God. In addition to the obvious contribution of their metaphorical style, Pastor makes this observation: "La antigua sintaxis linear -- oraciones de primera de activa, característica de las crónicas y gestas -- se transformó en manos de los místicos en una sintaxis poliédrica -- oraciones subordinadas -- que fue obra de su voluntad de estilo."[11] The "voluntad de estilo" of the spiritual writers is part of a conscious effort to produce a literature that would artistically "compete" with secular letters. This literary sense expresses itself not only in the language, metaphors and syntax of the mystical writings, but also in their active defense of the vernacular and the literary criticism we find in the prologues of the religious literature of the Golden Age.

## The Vernacular Movement: Apologies

The Renaissance, by definition, was a period of revived interest in the Classics which at times bordered on fanaticism. The often told story of the Renaissance prelate who rinsed out his mouth with disdain after Mass indicates the loathing these Classic lovers felt for Medieval Latin. Ironically enough, this attitude helped to promote the vernacular. For whereas Medieval Latin was in many quarters practically a living language, Classic Latin was beyond the reach of most. The logical alternative to the intricacies of Ciceronian Latin was to upgrade the vernacular. The tension between the two schools of thought, one pro Latin, the other pro vernacular, resulted in many apologies for the language which often appear in the prologues of Golden Age writers.

The 16th century saw the rise of a strong vernacularist movement in Italy, Spain, Portugal, France and Germany. The reasons for the force of the movement can be found in patriotic sentiments, religious needs, and pedagogical advantages. The strong impetus given to the vernacular languages necessitated a literary defense, and accordingly many apologetical works appeared. Italy, in the vanguard of Renaissance thought, took the initiative in the vernacularist movement. Even in the Middle Ages St. Francis of Assisi had produced one of the first literary works in Italian with his "Canticle to Brother Sun," and subsequently literary giants such as Dante, Boccaccio and Petrarca entered the arena. A vernacular tradition already existed, only the philosophical justification was wanting. This was provided by Cardenal Pietro Bembo with his <u>Le Prose: Nelle quali si ragiona della Volgar lingua</u> (1525). [12] Similar defenses appeared in France[13] and England[14]. In England Henry VIII forbade vernacular translations of Scriptures in 1530; nevertheless Tyndale managed to publish the first English New Testament in 1536. Previously the reformer had published his own defense of vernacular versions of the Bible, employing some of the same arguments which appear in the Spanish apologies. St. Thomas More in 1529 in his Dialogue agrees with Tyndale's main thesis.[15]

Spain too enjoyed a vernacular tradition that was not challenged until the 16th century. Commenting on the important authors of the Spain of the Reyes Católicos M. Romera-Navarro states:

> Vemos ejercitarse entonces la lengua española en todo género de asuntos, devotos, científicos, literarios. La lengua comun tenía autoridad: dos siglos antes había reemplazado al latín como lengua oficial y había sido aplicada al cultivo de los más variados ramos del saber. Desde el siglo XIII hasta los albores del XVI, el latín queda reservado para el tratamiento de materias escolásticas y jurídicas...El menosprecio de nustros humanistas hacia ella (la lengua vulgar) no se muestra hasta bien entrado el siglo XVI.16

As the interest in Classical Latin was heightened by humanistic studies and a desire to recapture the genius of ancient times, it became increasingly necessary to articulate a rationale for the vernacular.

One of the first important apologies graces the prologue of Antonio de Nebrija's Gramática castellana (1492). Nebrija offers three arguments in favor of vernacular literature. Firstly, good books written in Spanish could fill the leisure time of the people rather than leave them prey to the bad literature of the times.[17] Secondly, Nebrija points out that if Castilian is to become like the great vernaculars of the past (Hebrew, Greek and Latin), there must be some stabilizing codex so that the memory of Spain's exploits will not perish with her language.[18] The third argument revolves around the necessity of providing foreigners with an apt tool so as to help them learn Castilian with greater facility, for Nebrija envisions Spanish as a new universal tongue.[19]

That there existed some staunch Latinists who objected to the use of the vernacular for more serious topics can be documented by the objections listed in the prologues of the spiritual writers. Their intention in mentioning the objections is of course to refute them. We find that the three greater defenders of the vernacular among the spiritual writers provided us with the most complete list of objections, viz., Luis de Granada, Luis de Leon, Malon de Chaide.

Fay Luis de Granada enumerates the reservations of critics in his "Prólogo Galeato":

1) That the sermons preached in the Churches are sufficient, pious books in the vernacular are superflous;
2) Such books might discourage people from attending sermons;
3) Some people will be led by such books to give themselves over entirely to spiritual exercises and thereby neglect their family obligations;
4) Such books might occasion errors.[20]

Malón de Chaide in his prologue to La conversión de la Magdalena reports the following criticisms of the vernacular which he later refutes:

1) It is uncouth to write about sublime topics in the vernacular;
2) Such writings are for "hilanderuelas y mujercitas";
3) Important doctrines should not be circulated in the hands of the "vulgo liviano."[21]

Malón de Chaide elaborates on this last objection by adding that this group of critics support their position by mastering arguments from the teachings of Plato and Christ and from the example of Aristotle, who wrote so obscurely.[22]

Luis de Leon in the prologue to Nombres de Cristo Book III also mentions a number of arguments against the vernacular which in turn provoke his defense:

1) The topics treated in these books are not the kinds of things that should be put in the vernacular because these topics are beyond the comprehension of many who read the vernacular;
2) Some critics refuse to read books in the vernacular;
3) Sublime topics demand an appropriate language and not the vernacular.[23]

## Defense of the Vernacular in Prologues of Religious Works

The prologues of the religious writers provide us with many of the arguments used to convince the intelligentsia of Spain's Golden Age that Spanish is a worthy vehicle for even the most lofty topics. One such group of apologies follows the line of thought of Nebrija's prologue mentioned above; viz., that the patriotism demands acceptance of Spanish as a literary language. This is certainly the case in the prologue of Malón de Chaide, who immediately puts critics on the defensive by questioning their patriotism:

> Tan vil y grosera es nuestra habla que no puede servir sino de materia de burla? Este agravio es de toda la nación y gente de España.[24]

In this same prologue the author clearly expresses his desire to see Spanish be perfected and used in serious writings. Chaide then goes on to comment about the Spanish Empire and casts Castilian as the Imperial language, one of the medieval concepts which surfaces anew in Renaissance Spain:

> Y, por salirme ya de esto, digo que espero en la inteligencia y buen cuidado de los celosos de la honra de España y en su buena industria que con el favor de Dios, habemos de ver muy presto todas las cosas curiosas y graves escritas en nuestro vulgar, y la lengua española subida en perfección, sin que tenga envidia a alguna de las del mundo, y tan extendido cuanto lo están las banderas de España, que llegan del uno al otro polo; de donde se seguirán que la gloria que nos han ganado las otras naciones en esto, se la quitamos, como lo hemos hecho en lo de las armas.[25]

Another author who offers patriotic reasons paralleling those of Nebrija and Malón de Chaide is Fray Jose de Siguenza. In his exordium he proudly points out that Spain's empire surpasses those of Greece and Rome and, that the Spanish language shares this glory with Spain's flag:

> Tal es la grandeza y el espacio que ha ocupado en compañía de las Reales banderas nuestra lengua, cosa que nunca la gozaron la Griega ni Latina: de cuya clara ventaja la han de tener siempre envidia entrambas.[26]

Alejo Venegas de Busto in the first chapter of Agonía del tránsito de la muerte[27] argues in much the same vein by stating that it is reprehensible to belittle one's own language. Venegas del Busto sees the Latinists of his day as falling into the same vice as the Grecophiles of Cicero's time. At a time when Spain's political and economic hegemony was at its apex, such patriotic arguments on behalf of the vernacular had a special appeal and could hardly be refuted by a Spaniard who felt the sense of achievement of a country that first forged itself into a nation and then into a world power. In Venegas' words:

> Con mucha razón reprende Marco Tullio, muy magnífico señor, a los Romanos, porque menospreciaban a su propia lengua Latina, y no querían leer libros que fuesse escripto en la griega. Como si tanto fuera mayor la     sciencia quanto menos se entendiera la lengua en que se encerrava. Este vicio de menospreciar la propia lengua, se estendió tanto quasi por todo el mundo, que oy queda arraygado en la opinión de muchos vulgares.[28]

As is to be expected, one of the primary concerns of the Renaissance religious authors is their pastoral care for the spiritual welfare of their readers. For this reason, the most common justification for the vernacular is the urgent need to make the Church's teachings more intelligible to a greater number of people. This is certainly one of the most recurring themes of the <u>exordia</u> of the spiritual writers.

Accordingly, Fray Pedro de Vega in the prologue of his <u>Declaración de los siete psalmos penitenciales</u> speaks of the utility of the vernacular because praying the penitential psalms is a laudable practice for all Christians. And since even the unlearned pray the penitential psalms it is important to provide a vernacular commentary so that all might truly benefit from the richness of the Old Testament poetry which is the official prayer of the Church:

> Y como es tan ordinario entre los Cristianos, rezar estos Psalmos de la Penitencia, casi todos los hombres y mugeres, doctos, y no doctos, Eclesiasticos y seglares, me pareció que podría ser de provecho declararlos, de modo que procediendo con el tiento y respeto devido a las sagradas letras, los puedan entender todos, y vean con que razones levanta David sus pensamientos a Dios.[29]

Fray Pedro is quite aware of possible objections to his writing in Spanish and tries to retort playfully by remarking that scholars are not the only ones who need to do penance:

> Y no fuera buen medio para este fin escrivir en lengua, que no entienden, sino los que saben. Y (pues no solo los letrados, o Latinos, son a quien conviene hazer penitencia) no es justo que

sea dellos solos, saber porque escaloyes hizo David la suya cuyo dechado se nos propone en estos Psalmos Penitenciales.[30]

Similarly, Fray Diego de Estella states in his <u>exordium</u> the importance of making vital doctrines of spiritual life accessible, even the most sublime subjects. Some scholars and Latinists feared that such doctrines might open the way for heresies, but Estella strongly defends his position:

> Y porque para amar conviene conocer lo que se ama y para conocer el sumo bien es necesario que el entendimiento de los hombres esté libre y limpio de las cosas terrenales de este siglo, deseando llegarlos a este conocimiento, escribí los años pasados, en nuestra lengua vulgar, tres libros de la vanidad del mundo para ensenar a despreciarla, y así puedan levantar mejor el entendimiento a la contemplación de las cosas celestiales y mover la voluntad al amor de este bien infinito que es Dios.[31]

Malón de Chaide, an Augustinian friar, cites St. Augustine in replying to critics who attack him for writing his works in the vernacular, once again stressing the need to express religious truths in the language the people understand:

> Podría responder a todos juntos, que como dijo mi padre San Augustin: 'Huelga que me reprenda el gramático, a trueque de que todos me entiendan.' Así yo quiero, si pudiese hacer algun provecho a los que poco saben de lenguas estranjeras.[32]

In his famous masterpiece "Prólogo galeato," Fray Luis de Granada laments the religious ignorance that exists among Christians and following the spirit of St. Jerome defends the urgent need for vernacular religious literature.[33]

> Una de las cosas más para sentir que hay hoy en la iglesia Cristiana, es la ignorancia que los cristianos tienen de las leyes y fundamentos de su religión. Porque apenas hay moro ni judio que 'si le preguntais por los principales artículos y partes de su ley, no sepa dar alguna razón della. Mas entre los Cristinanos (que por haber recibido la doctrina del cielo, la habian de traer más impresa en lo íntimo de su corazón) hay tanto descuido y negligencia, que no solamente los niños, más aun los hombres de edad, apenas saben los primeros elementos desta celestial filosofia.[34]

After this initial complaint, Luis de Granada goes on to reflect on the problem of religious ignorance. Fray Luis affirms that our spiritual enemy wants to keep people in ignorance so that like the blinded Samson they will be helpless: "La primera cosa que hicieron los filisteos cuando tuvieron a Samson en su poder, fue sacarle los ojos; y hecho esto no hubo dificultad en todo lo demás que quisieron, hasta hacerle moler como bestia en una atohona."[35]

In the same prologue there follows a truly artistic essay on the importance of books for the spiritual life, beginning with a lengthy exposition on the word of God. Throughout the pastoral concern of the Spanish priest and preacher is the primary justification for a vernacular literature which in this case can be an instrument of salvation for many.

As indicated in the above quotes, many spiritual writers felt compelled to write in the vernacular so as to be accessible to the "vulgo", the populace. However, occasional comments in the prologues, indicate that the problem of Latin was of even wider dimensions, since at times the books are written in vernacular or translated from Latin specifically for religious, particularly nuns and lay brothers. Such is the case of Rivadeneira who wrote his Life of St. Ignatius first in Latin and later translated it.

> Este libro de la Vida de nuestro Padre Ignacio, algunos años ha que le escribí yo y le publiqué en Latín. Escrebíle en aquella lengua, que es comun, porque le dirigí a toda nuestra Compañía, que está extendida y derramada casi por todas las naciones del mundo. Agora le he traducido y anadido en nuestra lengua castellana, y para que nuestros hermanos legos de España, otras personas devotas y deseosas de saber los principios de nuestra religión, que no saben la lengua latina puedan gozar y aprovecharse del en la suya.36

Fray Pedro de Vega also implies that his vernacular commentary on the penitential psalms is likewise to be an aid to those who can read Latin and Hebrew:

> Por lo cual dificultosamente entenderan estos Psalmos aun los que saben las lenguas Latina y Hebrea, sino tambien quien les vaya señalando con el dedo estos saltos que David haze, y quitando el revoco a los pensamientos que en ellos se assoman sin mostrarse del todo.[37]

We find a similar concern expressed in Fray Luis de Granada's prologue to his translation of Escala espiritual. Fray Luis explains that his version was meant to make this great Classic available to religious whose knowledge of Latin was limited: "El primero de los cuales hasta ahora no ha tenido intérprete castellano, habiéndolo tanto menester, por estar en Latín, escrivo para los menos latinos, y para que gozasen de tan excelente doctrina muchos religiosos y religiosas que del todo no lo saben."[38]

Fray Luis later on brings up a practical point to reinforce his statement that a translation is needed for religious. Since in many convents and monasteries, there exists the custom of table reading, and the practice of reading pious books during the hours of manual work, vernacular version of spiritual classics would serve a real need. For the religious who might be quite capable of reading a book in Latin, might well have difficulty in hearing and understanding the public readings so much a part of monastery life.

> Si alguno fuere de parecer que no se deben poner estos libros en romance, por no tener aquella gracia en translación, que tienen en su mismo original; a esto se responde que como en todo monasterio de religiosos y religiosas hay lección ordinaria a la comida y cena en sus refectorios, y en muchas órdenes también en el coro y capítulo a ciertos otros tiempos, como la tienen los augustinos, franciscanos y bernardos, y otros en estos reinos; asimismo en la casa de labor en los monasterios de religiosas, para cuando trabajan de manos, necesario es haber sanctos y devotos, en lengua que se pudiesen entender.[39]

As shown above, some authors said they were writing in the vernacular for religious who could read Latin but perhaps could not understand it when read at table. Other authors expressed the situation more bluntly - that nobody can know Latin as well as their native language! Therefore to write in the vernacular is a dictate of logic. Fray Luis de Leon in the prologue of Nombres de Cristo challenges those who prefer Latin: Por que las quieren más en Latín. No dirán que por entenderlas mejor, ni hará tan del latino ninguno, que profese entenderlo más que a su lengua.[40]

Malón de Chaide follows the same line or argumentation in the prologue of the Magdalena where he points out that no one knows the classical language better than his own vernacular:

> Si, pues si nuestro español es tan bueno como su griego, y como el lenguaje romano y se sabe mejor hablar que aquellas lenguas peregrinas, y por poco bien que se escriba el nuestro, se escribirá con más propiedad que en el ajeno, por cual razón les he de parecer a ellos que es bajeza escribir en él cosas curiosas y graves.[41]

Malón de Chaide goes on to affirm the irony of the fact that some prefer their bad Latin to using their native language correctly. This situation gives rise to ridicule on the part of foreigners:

> De suerte que quieren más hablar barbaramente la ajena y con mil impropiedades y solecismos e idiotismos, que en la natural y materna con propiedad y pureza, dando en esto que reir y burlar y mofar a los extranjeros que ven nuestro destino.[42]

One of the most common arguments in favor of writing "grave and curious" things in the vernacular is the fact that the Sacred Scriptures were written in the vernacular of the day. The appeal to the authority of Sacred Scriptures is a convincing argument to a Christian audience that accepts the divine inspiration of Holy Writ and see the Bible as the absolute norm for Christian conduct and morality. Malón de Chaide develops this approach into a very convincing defense for the vernacular, by reminding his audience that the Scriptures were composed in the same language spoken by "el zapatero y el sastre y el tejedor y el cavatierra."[43]

The convention of the <u>exordium</u> allowed religious authors to express their convictions on contemporary literary and cultural situations far beyond the focus of their books.

Their strong defense of the vernacular was an important contribution to the debate and brought the authority of religion to literary and cultural changes that sparked resistance among many intellectuals of the times. Since the prevailing attitude of the religious authors toward secular literature was generally very negative, it is most significant that these same authors chose the same medium as popular secular literature and offered a cogent intellectual justification.

## NOTES

1. Angel Valbuena Prat, Historia de la literatura Española, 4 vols. (Barcelona: Editorial Gustavo Gili, 1968),
2. Angel del Rio, Historia de la literatura española, 2 vols. (New York: Holt, Rinehart and Winston), 1:203.
3. Ramon Menendez Pidal, Poesia juglaresca y juglares (Madrid: "Publicaciones de la Revista de Filologia", 1924), passim.
4. Jose Francisco Pastor, "Introducción," Apologías de la lengua española (Madrid: Compañia Ibero-Americana, 1929)
5. V. Paul Pretsch, Martin Luther und die hochdeutsche Schriftsprache (Breslau: n.p., 1883).
6. J.H. Elliot, Imperial Spain (New York: Mentor Books, 1966), p. 223.
7. Ramon Menendez Pidal, Orígenes del español (Madrid: Espasa-Calpe, 1950), pp. 510-514.
8. Antonio de Nebrija, Gramática castellana, ed. Jose Reogerio Sanchez, Colección "Serie escogida de autores españoles," no. 8 (Madrid: Editorial Hernando, 1931), p.1.
9. A Marcel Fatio, "L' espagnol langue universella," Revue Hispanique 15 (1913) :207
10. Jose' Francisco Pastor, Las apologías de la lengua española, p. xxix.
11. Jose Francisco Pastor, "Las apologías de la lengua española," pp. xxix-xxx.
12. Other important apologies for the vernacular in Italy and Il Cortegiano 1529) and Dialogo delle Lingue (1542) by Sperone Speroni.
13. In France an important work is Du Bellay's Deffence et illustration de la langue Francoyse (1549)
14. English letters similarly produce defenses such as Sholemaster (1566) by Roger Ascham and Elementarie (1582) by Richard Mulcaster.
15. Vernon Hall, Renaissance Literary Criticism (Glouster), Massachusetts: Peter Smith Pub., 1959), pp.155-156
16. M. Romero-Navarro, "La defensa de la lengua española," Bulletin Hispanique 31 (1929): 208.
17. "Simpre la lengua fue compañera del imperio; y de tal manera lo siguió que juntamente comemzaron, crecieron y florecieron, y después junta fue la caída de entre ambos." Antonio de Nebrija, "Prólogo" Gramática Castellana (Madrid: Editorial Hernando, 1931).
18. Nebrija assets that if this stability is not achieved; "la memoria de vuestras hazañas perezca con la lengua, o que ande peregrinando por las naciones extranjeras, ya que no tiene casa propia en que pueda morar." Ibid.
19. "Después de vuestra alteza metiese debajo de su yugo muchos pueblos bárbaros y naciones de peregrinas lenguas y con el vencimiento a que ellos tenian necesidad de recibir las leyas que el vencedor pone al vencido, y con ellas nuestra lengua entonces, por ésta mi arte, podría venir en el conocimiento de ella, como ahora nostros aprendemos el arte de la gramática latina para aprender el latín." Ibid.
20. Fray Luis de Granada, "Prólogo Galeato," Guía de pecadores (Madrid: BAE, 1848) 1:9.

21. Fray Pedro Malón de Chaide. La conversión de la Magdalena (Madrid: Clásicos Castellanos, 1930), pp. 68-69.
22. Fry Pedro Malón de Chaide, La conversión de la Magdalena, p. 69 cites Plato: "que no era licito profanar los misterios ocultos de la filosofia" and also quotes Scriptures: "No arrojéis las piedres preciosas a los puercos."
23. Fray Luis de León, De los nombres de Cristo in Obras completas castellanas (Madrid: BAC, 1951), pp. 655-656.
24. Fray Pedro Malón de Chaide. La conversión de la Magdalena, p. 72.
25. Ibid., p. 73.
26. Fray Jose Siguenza. Historia de la Orden de San Gerónimo (Madrid: Editorial NBAE, 1938), 8:lix.
27. According to Porqueras May in El prólogo como género literario. The first chapter of a work serves the function of a prologue and can be considered as such.
28. Alejo Venegas del Busto, Agonía del trásito de la muerte (Toledo: n.p., 1553), p.1.
29. Fray Pedro de Vega, Declaration de los siete psalmos penitenciales (Madrid: n.p., 1602), p. 61.
30. Ibid., p.66.
31. Fray Diego de Estella, Meditaciones del amor de Dios, in Místicos franciscanos españoles (Madrid: BAC, 1949), 3:55.
32. Fray Pedro Malon de Chaide, La conversión de la Magdalena, p. 69.
33. Fray Luis de Granada derives this name for his prologue from the name of St. Jerome's prologue to the Biblia Vulgata (Madrid: BAC, 1965.
34. Fray Luis de Granada, "Prólogue Galeato." p.1.
35. Ibid.
36. Pedro de Rivadeneira, Vida de San Ignacio de Loyola (Madrid: BAF. 1868). 60:8
37. Fray Pedro de Vega, Declaración de los siete psalmos pentienciales. p. 61.
38. Fray Luis de Granada, Escala Espiritual (Madrid: BAE, 1849), 3:281.
39. Ibid.
40. Fray Luis de León, De los Nombres de Cristo (Madrid: BAC, 1951), 3:656.
41. Fray Pedro Malón de Chaide, La Conversión de la Magdalena, p. 71.
42. Ibid., p. 72.
43. Ibid., pp. 69-70.

Richard Kinkade is a professor of Spanish at the University of Arizona where he is a specialist in medieval Spanish language, literature and history. He holds a B.A. in history and a Ph.D. in Spanish from Yale University. He has taught at Yale University, Emory University and the University of Connecticut and has published extensively in such journals as Bulletin of Hispanic Studies, Hispania, Hispanic Review, PMLA, and Speculum. He is the editor of the Spanish Lucidarios and co-author with Sir John E. Keller of Iconography in Medieval Spanish Literature.

\* \* \*

## A ROYAL SCANDAL AND THE REBELLION OF 1255

Hard upon the heels of his disastrous defeat at the battle of Morón in October 1255, Enrique of Castile (1230-1303), younger brother of Alfonso X (1221-1284), fled under cover of night to Puerto de Santa María there to board a waiting vessel which would take him to Valencia where he would meet with his quondam coconspirator, Alfonso's father-in-law, Jaime I of Aragón[1].

Shortly thereafter, Alfonso's friend and trusted retainer, the Galician-Portuguese troubadour Gonçalo Eanes do Vinhal, composed two **cantigas de escarnho** whose several epigraphs openly accuse Enrique of an affair with his step-mother, Jeanne de Ponthieu (1220/21-1279), the recently widowed queen of Castile and León. The texts here reproduced are from the Machado edition of the **Cancioneiro da Biblioteca Nacional** (1949-64:6.128, 7.100-101):

> [1342]
> Esta cantiga fez Don Gonçal'Eanes do Uinhal
> a don Anrique, en nome da reina dona Johana su
> madrastra, porque dizian que era seu entendedor,
> quando lidou en Mouron con don Nuno et con don
> Rodrigo Affonso que tragia o poder d el rey.
>
>     Amigas, eu oi dizer

Que lidaron os de Mouron
Con aquestes d el Rej e non
Poss end a uerdade saber
Se he uiu o meu amigo,
Que troux a mha touca sigo.
  Se me mal non esteuesse,
Ou non fosse por enfinta
Daria esta mha cinta
A quem m as nouas dissesse
Se he uiu o meu amigo
Que troux a mha touca² sigo.

[1655]

**Esta cantiga fez dom Gonçalo Anes do Uinhal ao infante don Anrrique porque dizian que era entendendor da rraynha dona Joana sa madrasta, e esto foy quando o el rey dom Afonso pos fora da terra.**
Sey eu, donas, que deytad [h]e d aqui
do reyno ia meu amigo, e non sey
como lhy uay, mais quer ir a el rey,
chorar lh ey muyto e direy lh assy:
por Deus, sen[h]or, que uos tan bon rey fez,
perdoad a meu amigo esta uez.
Por que o amo tan de corazon
como nunca amou amigo molher,
irey aly hu el rey esteuer,
chorando dos olhos, direi-lhe enton:
por [Deus, senhor, que uos tan bon rey fez,
perdoad a meu amigo esta uez.
E, poys que me non ual rrogar a Deus,
nen a Satanaz, ne me queren oyr,
hirey al rey merze pedir,
e diga, chorando dos [o]lhos meus:
po[r Deus], senhor, que uos tan bon [rey fez,
perdoad a meu amigo esta uez.]
E, por Deus, que uos deu honrra et bondade,
a don Anrris esta uez [perdoade.]

Certainly, Jeanne de Ponthieu was a young and attractive widow, only thirty-one or thirty-two years of age at the time of Fernando's death in 1252 and undoubtedly at the peak of her courtly influence and feminine allure[3]. Both the archbishop of Toledo, Rodrigo Jiménez de Rada, and the

**Primera Crónica de España**, however, emphasize, together with her unusual beauty, her chaste and virtuous reputation[4]. Enrique, on the other hand, was then twenty-two and by nature tempestuous, forceful and belligerent, if we are to believe the contemporary biographer Juan Gil de Zamora, tutor of the future Sancho IV and author of the **Liber illustrium personarum**[5]. It is also possible that at this point in time both Jeanne and Enrique resided in the alcázar or royal palace in Seville[6]. While the eighteenth-century sensibilities of Father Enrique Flórez led him to avoid the matter entirely in his comprehensive biography of the queens of Castile (1761), the alleged affair has been frequently mentioned with the implication, if not the outright accusation, that Eanes do Vinhal was satirizing an historical event which the chronicles chose to ignore[7]. Beyond these facts of a general nature, however, little or no research has been attempted which would either confirm or contradict the validity of Eanes do Vinhal's allegations of misconduct. The time has come to review the historical evidence at hand and to place this notorious episode in proper perspective.

Significantly, the leading historians of the reign of Fernando III and Alfonso X, Julio González and Antonio Ballesteros, respectively, while not denying the possibility of a liaison, underscore instead the long standing animosity between Enrique and Alfonso which began shortly after the conquest of Seville in 1248[8]. Fernando III had generously recognized Enrique's service to the crown during the siege of Jaén in 1246 and again in his efforts to secure Seville by promising him Jerez, Lebrija, Arcos, Medina, la Alquería de Siste and Morón. In fact, Fernando was anxious to resettle the conquered territories as quickly as possible and pursuant to this policy apportioned these districts among his many feudal retainers, some of whom were not on friendly terms with Alfonso, the heir apparent. Alfonso's staunch support of the Lara clan had effectively alienated the powerful Haro and Girón families who had maintained close ties with Enrique and "don Nuno" of the first poem is, in effect, Nuño González de Lara who fought Enrique in hand-to-hand combat during the battle of Morón..[9]

Early in 1249, alarmed by what he perceived to be a potentially dangerous situation, Alfonso persuaded his father to oblige all those who had recently received grants of land from the crown to swear fealty to him as the king's firstborn and future monarch. There was apparently widespread compliance with the notable exception of Enrique who refused to pay homage to his older brother[10]. As a precautionary measure, Enrique then assigned the lands he had received from Fernando to the

Order of Calatrava to hold for him in fief[11]. At Fernando's death on 31 May 1252, however, the newly crowned Alfonso lost no time in reasserting his own suzerainty. In the apportionment of Seville during the cortes of 1252, Alfonso made it abundantly clear to Enrique by the relatively meager allotments he assigned him that he had no intention of rewarding his rebellious younger brother's previous insubordination[12]. Furthermore, on 24 March 1253, Alfonso summarily deprived Enrique of those same lands he had received from Fernando by tearing up the charters which Enrique had deposited with the Order of Calatrava[13]. Given his tempestuous nature and the fact that he had been effectively disinherited, Enrique now sought out an alliance with other disaffected nobles to remove king Alfonso from his throne.

Alfonso's relationship with his step-mother, Jeanne de Ponthieu, had been no less vexatious and for precisely the same reasons which had led him to dispossess his younger brother. Jeanne had first come to Castile in 1237, at the age of sixteen or seventeen, to marry the widowed Fernando III whose wife, Beatrix of Suabia, had died two years earlier. The marriage had been arranged by Fernando's mother, Berenguela, and her sister, Blanca, mother of Louis IX of France, to prevent the strategically important county of Ponthieu from falling into the hands of the English king, Henry III, who had managed to have himself betrothed to Jeanne in 1235 with the blessings of Pope Gregory IX (1227-1241)[14]. Alfonso had originally been written into this same arrangement with plans having been made to espouse him to Jeanne's younger sister, Phelippe, though the proposal never materialized for reasons as yet unknown[15]. Fernando and Jeanne were wed in Burgos in November 1237 and subsequently had five children, only three of whom survived to maturity[16].

Because Fernando (1201-1252) was nearly twenty years older than his bride, it was naturally assumed that she would outlive him and thus to assure that the queen and her children would be well provided for the king showed himself to be unusually generous toward her with grants of land. By 1245, Jeanne had already received from Fernando Hellín, Arjona and Córdoba and following the conquest of Jaén in 1246 she was awarded Montíjar[17]. Shortly thereafter, she received Marchena, Luque, Zueros and Carmona, all to the great astonishment of Alfonso who viewed these liberal transferences with the greatest alarm. Nor must we presume that Jeanne was unaware of his distress for on 20 May 1248, the queen granted Carmona in fief to the Order of Calatrava[18], sharing the tenency of that city with Fernando's mayordomo, Rodrigo González Girón, in an effort to engage a broader base of support for her swelling demesne.

A letter dispatched to Alfonso by Pope Innocent IV on 11 January 1249 clearly indicates that the queen and others, no doubt including Infante Enrique, had sought papal protection for the grants they had recently received and that Alfonso was now disputing their legal franchise to hold these lands. To Alfonso's great surprise, the pope declared that the heir apparent's rights had not been placed in jeopardy by any grants that Fernando had either made or would make in the future[19]. Furthermore, the pontiff issued a bull four days later on 15 January placing the person and property of the queen of Castile, together with her children, under the protection of the Holy See[20]. Alfonso's several claims and apprehensions were undoubtedly legitimate. At the same time, the queen and Enrique found it both prudent and expedient to align themselves with the powerful Haro and Girón factions who had found their own influence waning in the face of Alfonso's clear predilection for his boyhood friend and companion, his political protégé, Nuño González de Lara. Later that year in May 1249, as an additional precaution Enrique, like Jeanne, enfiefed the Order of Calatrava with his grants of Morón and Siste thus invoking the protection of this powerful organization in the face of Alfonso's predatory posture[21]. In spite of Alfonso's opposition, Fernando subsequently increased Jeanne's possessions in March 1252, and the long list of land grants detailing her share in the apportionment of Seville first published by Salazar and later by Flórez is at once impressive and indicative of the degree of Alfonso's concern[22].

The death of Jeanne's mother, Marie, Countess of Ponthieu, in September 1250[23], and the death of Fernando on 31 May 1252, left the newly ascended king Alfonso with the hope that Jeanne might return to France and her inheritance in the county of Ponthieu. This expedient proved even more feasible when the marriage of Jeanne's daughter, Leonor, to Prince Edward (1239-1307, r. 1272), heir apparent to the throne of England, was arranged in March 1254[24]. On the occasion of this ceremony belatedly celebrated in Burgos on 1 November, Alfonso ceded to the royal couple his rights to the province of Gascony and within the month the newlyweds had taken up residence in Bayonne[25]. Neither the marriage contract nor the concession of Gascony carry Jeanne's signature though historians have assumed that she must surely have been present for such a momentous occasion[26]. Brunel, however, provides us with an important document signed by Jeanne in October 1254, confirming the sale of certain possessions by her liege, Robert, Lord of Laviers, to the dean and chapter of the cathedral of Amiens, located some forty kilometers to the southeast of Abbeville, capital of the county of

Ponthieu[27]. The document, like most of the writs executed by the counts of Ponthieu within their demesne, gives no indication of where it was signed. Conversely, documents confirmed by Jeanne within the context of the royal chancery in Spain inevitably give the location of the queen at the time she ratifies. In January 1255, Jeanne endorsed, together with her son and heir Fernando, a donation made by her late mother, Marie, to the Church of Dommartin in the County of Ponthieu[28] and from this time on there is a steady flow of documents signed by her concerning business within her demesne from which we may reasonably infer that she was physically present in Abbeville when she confirmed the grant dated October 1254. This, then, explains her failure to sign the marriage document in Burgos in November: she had already returned to France. We may only speculate upon her failure to attend her daughter's wedding. Perhaps Alfonso had reached an agreement with her whereby she would leave Castile and her inheritance to her sons Fernando and Luis de Pontis, both of whom were in Burgos for the marriage of their sister[29].

Meanwhile, Enrique strengthened his alliances with Alfonso's antagonist, Diego López de Haro, and extended his confederation to include Alfonso's father-in-law, Jaime I of Aragón, who had become increasingly disaffected with his ambitious young son-in-law, ever fearful of territorial incursions by the Castilian in Valencia and Murcia. Much of what happened between Enrique and Jaime I is colorfully recounted by Juan Manuel in the **Libro de las armas** (c. 1337). It seems that Enrique was secretly in love with Jaime's second daughter, Constanza (1239-1272?), and petitioned the Aragonese monarch for her hand in marriage. Jaime, though favorably inclined toward the young infante, was bound by an oath he had made earlier on her death bed to his late wife, Violante of Hungary, obliging him not to betroth Constanza to any but another king. There was apparently bad blood between Constanza and her older sister, Violante, Alfonso's wife, and the mother hoped to forestall any retaliation Violante might inflict upon her younger sister by assuring that her second daughter would also be married to a king. Enrique, dispossessed earlier by Alfonso, had little to bargain with, much less a kingdom. In spite of his penury, Juan Manuel tells us that Enrique managed to reach an agreement with Jaime whereby he would be permitted to marry Constanza if he were first able to conquer a kingdom for himself[30]. Enrique subsequently launched his campaign of conquest in the south in October 1255, embarking upon this futile enterprise first in his own dominion of Morón and then on to Lebrija[31]. His uprising was quickly crushed and the young prince was forced to flee in exile to Valencia. By a decree of 9 November 1255,

Alfonso confiscated the lands of those who had fought with Enrique and, presumably, any possessions the hapless prince may have left behind him[32]. Inexplicably, however, Enrique was present in Burgos for the marriage of his half-sister Leonor to Prince Edward of England on 1 November since we know he confirmed a **privilegio** in that same city two days later[33]. It is quite probable, given Alfonso's often trusting and forgiving nature, that he had provided Enrique with a temporary pardon in order for him to attend the wedding ceremony and meet with his new brother-in-law, Edward with whom Enrique shared a penchant for crusading. The two of them would later plan such an undertaking with Enrique departing for Tunis in 1259 and Edward for that same African destination in 1270 under the command of king Louis IX of France who perished in the notoriously unsuccessful enterprise. Enrique could easily have travelled from Valencia to Burgos following his nocturnal escape by boat from Puerto de Santa María in October and given Alfonso's own interest at that time in a crusade to Africa, support of his brother in that important area could well have been the motive and explanation for Enrique's presence in Burgos.

From the historical evidence adduced so far, Gonçalo Eanes do Vinhal must have penned his **cantigas de escarnho** sometime after October 1255, the date of the Battle of Morón and Enrique's subsequent flight into exile. It is even possible that the compositions may have coincided with Enrique's brief sojourn in Burgos though given the infante's bellicose nature Eanes do Vinhal might well have thought twice about mocking him to his face. By that date, however, Jeanne de Ponthieu had already returned to France and her own domain of Ponthieu where she confirmed a document in October 1254. If the poems were composed after the departure of both Enrique and Jeanne, then, certainly, we must consider that satire of this type was destined to have little effect upon its intended victims who were now long gone from Castile. At this juncture, then, we are constrained to ask whether or not the poems were, in fact, meant to satirize Enrique and Jeanne or whether they had some ulterior purpose. Let us first examine the relationship of the poet to Alfonso.

In effect, the Portuguese troubadour Gonçalo Eanes do Vinhal was a trusted retainer of the young monarch. He was among the many Portuguese nobles who participated in the siege of Seville for which he was apparently well rewarded in the subsequent **repartimiento** or apportionment of that city[34]. In 1257, Alfonso granted him the castle of Aguilar from which he and his descendants derived the surname by which the family was known thereafter[35]. A year later he received from Alfonso the royal chapel of San Clemente in the Cathedral of Córdoba to be held by him and his descendants in perpetuity[36]. He died shortly after the siege of Niebla in April, 1262, and was interred in Córdoba by Alfonso's royal decree[37].

Alfonso himself was exceedingly fond of satirical poetry and, indeed, some thirty-five **cantigas de escarnho e mal deçir** bear his name[38]. One relatively long and involved **cantiga**, apparently deals with Gonçalo Eanes do Vinhal though neither the identification of the purported victim nor the nature of the satire are at all clear[39]. The same may be said for a satirical **sirventesio** penned by the Wise King and directed at Rodrigo González Girón, his father Fernando's majordomo and, as we have earlier remarked, co-tenant with Jeanne de Ponthieu of the town of Carmona It would seem that the trusted majordomo, in Alfonso's eyes, had misled Infante Enrique with ill-considered advice: "Don Rodrigo moordomo que ben pôs al Rei a mesa/ quando diss' a Don Anrique: _Pois a vosso padre pesa,/ non lhi dedes o castelo, etc."[40] González Girón had been a faithful retainer of Fernando III until shortly after February 1246, when he abruptly abandoned his post either because of a dispute with the king concerning a land grant in Montíjar or in sympathy with his cousin, Rodrigo Gómez, who had staged an uprising against the king in Cisneros. The matter was settled with Infante Alfonso's armed intervention by late August of that same year when the erstwhile majordomo was pardoned and again received into the ranks of the faithful[41]. He was subsequently rewarded for his loyal service to the king during the siege of Seville[42] and died in 1256. The close ties among the Girón family, Enrique and Jeanne de Ponthieu led in time to the marriage of Juana Gómez, daughter of Gonzalo Gómez, the son of Rodrigo González Girón's nephew, Gómez Ruiz Girón, queen Jeanne's son, Luis de Pontis, an alliance which had been nurtured by these same families for many years[43].

The multiple threads of evidence we have adduced so far now enable us to weave a rather compelling tapestry of willful intent on the part of king Alfonso. It would seem that his intense consternation with his father's bountiful apportionment of the newly conquered territories among those families and retainers who might later pose a very real threat to the integrity of the young monarch's kingdom ineluctably led Alfonso to the surreptitious promotion of a malicious rumor to the effect that his rebellious younger brother was engaged in an unethical dalliance with their widowed stepmother. It is certain that Gonçalo Eanes do Vinhal's satirical **cantigas** were composed after 1255 at a moment in history when Enrique was in exile and Jeanne de Ponthieu had been absent from Castile for over a year. Yet these same poems were just as surely not conceived and executed entirely bereft of any foundation in fact, albeit factitious tattle wholly contrived by those forces favorable to Alfonso. Clearly, the satirical thrust of the **cantigas** was not meant to wound these two absent individuals but rather to rebuke their allies at court, those who had supported their cause and still remained a menace to Alfonso's rule. Enrique was portrayed as a rebellious and, indeed, treacherous young fool who would sully and dishonor the memory of his father with insouciance; Jeanne was seen as an artless and gullible dupe.

The hapless Jeanne, her kingdom, courtly influence and political power sorely depleted by the demise of her spouse in May 1252, could realistically have had but one concern at this critical juncture, the protection of her young children's rights in the face of a monarch whose predatory instincts and a need to protect his own inheritance had already forced her to seek papal protection. She had recently inherited the small but not inconsiderable revenues of the county of Ponthieu and Alfonso had dutifully reconfirmed her very generous share in the **repartimiento de Sevilla**. Yet her presence and possessions posed a threat to the newly crowned monarch and he would continue to be adamant in his efforts to remove her. Why else had she hurried to return to France and her own demesne in the county of Ponthieu well before the November marriage of her daughter Leonor to Prince Edward of England? We may reasonably conjecture that Alfonso had reached an agreement with the widowed queen whereby he would pledge to support her young sons Fernando and Luis in exchange for her timely repatriation. Jeanne's lands and possessions in Spain would be vouchsafed by Alfonso for her children and she would be far removed from the political fray.

This, then, is the most logical and practical explanation for the composition and apparent popularity of the scurrilous **cantigas de escarnho** which, far from reflecting any real liaison between Enrique and Jeanne, blatantly served to remind those forces inimical to Alfonso that any support they might expect from Enrique and Jeanne had been effectively nullified by the disrepute into which these two licentious lovers had fallen.

Enrique probably left Burgos for Gascony in the company of his sister Leonor and her husband Edward shortly after their wedding in November 1255. The following year, Matthew Paris records his presence in London at the court of King Henry III who greatly offended Alfonso by providing the rebel prince with "everything he needed."[44] Given his lavish reception by the English monarch who was most anxious to engage the bellicose infante's services for a crusade against the Muslims of North Africa, Enrique may well have spent the next three years in London. He appears prominently in two royal documents dated July 1259 in which Henry III grants him permission to provision ships in Bayonne for an African crusade while noting his oath not to make war on his brother, Alfonso, in the process.[45] We next find him in the service of the sultan of Tunis where his brush with a lion became the stuff of tales recorded in his lifetime by the **Crónica de Alfonso X** and retold years later by his nephew, Juan Manuel[46]. Enrique's subsequent support and rejection of the Angevine cause in the Kingdom of Sicily, his election to the Roman senate and his eventual capture and incarceration in Italy for twenty-six years until his release in 1294, are well-known[47]. The death of this turbulent and often treacherous infante in 1303 was unmourned if not welcomed by most, and the queen regent, María de Molina, was obliged to force Enrique's unwilling vassals to observe proper funeral honors by royal decree[48].

Following her return to Abbeville in the fall of 1254, Jeanne de Pontthieu continued to live a chaste and exemplary existence characterized by frequent grants and pious endowments to both ecclesiastical figures and religious institutions. Between May 1260 and February 1261, at the age of forty, she was remarried to Jean de Nesle, Lord of Falvy, and died on 15 March 1279.[49] Beyond the allegations proffered by Eanes do Vinhal in his scurrilous **cantigas**, no hint of scandal was ever associated with this admirable **dame sans reproche.**

## NOTES

1. The Crónica de Alfonso X mistakenly places the battle in the year 1259; Ballesteros (1963:117) argues cogently for October 1255; O'Callaghan (1993:74) surmises the rebellion, Enrique's flight and exile to France may have taken place in summer 1255, but Enrique was still in Burgos on 3 November of that same year.
2. In her ed. of the Canc. da Ajuda (1904:2.522, n.4), C. Michaëlis asserts that this refers to "A touca symbolica das viuvas" or widow's cap, reinforcing the alleged shameful conduct of the infante who thus dishonored the memory of his late father.
3. Neither Du Cange (1657) nor E. Flórez (1761) who utilized Du Cange without identifying him by name, nor any of her contemporary biographers provide us with her age, though several, including Ballesteros (1963:110), mistakenly believed she was about forty. Her birth date, however, can be derived from the fact that French law, both ecclesiastical and secular, required that any transference of property be approved by heirs twelve years of age or older. Jeanne, first-born of Simon de Dammartin, Count d'Aumale (d. 1239), and Marie Countess of Ponthieu (d.1250), was the heir apparent to the county of Ponthieu. She is first mentioned as consenting heiress in a document dated either 25-31 March 1232 of 1-24 March 1233 (C. Brunel, 1930:424-25), doc.291): "de assensu et voluntate Johanne, filie nostre primogenite." Since Jeanne is frequently mentioned from 1232-33 on, we may assume that she first reached the age of twelve at this time and was thus born between 1220-1221. The authority for this legality may be found in William Durant, Speculum judiciale, 1:251:book I, title De Tutore, section Generaliter, no. 14, and I would like to thank Henry Ansgar Kelly for pointing out this important source which he deals with at length in his recent book, Ideas and forms of tragedy from Aristotle to the Middle Ages (Cambridge University Press, 1993), 212, n. 154.
4. Jiménez (1987:301): "Hec uero regina pulcritudine, prestancia et modestia sic efloruit, ut in conspectu uiru uirtutibus graciosa coram Deo et hominibus sit accepta." Prim. Cron. Gen (1955:2.735): "esta reyna dona Johana era grande et fremosa mas que las otras duennas, et tenprada en todas buenas costunbres, et por tal se prouo ante rey don Fernando su marido, et ante la uista de los omnes por conplida en sus buenas costunbres et ser amada a todos."
5. "Infans animosus, strenuus, bellicosus...in multis preliis strenuissimus victor fuit," in Fita (1884:322).
6. Ballestros (1963:110) without providing any supporting evidence declares: "Don Enrique vivía en Sevilla, alojándose en el alcázar,...Su asiduidad en Palacio, al lado de su madrastra, y la belleza de Doña Juana, que, rondando los cuarenta, conservaba attractivos juveniles, hicieron hablar a las malas lenguas sobre íntimas relaciones entre el apuesto infante y la de Ponthieu."
7. See C. Michaëlis de Vasconcellos (1904:2.520-23) and "Randglossen, XIII:'Don Arrigo'" (1903:153-172, 257-277); where her otherwise solid introduction to the matter is flawed by the author's dependence upon the Cronica de Alfonso X which mistakenly places the Battle of Morón in the year 1259 instead of 1255, thus vitiating many of her otherwise reasonable conclusions; López-Aydillo (1923:415-422) a superficial and often inaccurate investigation which is also flawed by the author's dependence upon the Crónica de Alfonso X; Mata Carriazo (1926:8-11); Alvaraz

Blázquez (1957:71-73); J. González (1980:1.109-110); A. Ballesteros-(1963:110,116,120, et passim). In this context, Ballesteros refers to yet another suggestive poem by Juan or Joham Zorro (1963:110) but does not cite either the poem or his source. In fact, none of Zorro's poetry can be so construed. The name Anrique appears in a poem by Roy Paez de Ribela(Canc. da Bib. Nac., 1949-64:7.125, No. 1673 and Canc. da Vat., No. 1026) but bears no convincing relation to Enrique of Castile (see C. Michaëlis, 1904:2.388-91). Michaëlis (1896:185) also suggests that a poem by Pero Gargia Burgales, Colocci-Brancuti 222 (Canc. da Bib. Nac., 1:363-64, No. 205). lamenting the loss of "a Raynha ffranca," may also refer to Jeanne de Ponthieu.

8. J. González (1980:1.109-110); Ballesteros (1963:117 et passim).

9. "don Enrique sopo commo don Nuño iba á lo prender, é salió á él al campo é ovieron pelea de consuno, é acaesció que amos á dos se firieron, é don Nuño cresció grand compaña que le envió el Rey. E don Enrique é los suyos ovieron á dejar el campo é tornar á Lebrija" (Crónica de Alfonso X:8.7); Ballesteros (1963:105-108); O'Callaghan (1993:72-73 et passim).    10. Ballesteros (1963:108-110, 141, n-21), based on a letter from Alfonso to his father-in-law, Jaime I of Aragón, dated 13 January 1249. describing the altercation between the two brothers: Archivo de la Corona de Aragón, Cartas de Jaime I, No. 125, in Vals-Taberner (1919:50-51); see also González Jiménez (1991:5-6, no. 3, 8 enero 1249) and O'Callaghan (1993:73, 299, n. 38).

11.  O'Callaghan (1993:73, 299, n.39) who cites AHN Documentos reales de la Orden de Calatrava, nos. 74 (10 May 1249), 75 (12 May 1249) and 80 (7 May 1253).

12. Ballestros (1963:109): "No fue de los más favorecidos en el repartimiento,...sólo obtuvo dos mil pies de olivar y figueral en Borgabu-Alcadi, término de Alcalá, término de Alcalá de Guadaira. Significaba casi un desheredamiento. Hasta lo citado no aperace en la mayoría de los ejemplares del Repartimiento.    En comparación con lo adjudicado a sus hermanos, no era nada."

13. Ballesteros (1963: 109-110), citing a document of 24 March 1253 to the Maestre de la Orden de Calatrava: Archivo Hisórico Nacional, Registro de Calatrava III, f. 62 and Calatrava, R-81, originally published in Ballesteros (1913:12); see also O' Callaghan (1993:73) and González Jiménez (1991:14, 85-87, nos. 15 [24 March 1253] and 81 [8 December 1253]).

14.  Primera Crónica de España, 1955:2.735; Matthew Paris (1964:73): Flórez (1964:2.584); Powicke (1962:73); J. González (1980:2.114-15). Henry's betrothal to Jeanne was finally annulled by Innocent IV on 31 August 1252, three month's after Fernando's death; Rymer (1967:1.479), J. González (1980:1.116, n.280).

15. Phelippe or Philippa first appears in a documented dated 1236-1237 and was most likely five years younger than Jeanne; see Brunel (1930:439-40) doc. 302). This is confirmed by the fact that Gregory IX gave papal dispensation for both Fernando and Alfonso to marry Jeanne and Phelippe respectively on 30 August 1237 and Phelippe would have had to be at least twelve to legally enter into matrimony; see Mansilla (1945:doc.44), Auvray (1896-1955: No. 3847-38-50), and J. González (1980:1.115, n. 273).

16. Fernando de Ponthieu o Pontis (c.1238-?), Leonor (c.1240-1290), Luis (c.1243-?), Simón and Juan both of whom died in infancy; see Jiménez de Rada(1987:301); Prim. Crón de Esp. (1955:2.735); J. González (1980:117).  17. J.González (1980:103-4).
18. AHN Calatrava, R-71 in J. González (1980:105, n.211).
19. Berger (1897:No.4289); J. González (1980:105).
20. Mansilla (1945:doc 73); J. González (1980:105, n.213).
21. J.González (1980:1.110) ascribes the satirical poems of Eanes do Vinhal to this period even though the epigraph of each one clearly states that they were composed either on the occasion of the Battle of Morón or Enrique's exile, events which occurred in late fall, 1255.
22. Salazar (1694-97:3.473); Flórez (1964:607-608); J.González (1980:114-117).
23. Brunel (1930:viii n.4)
24. Matthew Paris (1964:5.397-98); Trabut-Cussac (1972:xxxvi-xxxviii); Prestwich (1988:10).
25. See Ballesteros, "Bodas de principles: (1963:99-102).
26. Ballesteros (1963:113): "Doña Juana es más que verosímil que al acontecimiento de Burgos, que tanto la afectaba. También volvió a sus dominios andaluces, probablemente ajena a cuanto iba a ocurrir."  27. Brunel (1930:543-44).
28. Brunel (1930:544-46).
29. Both "D. Fernando" and "D. Lois" confirmed a royal privilegio to the cathedral chapter of Córdoba executed in Burgos on 3 November 1255; see Memorial histórico Español (1851:1.77-79).
30. Juan Manuel (1982-83:1.133).
31. Juan Manuel recounts that Violante, wife of Alfonso, convinced her father not to marry Constanza to Enrique but rather to his younger brother, Juan's father, Manuel; apprised of this treachery, Enrique rose up against Alfonso in a rebellion which occasioned the popular cantar whose refrain Juan Manuel recalls for us: "Rey velho que Deus confonds,/ tres son estas con a de Malonda." The Crónica de Alfonso X (8:7-8), though mistakenly placing the revolt in the year 1259, is otherwise accurate in its account of the Battle of Morón; see also Ballesteros (1963:114-120) and O'Callaghan (1993:73-75).  32. Ballesteros (1963:117-118); O'Callaghan (1993:74).
33. Mem. Hist. Esp. (1851:1.77-79, No. 37); Ballesteros (1963:171) mentions the fact in passing but not in the context of the wedding of Leonor and Edward (99-102); O'Callaghan (1993) does not cite it.
34. Espinosa (1630:fol. 2): "Dio hi a Gonçalo Yañez Vinal cien arançadas, e diez yugadas en Plan"; C. Michaëlis ("Randglossen," 1903: 159, n. 3 and Canc. da Ajuda, 2:250, n. 1).
35. C. Michaëlis (1904:2.520-23); Ballesteros (1963:176) records a royal document of 16 April 1257 confirmed by Alfonso though without indicating its provenience, most likely the Archivo de la Casa Aguilar in Córdoba.
36. Ballesteros (1963:251,253, n. 33), document in the Archivo de la Casa Aguilar, Córdoba.

37. Ballesteros (1963:355) cites a document of 4 April 1262 in which the bishop, dean and cathedral chapter of Córdoba approve the burial of Gonzalo de Aguilar; C. Michaëlis ("Randglossen," 1903:159 and Canc. da Ajuda, 2:251) confused him with his son in stating that he died in 1280.
38. Annotated and published by Rodrigues Lapa (1970:1-67, Nos. 1-35).
39. The poem and its three versions as found in the Canc. da Bib. Nac. No. 466, Colocci-Brancuti, No. 358 and the Canc. da Ajuda, are edited by the Machados (1949-64:2.312-317, No. 408); Rodrigues (1970:65-67) has reprinted the CA version with extensive footnotes.
40. Rodrigues (1970:64) rejects the identification with Rodrigo González Girón whom he mistakenly believes had always remained faithful to the king.
41. J. González (1980:1.104).
42. J. González (1951:2.21,229,267); O'Callaghan (1993:71).
43. O'Callaghan (1993:71).
44. "Et eodem tempore venit in Angliam quidam magnus Baro de Hispania Frater videlicet Regis Hispaniae, profugus et fugatus de Hispania. Qui indignationem Regis Hispaniae meritus suis exigentibus, incurrerat, alienae pecuniae inhiabat, & auxilio Regis Anglorum indigebat. Offenderat enim Regem Hispaniae enormiter....Rex igitur, secundum quod consueuit omnibus alienis, sinum aperuit consolationis, & iussit ei abundanter omnia distribui necessaria" (Chronica majora, 5:585-586). Ballesteros (1963:171-2, 263-64) cites the same passage and adds yet another from the "Crónica leonesa y los Anales toledanos...: 'Et don Anrric, quando fue echado, fuesse a tierra de Francia et non pudo hi fallar conseio en el rey de Francia e fuesse para Inglaterra'" (171); the Anales toledanos published by E. Flórez in España sagrada 23:410-423, however, do not refer to Enrique at all and I have not been able to consult the Crónica leonesa which Ballesteros cites as an unedited manuscript (BN 10.046).
45. Rymer (1967:1.2:49); Ballesteros (1963:171, 174, nn. 31,32).
46. Crónica de Alfonso X (1875:8.7) Conde Lucanor, Exemplo 9, "De lo que contesçio a los dos cavallos con el león.".
47. See Del Guidice, Don Arrigo (1875) whose extensive documentation of Enrique's life begins around 1265.
48. Crónica de Fernando IV (1875:11.132).
49. Brunel (1930:viii); Newman (1971:72, notes 42-43).

A native of Muro Lucano, Italy, Gerardo Ferracane received his Doctorate in Classical Studies from the University of Florence in 1968. He then went on to study Slavic Languages and Literatures (through the University of Florence) at the University of Warsaw, Poland. He studied Spanish Language and Literature at the State University of New York at Albany and at the International Institute in Madrid. In 1972 Dr. Ferracane began teaching as Assistant Professor of Italian and Humanities at the University of Puerto Rico, Mayagüez Campus, where he now holds the rank of Professor. He has authored numerous books and articles related to the teaching of Italian, Humanities and Italian film. Dr. Ferracane first met Dr. Damiani when he came to Puerto Rico several years ago to give a lecture during an Italian Culture Week held at the University of Puerto Rico, Mayagüez Campus. Since then Dr. Damiani has fallen in love with "la Isla del Encanto" and has become a regular guest speaker there as well as an NEH consultant for many Island universities.

\* \* \*

## ITALIA EN LA OBRA DE NERUDA

Las frecuentes y largas estadías del poeta chileno Pablo Neruda (1904-1973) en Italia afectaron de tal manera su espíritu y su ser completo que no nos es difícil detector en varios lugares de su poesía descripciones, alusiones, sentimientos de aprecio y de admiración tanto hacia Italia su gente como hacia sus literatura.

La primera vez que Neruda visitó y vivió en Italia fue entre 1950 y 1952. Fue durante este período que el poeta conoció y estrechó una fuerte y duradera amistad con el pintor Renato Guttuso, los poetas Salvatore Quasimodo y Umberto Saba y los escritores Carlo Levi y Dario Puccini. Fue también en estos años que Neruda compuso y publicó dos colecciones de poemas: Los versos del Capitán (1952) y Las uvas y el viento (1954).

Antes de 1950 para Neruda Italia era sólo un conjunto de nombres, imágenes, leyendas recibidas de lecturas infantiles (Salgari) o escuchadas de algún emigrado italiano. Si antes del 1950 Neruda no conocían a

Neruda. El empuje hacia un nacionalismo exagerado y el aislamiento cultural impuesto por el fascismo había impedido a los italianos un mejor acercamiento hacia las culturas y literatures hispanoamericans.

Durante su primera visita a Italia, Neruda fue recibido solenemente por un grupo de intelectuales italianos afiliados, en su gran mayoría, al partido comunista. Fue entonces que Neruda tuvo la ocasión de conocer muy de cerca a Roma, pero no tanto a la Roma imperial, elogiada y exaltada pro el fascismo, sino a la renacentista y barroca. Fue también cuando visitó el Sur de Italia, a Nápoles, Capri, Ischia y durante la noche de San Silvestro (último día del año) que hizo su primera experiencia directa con aquella "Italia ruidosa", es decir la población del Sur de Italia y en manera particular de Nápoles. En Florencia fue recibido calurosamente en el Palazzo Vecchio por su alcalde comunista Mario Fabiani, "un obrero/ jefe de la ciudad/ del viejo río"(1,730)[1]. Fue allí también que Neruda se encontró con varias personalidades del mundo acádemico florentino tales como Gianfranco Contini, Oreste Macrí, Mario Luzi y otros.

Visitó otras ciudades, entre ellas Milán, Turín, Venecia y Génua y en todas ellas obreros, artistas y poetas concurrían para escucharlo recitar sus poesís. En Genova se encontró con su compatriota y premio Nobel en literatura, Gabriela Mistral, entonces Cónsul General de Chile en Italia. Pero ninguna de estas ciudades lo emocionó desde el punto de vista artístico, inclinado como estaba a captar sobre todo la condicíon humana y cívica del pueblo italiano.

Después de su estadía en Capri, hasta fines del mes de junio de 1952, Neruda volverá a Italia en 1960 y luego muchas veces hasta 1972, es decir un año antes de su muerte. Fueron viajes que confirmaron su predilección y amor secreto por Italia. De este país le fascinaba sobre todo la variedad de los lugares y de los lenguajes, la cultura, la belleza de las viejas cuidades. Exaltó también el rol que Italia tuvo en el Ranacimiento, en la liberación de la poesía y del hombre del as tinieblas del pasado medieval pero sobre todo amó a la gente humilde y simple de aquel Sur que visitó y conoció personalmente y en el cual reconocía la cara de su misma gente, de su mismo pueblo: "triste es la voz del sur en los caminos"(1,820).

Su canto a Italia es sincero, su reconocimiento sin restricciones. Las imágenes que Neruda regala a Italia son profundamente naturales. "Rosas y aceite verde" son los dones que el poeta recognió en Italia; el Palazzo Vecchio de Florencia es "bello" como un ágave de piedra"; las calles de ciertas ciudades italianas son "retorcidas". Sin embargo Neruda en la poesía "La túnica verde" del la colección La Patria del Racimo hace la siguiente promesa:

> Adonde vaya llevaré en mis manos
> como si fuera el tacto
> de una madera pura,
> musical y fragante
> que guardarán mis dedos,
> el paso de los seres,
> la voz y la sustancia,
> la lucha y la sonrisa,
> las rosas y el aceite,
> la tierra, el agua, el vino
> de tu tierra y tu pueblo. (I, 815-816)

En el resto de la poesía, Neruda presenta su experiencia italiana hecha de visitas a las ciudades, a los trabajadores en sus fábricas, de lecturas de sus versos en diferentes sitios y de sus encuentros con los ciudadanos. Pero lo que más le impresionó fue el pueblo, aquel pueblo que había venido a escuchar sus poesías, aquel pueblo todavía sumergido en la miseria y en abandono de la campiña meridional:

> Yo anduve por las fábricas,
> conversé con los hombres,
> conozco la sonrisa
> blanca de los ennegrecidos rostros,
> y es como harina dura esa sonrisa:
> la áspera tierra es su molino." (I,815)

Si para él Italia es una "morada/ de mármol y esplendor" (I,820), el pueblo italiano le pareció como "la producción más fina de la tierra". A los "hombres sin hombre", a "las mujeres sin mujer", a "las casas sin puertas" que el poeta había encontrado en sus múltiples y variados viajes por el mundo, contrapone este pueblo concreto del cual confiesa haber recibido "sabiduría y canto."

> Yo había anadado mucho
> conversando con trajes,
> saludando sombreros,
> dando la mano a guantes.
> Yo anduve mucho entre hombres sin hombre,
> mujeres sin mujer,
> casas sin puertas. (I,815)

Tomando un concepto a él muy querido, aquello de la contribución de la cultura italiana a la civilación mundial, su reconocimiento es sincero y cordial:

> **Italia, la medida**
> **del hombre simple eleves**
> **como el granero al trigo,**
> **acumulando granos,**
> **caudal tesoro puro,**
> **germinación profunda**
> **de la delicadeza y de esperanza.** (I,815)

En Florencia, Neruda encontró el Arno, "el dulce río" que para él tiene un significado inesperado con lo que le más familiar, el lenguaje de los ríos americanos, es decir el lenguaje su infancia:

> **Reconocí en la voz del Arno entronces**
> **viejas palabras que buscaban mi boca,**
> **como el que nunca conocía la miel**
> **y halle que reconoce su delicia.**
> **Así escuché las voces**
> **del río de Florencia,**
> **como si antes de ser me hubieran dicho**
> **lo que ahora escuchaba:**
> **sueños y pasos que me unían**
> **a la voz del río,**
> **seres en movimiento,**
> **golpes de luz en la historia,**
> **tercetos encendidos como lámparas.**
> **El pan y la sangre cantaban**
> **con la voz nocturna del agua.**
>     (I,729 730)

Frente a este encuento el significado artístico y cultural de Florencia casi pierde valor. En otra composición, "La cuidad", también dedicada a Florencia, Neruda canta "la cuidad del viejo río,/ de las casas cortadas como en piedra de luna" y en donde el Palazzo Vecchio, como hemos ya notado, es "bello como un ágave de piedra". En Florencia, Neruda entra en contracto sobre todo con la población, con los obreros, con la nueve realidad que se distingue por el progreso y la libertad.

Al contrario de muchos otros escritores hisanoamericanos (Darío, Roró, Mariátegui) que viajaron solos, sin pompa y sin recepciones y sobre todo sin policía detrás de ellos, y se quedaron sobrecogidos y pasmados frente a las bellezas naturales y artísticas de algunos lugares y ciudades italianas, Neruda capta y recuerda sobre todo a la gente, al pueblo que, sin conocerle, lo quería y lo amaba.

Tanto en "El río" como en "La ciudad", dedicades, como hemos visto a la cuidad de Florencia, se siente una explícita contraposición entre el mundo sudaamericano y el mundo europeo, entre un "allá lejos", detrás del cual se encuentran "las ferruginosas cordilleras hostiles" de los Andres y un "aqui" detrás del cual está "la piedra convertida en milagro", clara referencia a los bellos palacios e inglesias de Florencia.

El mármol y la piedra finamente trabajada de estos edificios deben haberle particularmente impresionado ya que es ésta una de las imágenes más recurrentes en estos dos poemas: "la vieja cuidad de piedra y plata" y "las casas cortados como en piedra de luna".

Otra contraposición dentro de la misma Italia es aquella entre "las estatuas rotas" y "los templos" símbolo de un esplendor pasado y "los desmantelados arrabales" de ciertas regiones del sur de Italia, testimonio de un presente marcado por la miseria y el sufrimiento. Todo esto muestra la particular atención que Neruda reserva para los seres humanos y en general para lo moderno y contemporáneo y la sustancial indiferencia hacia la antigüedad romana y sus vestigios.

En "Los frutos" el poeta presenta unas imágenes concretes y variados de Italia:

> **Dulces olivas verdes de Frascati**
> **pulidas como puros pezones,**
> **frescas gotas de océano,**
> **reconcentrada, terrenal esencia! (I,733)**

A todo el paisaje de Frascati Neruda prefiere lo particular, la unidad sencilla; su mirada se para en el "tesoro verde", los pequeños frutos del arbol del olivo, símbolo también de aquella paz tan duramente recuperada por el pueblo italiano:

> **las pequeñas olivas**
> **frescura, sabor puro**
> **medida deliciosa,**
> **pezón del día azul,**
> **amor terrestre. (I,734)**

Esta atención por lo particular y por el detalle se nota también en la poema "La policía" que es la simple crónica en versos de las atenciones poco gentiles que Neruda, por su ideología en Italia entre 1950 y 1952. En efecto, desde 1952 hasta 1960 el nombre de Neruda estuvo siempre en la lista negra de frontera, es decir era considerada "persona non grata" para el gobierno italiano (de De Gasperi). En este poema Neruda habla de los policías que como "sombras" le persiguen continuamente. Así que no nos asombramos si en Venecia, en la torre campanaria de San Marcos, Neruda sólo logra entrever el aspecto de un policía:

> **Yo vi en Venecia, erguido el Campanile**
> **elevando entre las palomas de San Marcos**
> **su tricornio de policía. (I, 818)**

Y en un museo hasta las estatuas le parecen policías que quieren interrogarle:

> **Y Paulina, desnuda, en el museo,**
> **cuando besé su bella boca fría**
> **me dijo: ¿tiene en orden sus papeles? (I, 818)**

Al centro del poema està el episodio de mayor relieve, aquél que mayormente impresionó a Neruda, es decir la muchedumbre de intelectuales, escritores, poetas, artistas, políticos y trabajadores que concurrieron a la Estación Termini de Roma para impedir que la policía lo llevara a la frontera.

> **No olvidaré la multitud romana**
> **que en la estación de noche**
> **me sacó de las manos**
> **de la perseguidora policía. (I, 819)**

Sobre todo interesante es el recuerdo del paraguas con que la escritora Elsa Morante trataba de alejar a los policías:

> **No olvidaré el pequeño**
> **paraguas de Elsa Morante**
> **cayendo sobre un pesado pétalo**
> **de una fuerza florida. (I, 819)**

Si las ciudades italianas no tuvieron en Neruda el impacto emocional esperado no se puede decir lo mismo de la isla de Capri, ligada al amor de

Matide que Neruda "re-encontró" e "inventó" en el encantador escenario mediterràneo. "Cabellera de Capri" es una celebración poética de la isla "reina de roca", en el esplendor de sus cromatismos. El poeta chileno entra en contacto con esta isla en invierno y queda sorprendido por su maravillosa naturaleza. Capri se presenta como una germinación marina:

> **Su traje de zafiro**
> **la isla en sus pies guardaba,**
> **y desnuda surgía en su vapor**
> **de catedral marina.**
> **Era de piedra su hermosura. En cada**
> **fragmento de su piel reverdecía**
> **la primavera pura**
> **que escondía en las grietas su tesoro. (I, 817)**

La isla es vista bajo el signo del amor. Matilde surge del encanto de la naturaleza italiana como construida por su propio amante. En el sexto poema "Te construí cantando," Neruda declara: "Yo te creé, yo te inventé en Italia", y màs adelante: "Yo de amor y tierra / te construí cantando..."

> **porque por mí fuiste creada**
> **para que me ayudaras**
> **a vivir la alegría.**
> **Y así, la tierra,**
> **la flor y el fruto, fuiste,**
> **así del mar venías**
> **sumergida esperando**
> **y te tendiste junto a mí en el sueño**
> **del que no despertamos. (I, 824-825)**

En el capítulo XI de Las uvas y el viento, "Nostalgias y regreso" Matilde es "la pasajera de Capri". La isla había sido ya cantada coma trasfondo a su evocación amorosa en Versos del capitàn (1952) escritos, como se sabe, anonimamente, en Capri, aludida sobre todo en los poemas "La noche en la isla" y "El viento en la isla.

En resumen, el poeta Neruda fue un ser muy sensible tanto a la belleza artística como a la naturaleza italiana pero lo que sobre todo emerge en su poesía màs que los monumentos, las obras de artes, las ciudades y los paisajes, son los hombres para los cuales él deseaba un mañana mejor:

> **por eso creo**

cada noche en el día
y cuando tengo sed creo en el agua,
porque creo en el hombre.
Creo que vamos subiendo
el último peldaño. (I, 731-732)

En cuanto a la presencia de la literatura italiana en Neruda se sabe que él, apasionado bibliófilo, poseía en su biblioteca numerosas obras de autores italianos, raras primeras ediciones tanto de autores clàsicos como de autores modernos, ediciones bodonianas y talonianas. Neruda donó su biblioteca, en 1954, a la Universidad de Chile cuando se constituyó la "Fundación Pablo Neruda para el estudio de la poesía".

Los dos poetas italianos que màs mención tienen en sus poesías son, como era de esperarse, Dante y Petrarca. En "La ciudad" Neruda habla de una "cascada infinita" que el "delgado poeta se Florencia" dejó caer "sin que se pueda morir, / porque de fuego rojo y agua verde/estàn hechas sus sílabas" (I, 730-731). En un discurso que Neruda hizo en Santiago en 1964 en ocasión del año shakespeariano al hablar de los "bardos" que en cada época asumieron "la totalidad de los sueños y de la sabiduría", Dante Alighieri figura entre los primeros mencionados:

Estos bardos acumulan hojas, pero entre estas hojas hay raíces. Son hojas de grandes àrboles. Son hojas y son ojos. Se multiplican y nos miran y nos ayudan a descubrirnos: nos revelan nuestro propio laberinto. (III, 705)

Dante no sólo es mencionado por Neruda sino que es inspirador concreto en su poesía. No hay duda de que en la representación del Infierno, donde se encuentran Sanjurjo y Mola esperando al general Franco, en España en el corazón (1937), està presente el horror del canto XXXIV del Infierno de Dante. En efecto, el verso que alude al "aullido de legiones" es decir de las tropas de Franco, nos hace recordar el primer solemne verso del canto XXXIV: "**Vexilla regis prodeunt inferni**", un verso de Venancio Fortunato que Dante cita y aplica a las milicias infernales. El verso de Neruda convlleva una nota aún màs inhumana. Como Lucifer, el general español està destinado a ocupar el centro del infierno por su posición jeràrquica. En el infierno de Dante Lucifer "da mezzo il petto usía fuor de la ghiaccia" y "de ogni bocca dirompea co'denti / un peccatore, a guisa di maciulla" (canto XXXIV, vv. 55-56); en el infierno nerudiano hay alrededor "los tristes niños descuartizados, / tiesos" en espera de su asesino. Es un mismo horrendo y repugnante paisaje.

Otra clara y directa alusión a la Divina Comedia de Dante la encontramos en la poesía "Ivresse", de Crepusculario (1923). Allí recurren los nombres de Paolo y Francesca, el famoso episodio delcanto V del Inferno. Neruda revive en sí la pasión de Paolo "...danza en mi cuerpo la pasión de Paolo" (I,44), y en la soledad invoca la mujer, "carne y sueño", llamàndola al amor, que implica sufrimiento: "Sembremos la llanura antes de arar la loma. / Vivir serà primero, después serà morir" (I,44). Para Dante, el amor de Paolo y Francesca, no obstante la humana dimensión del eposidio, es reprochable; para Neruda el conceptode culpa no existe y la alusión a los dos célebres amantes tiene sólo el significado de una ardiente denuncia de pasión, de amor que debe ser vivido plenamente, aún bajo el signo del dolor.

El otro poeta que aparece a menudo en la poesía de Neruda es Petrarca. En la composición XIV del libro Aún (1969) aparece una declaración afectiva y al mismo tiempo de rechazo al poeta Petrarca al definirle "de màrmol y de oro". En la composición XXVII de Elegía, publicada luego de su muerte en 1974, Neruda considera a Petrarca como una de las fuentes de su poesía. Se declara "hijo de Apollinaire y de Petrarca". En sus Cien sonetos de amor (1959), aunque rechaza la rima, aparece la matriz remota del "Canzoniere" petrarquesco. Pero no existe dependencia, por el contrario, Neruda contrapone al Canzoniere de Petrarca uno suyo personal y moderno, en el cual el elemento autobiogràfico entra prepotente junto a la melancolía, la pasión, la inquietud, el sufrimiento. Al contrario de la Laura petrarquesca, Matilde no es un personaje esquivo, lejano, sino una criatura concreta, que en el amor se realiza y hace vibrar también la naturaleza, la selva, los "lagos perdidos", las "cenicientas latitudes" abriendo al poeta una comunicación vital "con la fragancia del mundo", con el "aroma errante" de los bosques. El poeta chileno siempre tiene presente el Canzoniere de Petrarca y en muchas ocasiones hace alusiones a él y muestra cómo su poesía tiene un calor vital y una carga afectiva desconocida en Petrarca.

Fuera de los grandes poetas citados y de algunas menciones de hombres ilustres tales como Leonardo, Michelangelo y de algunos poetas italianos contemporàneos, la literatura italiana no aparece mucho en su poesía. Una excepción la constituye el poeta Salvatore Quasimodo, quien se ocupó de la primera antología italiana de sus versos. En sus memorias, **Confieso que he vivido** (1974), Neruda dedica a Quasimodo un pàrrafo, en el cual funde su amor por Italia con el de la poesía:

> La tierra de Italia guarda las voces de sus antiguos poetas en sus purísimas entrañas. Al pisar el suelo de las campiñas, al cruzar los parques donde el agua centellea, al atravesar las arenas de su pequeño océano azul, me pareció ir pisando

diamantinas substancias, cristalería secreta, todo el fulgor que guardaron los siglos. Italia dio forma, sonido y gracia y arrebato a la poesía de Europa; la sacó de primera forma uniforme, de su tosquedad vestida con sayal y armadura. La luz de Italia transformó las harapientas vestiduras de los juglares y las ferreterías de las Canciones de Gesta en un río caudaloso de cencelados diamantes.[2]

El juicio sobre Quasimodo es extremadamente positivo; él ve en él a un poeta que ha sabido mantenerse a la altura de la gran herencia que Dante, Petrarca y Poliziano habían dejado a Italia. En Quasimodo, Neruda ve una inteligencia abierta, un empeño que no destruye el "inagotable clasicismo", ni divide políticamente el mundo entre Occidente y Oriente:

> En Quasimodo se reunen los colores y los sonidos de un mundo melancólicamente sereno. Su tristeza no significa la derrotada inseguridad de Leopardi sino el recogimiento germinal de la tierra en la tarde; esa unción que adquiere la tarde cuando los perfumes, las voces, los colores y las campanas protegen el trabajo de las màs profundas semill as. Amo el lenguaje recogido de este gran poeta, su clasicismo y su romanticismo y sobre todo admiro en él su propia impregnación en la continuidad de la belleza, así como su poder de trasformario todo en un lenguaje de verdad era y conmovedora poesía.
> Por encima del mar y la distancia levanto una fragante corona con hojas de la Araucania y la dejo volando en el aire para que se la lleve el viento y la vida y la dejen sobre la frente de Salvatore Quasimodo. No es la corona apolínea de laurel que tantas veces vimos en los retratos de Francisco Petrarca. Es una corona de nuestros bosques inexplorados, de hojos que no tienen nombre todavía, empapadas por el rocío de auroras australes. (I, 34)

Neruda debe haber leído bastante de la poesía de Leopardi para poder comparar, como hemos visto en el pasaje anterior, "la derrotada inseguridad de Leopardi" con la tristeza que domina la poesía de Quasimodo.

Otro poeta italiano que Neruda admira mucho es Umberto Saba. Hablando del poeta rumano Tudor Arghezi en "Palabras para una traducción de poesía rumana", así dice:

Es raro que este poeta europeo sea desconocido para tantos,como también lo fuera el caso del gran italiano Saba. Saba fue rumoroso como un gran río que se va haciendo subterràneo y sepulta su fabuloso cauce antes de llegar al océano. (II, 1131)

Un escritor menor del Noveciento italiano, famoso por sus novelas de aventuras, tiene un puesto de honor en la obra y la sensibilidad de Neruda, Emilio Salgari (1863-1911). Salgari tuvo una influencia decisiva sobre todo en su infancia. Ya en **Infancia y poesía**, un discurso pronunciado en Santiago en 1954, Neruda hace mención de sus lecturas salgarianas:

> Mi padre no ha llegado. Llegarà a las tres o a las cuatro de la mañana. Me voy arriba, a mi pieza. Leo a Salgari. Se descarga la lluvia como una catarata. En un minuto la noche y la lluvia cubren el mundo. (I, 19)

En **Confieso que he vivido** Neruda declara:

> Fui creciendo. Me comenzaron a interesar los libros. En las hazañas de Buffalo Bill, en los viajes de Salgari, se fue extendiendo mi espíritu por las regiones del sueño.... (35)

En el primer libro del **Memorial de Isla Negra**, "Donde nace la lluvia", Neruda recuerda en "El Colegio de invierno" el encanto de los héroes salgarianos y el impacto decisivo que ellos tuvieron en lo màs íntimo de su mundo:

> **Luego el río el bosque, las ciruelas**
> **verdes, y Sandokàn y Sandokana,**
> **la aventura con ojos de leopardo,**
> **el verano color de trigo,**
> **la luna llena sobre los jazamines,**
> **y todo cambia (II, 503)**

Los datos antes mencionados son interesantes, sin embargo tenemos que reconocer que Neruda sí leyó y conoció a los grandes poetas italianos y sobre todo a los contemporàneos pero estamos de acuerdo con Giuseppe Bellini (el crítico literario y gran estudioso de la obra de Neruda) que el poeta chileno no tuvo un conocimiento sistemàtico y orgànico de la literatura italiana.

El mismo Neruda en el **Discurso** ya citado del 1954 así confiesa: "No voy a decir nunca que leía sin método. ¿Quién lee con método? Sólo las estatuas" (I,35).

## NOTAS

1. Las páginas en paréntesis se refieren a los dos volúmenes de las **Obras completas** de Pablo Neruda. (Buenos Aires: Lozada, Buenos Aires, 1968).
2. Pablo Neruda, **Confieso que he vivido**. (Buenos Aires: Lozada, 1974).

Barbara Mujica has written extensively on Spanish Golden Age literature, in particular on the theater and the pastoral novel. Her books include *Calderón's Characters: An Existential Point of View*, *Spanish Pastoral Characters*, and *Et In Arcadia Ego*, which she co-authored with Bruno Damiani. Her articles have appeared in numerous professional journals, including *Hispania*, *Bulletin of the Comediantes*, *The Kentucky Romance Quarterly*, and *Hispanic Journal*. She has also edited two volumes of the proceedings of the annual Symposium on Golden Age Drama held at the University of Texas, El Paso. The first two books of her four-volume *Antología de la literatura española*, *Edad Media* and *Renacimiento y Siglo de Oro*, were published in 1991 by John Wiley and Sons. Two other anthologies, *Texto y vida: Introducción a la literatura española* and *Texto y vida: Introducción a la literatura hispanoamericana* were published in 1990 and 1992 respectively by Harcourt Brace Jovanovich.

Dr. Mujica is on the editorial board of *Bulletin of the Comediantes* and is a member of the board of the Spanish Classical Drama Association. She is also an Associate Editor of *Hispania*. She regularly writes theater reviews for *The Washington Review*, an arts publication for the general public. She has lectured on Golden Age literature, especially on Calderón and Cervantes, throughout the United States and in Canada.

Dr. Mujica is a Professor of Spanish at Georgetown University, where she teaches Golden Age literature and for eight years has directed El Retablo, a Spanish-language theater group. Her directing credits include three *entremeses* by Cervantes--*El viejo celoso*, *El juez de los divorcios* and *La Cueva de Salamanca*--as well as *Cornudo y contento*, by Lope de Rueda, and *El gran teatro del mundo*, by Calderón. She has also directed Moratín's *El sí de las niñas*, Casona's *La dama del alba*, Buero Vallejo's *Historia de una escalera*, and Vargas Llosa's *La señorita de Tacna*, and *Los invasores*, by the Chilean playwright Egon Wolff. In 1989 she was Associate Director of the Bicentennial Theater Festival at Georgetown University.

Barbara Mujica is also an essayist, novelist, and short-story writer. Her essays on Hispanic issues have appeared in numerous newspapers and magaines, including the *New York Times*, the *Los Angeles Times*, and *Americas*. In 1990 her piece on bilingualism was selected as one of the best op eds of the decade by the *New York Times*. Her novel, *The Deaths of Don Bernardo*, was published in 1991 and a collection of short stories, *Far from my Mother's Home*, is scheduled for publication early in 1994. In 1992 Barbara Mujica won the E. L. Doctorow International Fiction Competition for her story "Xelipe."

\* \* \*

## STAGING CALDERÓN'S *EL GRAN TEATRO DEL MUNDO* FOR A MODERN AUDIENCE

Any troupe that undertakes to stage a period piece for a modern audience risks falling into the trap that Peter Brook, for years a director of the Royal Shakespeare Company, describes in "The Deadly Theater," the first chapter of his book, *The Empty Space*. Deadly theater is theater that lacks spontaneity and immediacy. It focuses on costuming, set, and other externals, rather than on the inner truths of the text, and excuses its superficiality by appealing to the inherent "respectability" of the classical work (*The Empty Space* 9-41). "It is vain to pretend that the words we apply to classical plays like 'musical,' 'poetic,' 'larger than life,' 'noble,' 'heroic,' 'romantic,' have any absolute meaning," writes Brook. "They are the reflections of a critical attitude of a particular period, and to attempt to build a performance today to conform to these canons is the most certain road to deadly theater--deadly theater of a respectability that makes it pass as living truth" (*The Empty Space* 13).

Every play must be reinvented for its audience. "In the theatre, every form once born is mortal; every form must be reconceived, and its new conception will bear the marks of all the influences that surround it" (Brook *The Empty Space* 16). In one sense, the *auto* presents a particular challenge, since it was created not only for a remote period, but also for a specifically Catholic audience and a distinct religious purpose: performance during the festival of Corpus Christi. The *auto* was considered to be an effective tool for instructing the masses in Catholic doctrine and, according to some scholars, it was also *un arma de combate* in the struggle against the Protestants.[1] A holdover from Biblical, classical and medieval writing,[2] allegory was especially useful for bringing doctrine to the people. The *auto*, as Bruce Wardropper has demonstrated, is closely related to Church liturgy and evolved from early liturgical elements of the Corpus Christi procession[3] (*Teatro religioso* 19-30). Barbara E. Kurtz has suggested that Calderón may have been influenced by *compositio loci* described by Ignatius of Loyola in the *Spiritual Exercises*, construing the *autos* as a tool for genuine reflection and meditation (167-168). She adds that "The attraction for secular writers of such a recondite (for us) pursuit as meditative exercise can be almost prohibitively difficult to comprehend for the average inhabitant of the twentieth century" (170).

Although the *autos* often dealt with what to a modern audience may seem like intricate points of theology, doctrine and religious practice, modern scholars agree that Golden Age spectators understood the message of the plays because sermons from the pulpits and debates at the universities and elsewhere familiarized them with the themes.[4] Furthermore, the allegorical mode had been deeply rooted in Spanish culture since the Middle Ages, as is manifest in Spanish sculpture, architectural decoration, civil and religious monuments and costumes for street festivals. Spanish poetry *a lo divino*, Jesuit theater and Biblical parables all were replete with allegory and other forms of figurative language (Dietz 25-27).

Considering that the *autos* were written for an audience whose traditions were steeped in Catholicism as well as allegory, staging *El gran teatro del mundo* for modern American spectators from a variety of ethnic and religious backgrounds seems daunting, for the director cannot assume either a profound knowledge of Catholic doctrine or much familiarity with allegory on the part of the viewers. Yet, in 1989, when I was asked to direct a play as part of an intercultural theater festival for Georgetown University's bicentennial celebration, I chose Calderón's *El gran teatro del mundo*.

I felt at the time--and experience bore me out--that at least some of Calderón's *autos* were accessible to modern audiences for a number of reasons. For one thing, in spite of the difficulties inherent in allegory,[5] Calderón is a particularly intelligible writer. Barbara Kurtz notes that within the tradition of obscurity associated with allegorical writing, "Calderón stands as a model of clarity and theoretical brilliance" (166). And *El gran teatro del mundo* "stands out from the rest of the *autos*, according to Alexander Parker, "as being perhaps the one that is simplest in its diction and most straightforward in its execution" (*Allegorical drama* 114).

For another thing, ritualistic theater, which includes Corpus Christi plays, transcends the cultural context that produced it and touches fundamental human truths. In their book for students of theater Carol Simpson Stern and Bruce Henderson point out that actors performing exotic rituals will probably not attain the state of belief or know the experiences of religious transcendence of the members of the societies that produced them, but "the attempt to step into and feel with and through the body as it undergoes such rituals can add dimensions of understanding that cannot be provided by critical, nonperformative means" (125). Because the actors who comprise El Retablo, the George- town University Spanish-language theater group, are mostly American graduate students of Spanish literature, the notion of their absorbing elements of Golden Age Spanish culture through the performance of one of the most fundamental rituals of that culture was particularly attractive to me.

El Retablo routinely draws a varied audience of students, faculty, local residents, embassy personnel and employees of international organizations, such as the World Bank, the OAS and the Pan American Health Organization. Although the plays are performed in Spanish, the majority of spectators are usually English-dominant. Because tickets are inexpensive and the University is easily accessible, El Retablo attracts not only professionals and high-level diplomats, but also secretaries, clerks, chauffeurs and housekeepers. Children as well as adults attend. Certainly, theater in Calderón's time brought together spectators from different backgrounds and social classes. However, Calderón could never have envisioned the kind of heterogeneous, multicultural audiences that routinely attend El Retablo's productions.

Naturally, a spectator viewing a ritualistic performance from a different society will interpret it from his own cultural perspective. Yet, he or she will also capture some of the original meaning of the work. In this regard Richard Schechner writes, "These transformations of meaning are inevitable if context determines meaning. But it's not so simple, because every strip [of behavior], no matter how small, brings some of its former meanings into the new context. That kind of 'memory' is what makes ritual and artistic recombinations so powerful" (281). For Brook, all theatrical experience, not only that provided by ritualistic theater, is capable of transcending the immediate context in which the work was produced. Not even language represents an insurmountable obstacle, for "In the theatre, there are infinitely more languages, beyond words, through which communication is established and maintained with the audience. There is body language, sound language, rhythm language, colour language, costume language, scenery language, lighting language--all to be added to those 25,000 available words. Every element of life is like a word in that universal vocabulary" (*The Open Door* 113).

For both Schechner and Brook, theater functions as a bond among cultures by penetrating and exposing the core of human existence. Schechner asserts that "the human community taken as a whole is entering a postmodern phase where the construction of intercultural aesthetics and ritual is essential: at the panhuman Ekman[6] level where research might lead to the confirmation of the existence of some kind of behavior version of Jungian archetypes; at the sociocultural level of diverse, particular performances: what anthropologists and performance theorists have until now focused on; at an emerging post-humanist, postmodern level of the exchange of information through multiplex channels--a kinds of intercultural reflexivity" (281). Brook points out that the multicultural theatrical experience serves to create a "great human vocabulary" which is fed by "elements that in the past have never come together" (*The Open Door* 114). Although barriers may at first impede intercultural theatrical communication, "When, through intense work, a common air is discovered, the barriers vanish. The moment when the barriers vanish, the gestures and the tones of voice of one and all become part of the same language, expressing for a moment one shared truth in which the audience is included; this is the aim to which all theatre leads" (*The Open Door* 114).

Bridging cultural differences in the ways that Schechner and Brook describe was, of course, one of the major goals of the intercultural theater festival. The first order of business for the director whose aim is to make a specific play meaningful to an audience whose composition is radically different from the one for which the work was intended is to define the essence of the work. The initial question is: What is the "core" of the work? And the next question is: How can I communicate this central idea to this particular audience?

Georgetown University is a Jesuit institution, and for its Bicentennial Celebration it chose the themes of faith, education and freedom. *El gran teatro del mundo* was an appropriate choice for the Theater Festival because it deals precisely with those themes. Furthermore, although it was written for a seventeenth-century Spanish Catholic audience attending a Corpus Christi celebration, its emphasis on individual responsibility makes it relevant to today's theater-goers of diverse faiths and ethnic backgrounds. Several critics have noted that the play embraces other dimensions beyond the doctrinal. Archbishop Trench, who translated parts of it into English, called it "rather ethical than theological" (qtd.

Parker *Allegorical Drama* 112), Angel Valbuena Prat described it as "una obra esencialmente filosófica" (qtd. Parker *Allegorical Drama* 113), and Mary Francis de Sales McGarry noted that the play lucidly sets forth "capital philosophical truths" (32). Alexander Parker argues that it is, in essence, a sociological play that deals with "the relation of social classes to each other and to the final end of human existence" (*Allegorical Drama* 113). It is precisely this focus on the ethical, the philosophical and the sociological that makes the play eminently accessible and relevant to modern audiences.

Calderón depicts a world in which each person's moral success and failures are his own. God, the *Autor*, or producer, creates the characters, assigns them their roles in the *comedia* of life, and gives them free will. He warns them that no matter what role falls to them (*Rico, Pobre, Labrador, Discreción, Hermosura, Rey*), if they play it well, in the end they will be justly compensated. As a guide, God gives them consciences and the Law. Although the *Autor* and *Mundo* comment on the actors' performances, neither intervenes. Thus, each character is ultimately responsible for earning a "salary"--either salvation or Hell--commensurate with his work. Each has the opportunity to prove himself worthy of God's favor through his treatment of others. The characters' education consists of their learning the nature of their freedom and the illusory, temporal nature of the world. Since the world is a theater and life is only a role, what defines individuals' true worth is not their function or position in society, but how they relate to others, whether or not they demonstrate temperance, compassion, magnanimity, goodwill and other Christian virtues. That is why *Pobre* is a central character. It is *Pobre*, the Beggar, who depends on the kindness of others to survive and so provides the means by which the others define themselves as either charitable or selfish. The real tragedy of *Pobre* is not that she is poor, but that she is unable to give. Unlike the others, she can prove her worth only by keeping the faith rather than surrendering to despair, but not by acts of charity.

The actors, aware of the importance of the choices they will make while on the great stage that is life itself, ask the *Autor* to allow them to rehearse, a request that God denies. The characters' confusion and anxiety reflect the existential *angoisse* of every man and woman, for all of us must act in a world of conflicting messages in which we have no way of knowing what will be the ultimate outcome of our decisions. For us, as for Calderón's characters, there are no rehearsals; there is no opportunity to "run through" our performance and correct the flaws the second time around. Once the actor completes his role on stage, there are no more chances. Although this seems a rather harsh view of the human condition, it is, in fact, an optimistic one, for Calderón sees man as an active agent in control of his own destiny. The message repeated over and over by the *Ley de Gracia*, "Obrar bien, que Dios es Dios," drives home this message. Salvation is earned through deeds, *obras*, and almost anyone can perform good deeds, no matter what his or her role in society.

*El gran teatro del mundo* is a perfect allegory in which each element functions as both a theatrical and a religious symbol. As Alexander Parker has pointed out, Calderón relied heavily on scenic decoration and other techniques such as grouping of characters in order to convey his message (*Allegorical Drama* 97). In fact, in *El gran teatro del mundo*, no detail is gratuitous. Every indication regarding costume, props, movement, and positioning is absolutely essential to the message. Nevertheless, in order to render Calderón's symbolism intelligible to an audience unaccustomed to either traditional Christian art or to Corpus Christi celebrations, it is necessary to make certain modifications.

*Autos sacramentales* were traditionally performed with carts that could be opened and closed without concealing the stage. Although Calderón does not refer to carts in the stage directions of *El gran teatro del mundo*, Parker points out that there is no reason to doubt that the play was written for Corpus Christi and, unless it was intended for a city other than Madrid, carts were probably used (*Allegorical Drama* 111). Indeed, the stage directions do refer to *globos* in which Autor and Mundo sit, and these were presumably mounted on carts. In his description of early stagings of the play Parker refers specifically to carts:

> Its production required a fixed stage set up in a public square. Behind the stage were attached two "carts"... which were two-story towers on wheels, through which the actors entered and left the stage and inside which were the symbolical scenic props that served as visual aids to the comprehension of the play's allegorical setting. In *El gran teatro del mundo* each cart has, in its upper story, a large globe which opens: the one with a throne for *el Autor* represents Heaven, the other, with two doors on which are painted a Cradle and a Coffin respectively, represents the World. The lower stories of the carts open at the start of the *auto* for *el Autor* and *el Mundo*, each from his own cart, to emerge onto the stage (Commentary 128-129).

Although it was not expedient for El Retablo to construct carts for the Bicentennial production--for one thing, the cost would have been prohibitive and for another, the symbolism might have been lost on a modern audience--I thought it crucial to maintain the separate planes designated by Calderón, that is, to create specific theatrical spaces to represent Heaven and Earth. As Parker points out, this cannot be done with a "picture stage" (a flat stage with a backdrop) without distorting the author's meaning (Commentary 129). To El Retablo's advantage for this particular production, our theater is a black box with seating consisting of risers that can be arranged in any configuration. I decided to construct a large platform from risers several feet above floor level. This would be Heaven, the realm of God, the *Autor*. The entire lower-level floor area, with an arch on one side representing Birth and an arch on the other representing Death, would be Earth, the realm of World, *Mundo*. Risers for the audience were placed along three of the four sides of the black box. After *Mundo* distributes costumes and props to the players, he climbs into the risers and sits among the spectators upon pronouncing the words, "Vulgo de esta fiesta soy..." (680).[7] From that position *Mundo* comments on the actors' interpretations, thereby emphasizing the notion that he is just a spectator who cannot correct the errors he is witnessing onstage. *Mundo* will not rejoin the actors onstage until they have completed their roles must give up their props, that is, their worldly possessions. At that point *Mundo* becomes merciless in his insistence that they leave behind those material and social goods of which they have grown so fond and go forth to meet their *Autor* in the same state as before they began their roles. They may only take with them the good deeds they performed while onstage, proof that they have earned their desired salary.

Although allegorical drama is a medieval construct, it is an extraordinarily pliable form that permits the director a marvelous amount of leeway in casting and costuming. Because the characters are symbols rather than specific types, they can be played by actors of either sex and of a variety of physical types. The original text calls for the *Autor* to be dressed "con manto de estrellas y potencias en el sombrero" (Stage directions, p. 75). This image of God wearing a starry cloak and a crown of nine rays grouped in threes, traditional symbols of His omnipotence, would be familiar to Golden Age audiences through religious art of the period, but would be unfamiliar to most modern spectators. In fact, the very notion of God as a masculine being--the conventional all-knowing father-figure--has been thrown into question by twentieth-century feminists. Instead of representing God in the traditional way--as a bearded patriarch in flowing robes--I decided to create an image that would be more meaningful and palatable to a modern audience consisting, in large part, of professional women and female students.

Because God is omniscient and computers have become a modern symbol of vast quantities of stored knowledge, I decided to represent God as an executive producer sitting behind a desk and surrounded by computers. She is dressed in a dark suit, with smart, but sensible-looking pumps and a chic hair-do. The young woman who played the role was extremely self-possessed and poised; she was able to convey compassion and authority with equal conviction. While She watches the actors perform, God keeps track of their performance on computers. Dressed as a secretary, *La Ley de Gracia* (Divine Grace) is the prompter and the actors' consciences. She is the *Autor(a)*'s agent and contact with the company while the actors are onstage.

I cast the *Autor* as a woman less to make a political statement than to convey the idea that God transcends sexual identity. Although the asexual or dual sexual nature of God is an issue that feminism thrust into the public forum during the second half of twentieth century, as Gerda Lerner points out, the conceptualization of the Divine as both male and female appears as early as the twelfth century, when the nun Hildegard of Bingen (1098-1179) used feminine symbols for God in her descriptions of cosmic events (52-64). Thus, the female representation of God is not entirely out of keeping with the medieval foundations of the play. Furthermore, since all the characters are allegories, every role could be played by either a man or a woman. Indeed, in the El Retablo production, *Pobre* was played very effectively by a woman.

It is interesting that over the play's five-night run, the only scene that provoked shock on the part of a few spectators was the final one. After the *Autor(a)* determines the actors' salaries and either rewards them with salvation (in some cases, after a period in Purgatory) or punishes them with damnation, She receives the saved in Heaven and performs the sacrament of Holy Communion. For some members of the audience, the Eucharist being offered by a woman was an extremely disconcerting sight. Significantly, Jesuit priests from Georgetown supplied all the artifacts for the scene and none of the many who attended performances gave any indication of finding the casting out of order.

In keeping with the aim of modernizing the visual symbols of the play, *Mundo*, who hands out the costumes and props, looks and behaves like a modern stage manager. *Voz* (the Voice of Death) and the wardrobe mistress who assists *Mundo* are both dressed as stage hands. The actors--

male and female--appear wearing plain, pajama-style, white suits consisting of loose-fitting trousers and loose, long-sleeved shirts. Since the human body can be a distraction on stage, I deliberately chose not to dress the actors in leotards.

The actors receive props and additional articles of clothing appropriate to their roles from *Mundo* and the wardrobe mistresses, but their white suits, symbolizing the purity of the soul, as well as naked, unadorned human nature, always show through. The props and costumes were kept very simple in order to allow the actors to dress quickly, thereby avoiding breaks in the rhythm of the verse. The idea was to suggest the actors' roles, rather than to portray them through complicated costuming. Thus, *Labrador* receives a hoe and a straw hat. *Hermosura* receives an elegant cape, high-heeled shoes, and a mirror. *Rey* receives a fur-trimmed cape, a scepter and a crown. *Discreción* receives a loose-fitting nun's habit. So that the symbols of wealth would be easily recognizable to a modern audience and also to inject some additional humor, *Rico* receives cash, Visa and American Express cards, and keys to a Cadillac. *Pobre* is the only character whose suit seams are attached with velcro, rather than sewn. She, like the other characters, presents herself to *Mundo* to receive her costume and props, but at the words, "A ti nada te he de dar, / que el que haciendo al pobre vive / nada del mundo recibe, / antes te pienso quitar / estas ropas, que has de andar / desnud(a), para que acuda / yo a mi cargo, no se duda" (606-612), *Mundo* violently rips off her white suit, leaving her in rags (which are attached to a body suit that she wears underneath).

As Alexander Parker has pointed out, Calderón routinely used pictorial symbolism either to identify characters or to illustrate a theme (*Allegorical Drama* 98). In *El Jardín de Falerina*, for example, Sight holds a mirror, Hearing a Musical instrument, Smell a tray of flowers, etc. In *El Lirio y la Azucena*, *Brazo Seglar* and *Brazo Eclesiástico* together support a globe surmounted by a symbol of the Eucharist (*Allegorical Drama* 98). In keeping with this tradition, I used visuals heavily in the Bicentennial production, not only in the form of obvious, easily recognizable symbols such as hoes, computers and credit cards, but also in the form of slide projections.

Because modern audiences, conditioned by television, tend of have short attention spans and because many of the spectators attending our performances are not fluent in Spanish, I felt that the use of visuals would be an effective means of holding audience interest and elucidating some of the long, baroque passages that characterize Calderón's style. In particular, *Mundo*'s extensive monologue describing the history of the world (69-230) lends itself to illustration. Having seen this scene performed many times by actors who put their audiences to sleep with their monotonous renditions, I decided to reinforce and liven up *Mundo*'s speech by projecting contrasting images of the developments the character was describing onto the back wall.

The members of the group first made a list of the different moments in world history mentioned by *Mundo*, for example, the chaos before creation (85-88); the appearance of the sun, moon and stars (93-93); the establishment of natural law (103); the Garden of Eden (105-117); the distribution of geographical formations (118-134); the beginnings of civilization (135-140); Noah and the Flood (147-156); the appearance of written law or the Old Testament (171); the bestowal of Grace, along with the New Testament (205); the development of modern civilization and future centuries (223-226). Next, we gathered visual representations of these scenes from varied sources: art and history books, magazines, museums, and foundations. For example, from the Air and Space Museum we obtained slides of Earth and astronomical bodies taken from spacecraft, which we used to illustrate scenes of chaos, the creation, and the appearance of heavenly bodies. Our goal was to combine markedly dissimilar material; we therefore collected Biblical scenes from Medieval, Renaissance and modern art, photographs, and sculptural representations. As *Mundo* delivered his monologue, we projected contrasting images onto the wall behind him. We used two projectors, which were calibrated to switch slides at different intervals, thereby staggering the juxtaposed projections. The constantly changing images produced a sense of continuous movement, thereby counteracting the tedium of the long monologue, which, in spite of the exquisite verse, is often difficult to follow even for a Spanish-speaking audience. However, my main purpose in introducing visuals of this type was not to provide a spectacle for the viewers or even to translate Calderón's words into images in order to facilitate comprehension, but to convey to the modern audience the very essence of the play: the grandeur, diversity and--yes--confusion of this theater of the world in which we must all perform.

The *autos sacramentales* were written for a mass audience; their purpose was to illuminate the people with regard to doctrine through theater that was vital and immediate as well as didactic. Many of the principles Calderón sets forth in *El gran teatro del mundo* are as relevant to viewers today as during the Golden Age, but in order to keep Calderón's work exciting and dynamic for today's general public, in order to prevent it from becoming deadly theater, a director must be willing to reinvent it for his spectators, so that they, in turn, can reinvent it for themselves.

## NOTES

1. Nicolás Gonález Ruiz wrote: "El auge del auto sacramental es una faceta brillantísima de la lucha española contra la herejía protestante." (qtd. in Dietz 27). Donald Dietz discusses the opinions of several critics on the didactical uses of the **auto** (27-28).

2. Ernst Robert Curtius analyzes the durability of allegory and notes that Calderón's **autos sacramentales** are a link in a long evolutionary chain in **European Literature and the Latin Middle Ages**.

3. These processions included allegorical elements such as the **tarasca**, a serpent-like figure that usually symbolized an evil force, and the **rôques**, still-life repesentations of Biblical figures (Wardropper 17).

4. Donald Dietz summarizes the scholarship on the subject in **The auto sacramental and the Parable in Golden Age Literature**, 23-24.

5. Barbara Kurtz discusses this topic in **The Play of Allegory in the Autos Sacramentales of Pedro Calderón de la Barca** (164-166).

6. Reference to Paul Ekman, whose work deals with the universality of certain human movements and facial gestures, such as screams, laughs, sobs, crouches, stamps, etc. His books include **The Face of Man** and **Telling Lies**.

7. Numbers in parentheses refer to verses. Quotes are from the edition by Zahareas and Mujica in **Readings in Spanish Literature**.

## BRUNO M. DAMIANI

## HONORS, AWARDS AND FELLOWSHIPS

1. The Henry L. Johnston Fellowship 1965-1966
2. The John Hopkins University Fellowship 1965-1966
3. The Faculty of Philosophy Fellowship 1966-1967
4. The John Hopkins University Fellowship 1966-1967
5. The C.U.A. Research Grant 1967 summer
6. The C.U.A. Humanities Grant 1968 summer
7. The C.U.A. Humanities Grant 1969 summer
8. The C.U.A. Research Grant 1970 summer
9. Sigma Delta Pi: The National Spanish Honorary Membership 1970
10. The Catholic University of America Research Grant 1971
11. The Catholic University of America Research Grant 1972
12. The Catholic University of America Research Grant 1973
13. The American Philosophical Society Research Grant 1974
14. The A.C.L.S. Travel Grant 1974
15. Personalities of the South Award: "In Recognition of Past Achievements, Outstanding Ability and Service to Community and State" 1975
16. Consiglio Nazionale delle Ricerche (Rome) (Publication Grant)1976
17. Certificate of Recognition for Outstanding Service to The National Endowment for the Humanities 1976
18. Elected Corresponding Member of the Hispanic Society of America by the Society's Board of Trustees. 1979
19. Consiglio Nazionale delle Ricerche (Rome) (Research Grant) 1980
20. The Catholic University of America Research Grant 1983-1984
21. The C.U.A. Humanities Grant 1984. Achievement and Professionalism-Graduate Teaching 1985
23. Translation Grant. Program for Cultural Cooperation Between Spain's Ministry of Culture and North American Universities 1986
24. University Research Grant 1988
25. University Travel Grant 1989
26. Research and Travel Grant. Ministerio de Asuntos Exteriores. Madrid, Spain. 1991

IV. PUBLICATIONS

I. BOOKS

1. LA LOZANA ANDALUZA.Introduccion, texto y notas de Bruno M. Damiani. Madrid: Castalia, 1969. pp. 288. Second edition, 1971.

Reviewed by:
Joseph B. Jones, His-pania, 52 (1970), 968.
Giovanni M. Bertini, Quaderni Ibero-Americani, 49 (1979), 56-57.
Daniel Eisenberg, Hispanofila, 27 (1971), 79-80.
Eduardo Rico, Triunfo, May 30, 1970.
Angel Campo, Pueblo, March 25, (1970), 47-48.
Indice de Lecturas, 269-70 (1970), 42
Gaceta Ilustrada, April 26, 1970.
Diario de Barcelona, April 11, 1970.
La Gaceta Regional, Salamanca, January 18, 1970.

Cited by:
Warner Brothers Española, S.A., premiere of film La Lozana andaluza, with Maria Rosaria Omaggio and Enzo Cerusico; directed and produced by Vicente Escriva.

2. LA CELESTINA. Introduccion, texto y notas de Bruno M. Damiani. Madrid: Catedra, 1974. pp. 302. 2nd ed., 1975; 3rd. ed., 1976; 4th ed., 1977; 5th ed., 1978; 6th edl, 1979; 7th edl, 1980; 8th ed., 1981; 9th ed., 1981 10th ed., 1982; 11th ed., 1983; 12th ed., 1984. Expanded and Revised edition published by SCRIPTA HUMANISTICA, 1991.

Reviewed by:
Joseph V. Ricapito, Quaderni Ibero-Americani, 46 (1976), 320.
Stanko B. Vranich, Modern Language Notes, 92 (1977), 361-63.
Joseph Laurenti, La Torre, 23 (1975), 198-200.

3. FRANCISCO DELICADO: a critical - analytical study. New York: Twayne - Hall, 1974. pp. 156.

Reviewed by:
CHOICE, Sept. 1975.
Francis L Trice, Symposium, XXX (1976), 366-67.
Joseph L. Laurenti, Anuario, de Letras, XIII (1975), 344-45.
Alexander Blackburn, Modern Language Journal, LX (1976), 79.
Jose A. Hernandez, Modern Language Notes, 55 (1976), 363-66.
D.W. McPheeters, Hispania, 59 (1976), 165-66.
E. Michael Gerli, Quaderni Ibero-Americani, 46 (1976), 312-14.
Augusta Espantoso Foley, Hispanic Review, 45 (1977), 211-13.

Jack Weiner, Cuadernos Hispanoamericanos, 97 (1977), 200-201.

4.ESTUDIOS LITERARIOS DE HISPANISTAS NORTEAMERICANOS DEDICADOS A HELMUT HATZFELD ON MOTIVO DE SU 80 ANIVERSARIO, eds, J. Sola Sole, A. Crisafulli, B. Damiani. Barcelona: Hispam, 1974. pp. 475.

5.LA LOZANA ANDALUZA: Edición crítica. Madrid: J. Porrua Turanzas, 1975. (Joint Publication). pp. 467.

Reviewed by:
Paolo G. Caucci, Giornale Italiano di Filologia, Nuova Serie, VII (XXVIII), 1976, 351-54.
Roberto Seferino, Modern Language Journal, 39(1976), 416.
Keith Whinnom, Journal of Hispanic Philology, 1 (1977), 243-45.
Joseph Laurenti, Hispania, 60 (1977) 594.
Erich Welslau, Ramonistisches Jahrbuch, XXVII (1977, 384-85.
Louis Cahlon, Moyen Age, 84 (1978), 175.
Sharon Perl Ghertman, Romance Philology, XXXII (1979), 468-74.
Augusta Espantoso Foley, Hispanic Review, 47 (1979, 109-11.

6. FRANCISCO LOPEZ DE UBEDA:A critical - analytical study. New York: Twayne - Hall, 1976. pp. 180.

Reviewed by:
CHOICE, Sept. 1977.
Dru Dougherty, Library Journal, Aug. 1977.
Giovanni M. Bertini, Quaderni Ibero-Americani, 48 (1978), 95-100.
Francis L. Trice, Hispania, 61 (1978), 378-79.
D. W. McPheeters, Hispanic Review, 46 (1978), 259-61.
Maria Giovanna Chiesa, Rassegna Iberistica, 11 (1981), 39-41.
Robert V. Piluso, Revista de Esutidios Hispanicos, XV (1981), 142-44.

7. STUDIES IN HONOR OF GERALD E. WADE.Edited with Preface by Bruno M. Damiani et al. Madrid: J. Porrua Turanzas, 1979. pp. 240.

8. LA PICARA JUSTINA.Introduccion, texto y notas de Bruno M. Damiani. Madrid: J. Porrua Turanzas, 1982. pp. 498.

Reviewed by:
Christiane Faliu-Lacourt, Criticon: Revue de l'Institut d'Etudes Hispaniques et Hispano-Americaines (Toulouse), 21 (1983), 93-95.
Francis L. Trice, Hispania, 66 (1983), 633-34.
Frank P. Casa, Journal of Hispanic Philology, 7 (1983), 222-23.
Alan Soons, Celestinesca 8 (1984), 55-58.

Joseph B. Spieker, Hispanic Journal, 5 (1984), 161-62.
Antonio Carreno, Hispanic Review, (1984), 534-37.
Nancy D'Antuono, Kentucky Romance Quarterly, 31 (1984), 351-52
James A. Parr, South Atlantic Review, 49 (1984), 134-35.
Roberto Gonzalez Echevarria, Critica Hispanica, 7 (1985), 98-100.

9. "LA DIANA" OF MONTEMAYOR AS SOCIAL AND RELIGIOUS TEACHING. Lexington: University of Kentucky Press, 1983. pp. 116.

Reviewed by:
Frederick A. de Armas, hispania, 67(1984), 194-95.
Robert Kolb, Religious Studies Review, 10 (1984), 77.
L.R.N. Ashley, bibliothéque D'Humanisme et Renaissance, XLVII (1985), 173.
William C. Bryant, Christianity and Literature , (1986), 117-19.

10. MONTEMAYOR'S "DIANA," MUSIC, AND THE VISUAL ARTS. Madison: The Hispanic Seminary of Medieval Studies, 1983. pp. 115.

Reviewed by:
David Darst, Journal of Hispanic Philogy, 8 (1984), 72.
Theodore Kassier, Hispanic, 67 (1984), 142.
Edward Friedman, Rocky Mountain Review 38 (1984), 91- 92.
Christiane Faliu-Lacourt, Criticón:Revue de l'Institut d'Etudes Hispaniques et Hispano- Americaines (Toulouse), 22 (1983), 150-53.
Frank P. Casa, Kentucky Romance Quarterly, 31 (1984), 342-43.

11. JORGE DE MONTEMAYOR. Rome: Bulzoni, 1984. pp. 259.

Reviewed by:
Sharon G. Dahlgren, Hispania, 68 (1985), 513-14.

12. RENAISSANCE AND GOLDEN AGE STUDIES IN HONOR OF D.W. McPHEETERS. Edited with Preface by Bruno M. Damiani. Washington D.C.: Scripta Humanistica, 1986. pp. 225.

Reviewed by:
William R. Blue, Hispania, 70 (1988), 500-501.

13. MORALIDAD Y DIDACTISMO en el SIGLO DE ORO. Madrid: Orígenes, 1987. pp. 153.

Reviewed by:
Frederick DeArmas, Hispania, 72 (1989), 956-957.

14. PORTRAIT OF LOZANA: THE LUSTY ANDALUSIAN WOMAN. Translation, Introduction and Notes by Bruno M. Damiani. Washington, D.C.: Scripta Humanistica, 1987. pp. 301.

Reviewed by:
Thomas Deveny, Cuadernos de ALDEEU, 4(1988), 91-96.
Joseph V. Ricapito, Hispania, 72 (1989), 162-63.
Lawrence Klibbe, Modern Language Studies XX:2 (1990), 113.

15. STUDIES IN HONOR OF ELIAS RIVERS. Edited by Bruno M. Damiani and Ruth El Saffar. Preface by B.M. Damiani. Washington, D.C.: Scripta Humanistica, 1989. pp. 225.

Reviewed by:
Eric Naylor, Hispania, 73, (1990), 985-86.
Melveena McKendrick, Romance Quarterly XXXIX(1992),244-46

16. ET IN ARCADIA EGO: DEATH IN THE PASTORAL NOVEL (Bernardim Ribeiro, Jacopo Sannazzaro, Jorge de Montemayor, Miguel de Cerventes, Sir Philip Sidney, Honoré d'Urfé). Foreword by Francisco López Estrada. Preface by Elias Rivers. (Joint publication). Lanham, Md.: University Press of America, 1990. pp 249.

Reviewed by:
John Geary, Hispania, 74 (1991), 884-85.
Cesareo Bandera, South Atlantic Review, 57 (1992), 104-106.
Michael McGaha, University Press of America Catalogue, 1992.

II. ARTICLES

1. "LA LOZANA ANDALUZA: BIBLIOGRAFIA CRITICA, " Boletín de la Real Academia Española, XLIX (1969), 117-139.

2. "SOME OBSERVATIONS ON DELICADO'S EL MODO DE ADOPERARE EL LEGO DE INDIA OCCIDENTALE, "Quaderni Ibero-Americani, 37 (1969) 13-17.

3. "LA LOZANA ANDALUZA: TRADICION LITERARIA Y SENTIDO MORAL." Paper delivered at the III International Congress of Hispanists in Mexico City, on August 28, 1968. Published under the direction of Carlos H. Magis. El Colegio de Mexico, 1970, pp. 241-248.

4. "LAZARILLO DE TORMES: PRESENT STATE OF SCHOLARSHIP," Annali dell' Istituto Universitario Orientale di Napoli (Sezione Romanza), XII (1970), 5-19.

5. "DELICADO AND ARETINO: ASPECTS OF A LITERARY PROFILE." Paper presented at the meeting of the South Atlantic Modern Languages Association in Atlanta, Georgia, on November 7, 1969. Published in the Kentucky Romance Quarterly, XVII, 4 (1970), 309-324.

6. "A CRITICAL TRANSCRIPTION OF DELICADO'S EL MODO DE ADOPERARE EL LEGNO DE INDIA OCCIDENTALE," Revista Hispánica Moderna, XXXVI (1970 - 1971), 251-271.

7. "GUSTAVO ADOLFO BECQUER AS SEEN BY VALERA," Quaderni Ibero-Americani, 38 - 39 (1971), 234-238. Joint Publication.

8. "DUE DIVERSE ACCEZIONI DEL TRUANCY IN PETRARCA E QUEVEDO," "Studies in Honor of Tatiana Fotitch, ed., J. Sola Solé A. Crisafulli, S. Schulz, (Barcelona-Washington, 87 (1972), 333-340.

9. "UN ASPECTO HISTORICO DE LA LOZANA ANDALUZA." (Expanded version of "LA LOZANA ANDALUZA COMO DOCUMENTO HISTORICO"). Paper presented at the IV International Congress of Hispanists in Salamanca, Spain, August 31, 1971. Modern Language Notes,(1972),

10. "THE EXORDIUM OF MALON DE CHAIDE'S LA CONVERSION DE LA MAGDALENA," in Estudios literarios de hispanistas norte-americanos dedicados a Helmut Hatzfeld con motivo de su 80 aniversario, eds. J. Sola Solé, A. Crisafulli, B. Damiani (Barcelona: Hispam, 1974) 393-405.

11. "EL ESTUDIO DE LAS LITERATURAS ESPANOLA E ITALIANA EN LOS ESTADOS UNIDOS," Arbor, XCI (1975), 67-82.

12. "THE DIDACTIC INTENTION OF THE CARCEL DE AMOR." Paper presented at the Kentucky Foreign Language Conference, Lexington, Kentucky, April 28, 1972. Hispanó fila, 56 (1976), 29-43.

13. "LA LOZANA ANDALUZA: Ensayo bibliográfico II." Iberomania, 6 (1977) 47-85.

14. "CONTRIBUTIONS OF AMERICAN HISPANISM TO SPANISH GOLDEN AGE STUDIES." Paper presented in the Peninsular Section of the 1976 AATSP meeting in Atlanta, Geogia. American Hispanists, III, No. 19 (September, 1977), pp. 2-4; 15-16.

15. "EL ESTILLO DE LA PICARA JUSTINA," in The Two Hesperias: Literary Studies in Honor of Joseph G. Fucilla (Madrida: J. Porrúa Turanzas, 1978), pp. 129-142.

16. "ASPECTOS BARROCOS DE LA PICARA JUSTINA." Paper presented at the International Congress of Hispanists, Toronto, on August 26, 1977. Actas del Sexto Congreso Internaacional de Hispanists (Toronto, 1980), 198-201.

17. "CARIDAD EN DON QUIJOTE," Analas Cervantinos. Consejo Superior de Investigaciones Científicas, 18 (1980), 1-19.

18. "LA FUENTES LITERARIAS DE LA PICARA JUSTINA," Thesaurus, Boletín delInstituto Caro y Cuervo, 36 (1981), 1-27.

19. "DISFRAZ EN LA PICARA JUSTINA," in Aspettti e problemi delle letterature iberiche: Studi offeri a Franco Meregalli, ed. Giuseppe Bellini (Roma: Bulzoni, 1981), pp. 102-107.

20. "NOTAS SOBRE LO GROTESCO EN LA PICARA JUSTINA," Romance Notes, XXII (1982), 341-347.

21. "NATURE, LOVE, AND FORTUNE AS INSTRUMENTS OF DIDACTICISM IN MONTEMAYOR'S DIANA," Hispanic Journal, 3 (1982), 7-19.

22. "SOCIAL AND HISTORICAL REALITIES OF MONTEMAYOR'S DIANA," CríticaHispánica, 4 (1982), 111-125.

23. "ET IN ARCADIA EGO: DEATH IN LA DIANA OF JORGE DE MONTEMAYOR," Romanische Forschungen, 95 (1983), 445-466.

24. "ORPHEE DANS LE ROMAN PASTORAL DE MONTEMAYOR," Criticón: Revue del'Institut d'Etudes Hispaniques st Hispano-Americaines (Toulouse), 17 (1982), 5-11.

25. "MUSIC IN LA DIANA OF J. de MONTEMAYOR," Hispanic Review, 52 (1984), 435-457.

26. "JOURNEY TO FELICIA: LA DIANA AS PILGRIMAGE. a STUDY IN SYMBOLISM," Bibiothèque d'Humanisme et Renaissance, XLV (1982), 59-76.

27. "MONTEMAYOR'S DIANA AND THE VISUAL ARTS," Heiconian: The American Comparative Literature Newsletter of Literature and the Other Arts, 7 (1982), 1.

28. "ASPECTOS ESTILISTICOS DE LA DIANA DE JORGE DE MONTEMAYOR," Revista de Filología Espanola, 63 (1983), 291-312.

29. "THE RHETORIC OF DEATH IN LA GALATEA," in La Galatea de Cervantes. Cuatrocientos años después, ed. Juan Bautista Avalle-Arce. Newark, Delaware: Juan de la Cuesta, 1986, 53-70.

30. "SERMONEO Y EL EJERCICIO DE LAS VIRTUDES CRISTIANAS EN LA DIANA DE JORGE DE MONTEMAYOR," in Homenaje a José Antonio Maravall Casesnoves, eds. Carmen Inglesias, et. al. Madrid: Centro de Investigaciones Sociológic as, 1985, I, 431-442. Revised and expanded version in Revista de Literatura, 46 (1984), 5-18.

31. "SYMBOLISM IN CERVANTES' GALATEA," Romanistisches Jahrbuch, 34 (1983), 287-301.

32. "DEATH IN CERVANTES' GALATEA," Cervantes. Bulletin of the Cervantes Society of America, 4 (1984), 53-78.

33. "DIDACTICISM IN CERVANTES' GALATEA," IN Diakonia. Scholarship in the Service of Church. Festschrift for Robert T. Meyer. Washington: The Catholic University Press, 1986, pp. 185-190.

34. "'AMOR' AS A GOD OF DEATH: LOVE-DEATH SYMBIOSIS IN CERVANTES' GALATEA," IN Studies in Honor of Wm. C. McCreary, eds. R. Fiore, E. Hesse, J. Keller, J. Madrigal. University of Nebraska: Society of Spanish and Spanish American Studies, 1985, pp. 65-76.

35. "THE 'VALLEY OF THE CYPRESSES' IN CERVANTES ' GALATEA," Anales de Literatura, 5 (1986-87), 39-50.

36. "CANCIONES Y ROMANCES en LA PICARA JUSTINA," Actas del Simposio Español (UCLA, 1984). Madrid: Alhambra.
[in press].

37. "'ACTIO' in CERVANTES' GALATEA AND THE VISUAL ARTS," Arcadia: Zeitschrift für Vergleichende Literaturwissenschaft, 21 (1986), 78-83.

38. "MITOLOGIA EN LA GALATEA CERVANTINA Y LAS ARTES FIGURATIVAS," Explicación de Textos Literarios, XVIII (1989-90), 63-71.

39. "LOS DRAMATURGOS DEL SIGLO DE ORO FRENTE A LAS ARTES VISUALES," in El mundo del teatro español en su Siglo de Oro: Ensayos dedicados a John E. Varey, ed. José M. Ruano de la Haza. Ottawa, Canada: Dovehouse Press, 1988, pp. 137-149.

40. "SANNAZZARO AND MONTEMAYOR: Toward a Comparative Study of Arcadia and Diana," Literary Studies in Honor of Elias Rivers, eds. B.M. Damiani

and Ruth El Saffar. Washington, D.C.: SCRIPTA HUMANISTICA, 1989, PP. 59-75.

41. "PARODY OF HAGIOGRAPHIC LITERATURE IN LA PICARA JUSTINA," in Homenaje a Enrique Ruiz Fornells, ed. L. Teresa Valdivieso. Cleveland. Aldeeu, 1990, pp. 151- 169.

42. "LA LOZANA ANDALUZA: Ensayo bibliográfico III." La Torre, 14 (1990), 151-169.

43. "EL NUEVO MUNDO EN LA NOVELA PICARESCA ESPANOLA". Festschrift a Hans Flasche, ed. J. Korner. Hamburg, 1992, pp. 148-160. Revised version in Relaciones literarias entre España y América en los siglos XVI y XVII, ed. Ysla Campbell. Ciudad Juárez: Universidad Autónoma de Ciudad Juárez, 1992, pp. 225-250.

44. "MUSIC IN LA GALATEA AND THE VISUAL ARTS," Crítica Hispaníca XII (1990), 15-25.

45. "NOTA PRELIMINAR: APUNTES PARA UNA HISTORIA DE LA LOZANA ANDALUZA A TRAVES DE LOS SIGLOS," en Louis Imperiale, El contexto dramatico de "La Lozana andaluza," Prefacio por Marco De Marinis. Potomac, Md. SCRIPTA HUMANISTICA, 1991, IX-XIII.

46. "ASPETTI ARTISTICI DI UN UOMO SENZA CAPPELLO", in Arte e Esistenza in Gennaro Manna, ed. Sandro Sticca. Tocco Casauria: Centro Studi Casauriensi, 1993, pp. 55-70.

47. "EL EROTISMO EN LA LITERATURA DEL SIGLO DE ORO" (with Louis Imperiale) Monographic Review VII (1991), 23-37.

48. "METAFORAS, SIMBOLOS Y OTROS RECURSOS ESTILISTICOS DE LA DIANA de Jorge de Montemayor," in Homenaje a J. Lope Blanch. Mexico, 1992, pp. 153-161.

49. "NEW WORLD EXPLORERS INTRODUCE HUMANISM," Catholic University of America Magazine, Fall, 1992, 21-24.

III. REVIEWS

1. "Hispanism in Canada". Review note on the Proceedings of the International Congress of the Institute of Latin American Literature, Quaderni Ibero-Americani, 37 (1970), 72.

2. La Celestina. Edición y notas de Dorothy Severin, prólogo de Stephen Gilman. Quaderni Ibero-Americani, 38 (1970), 116-117.

3. Francisco Delicado: La Lozana andaluza, a cura di Luisa Orioli. Milano: Edizioni Adelfi, 1970. Hispanófila, 45 (1972), 87-89.

4. La Comedia Thebaida, eds. G. D. Trotter and Keith Whinnom. London: Tamesis. Serie B - 1969. Modern Language Notes, 88 (1973), 417-421.

5. Miguel de Cervantes: Entremeses. Edición, introducción y notas de Eugenio Asensio. Madrid: Castalia, 1971. Quaderni Ibero-Americani, 42-44 (1974), 178-179.

6. La idea del cuerpo en las letras españolas (Siglo XIII a XVII), eds. Dinko Cvitanovic y colaboradores. Cuadernos del Sur, Bahía Blanca, 1973. Nueva Revista de Filología Hispánica, XXV (1976), 128-131.

7. John Lihani, El lenguaje de Lucas Fernández: estudio del dialecto sayagués. Bogatá: Instituto Caro y Cuervo, 1973. Hispania, 59 (1976), 374-75.

8. José Hernández Ortiz, La génesis artística de 'La Lozanz andaluza'. Prólogo de Juan Goytisolo. Madrid: Aguilar, 1974. Modern Language Notes, 91 (1976), 366-70.

9. Francesco A. Ugolini, Nuovi Dati Intorno Alla Biografia Di Francisco Delicado Desunti Da Una Sconosciuta Operetta. Perugia: Di Salvi, 1975. Bulletin of Hispanic Studies, 54 (1977), 242-43.

10. Lazarillo de Tormes, ed., Joseph Ricapito. madrid: Anaya, 1976. Hispanic Review, 46 (1978), 253-54.

11. Estudios de Historia, Literatura y Arte Hispanicos Ofrecidos a Rodrigo A. Molina, ed. Wayne H. Finke. Madrid: Insula, 1977. Quaderni Ibero-Americani, 51-52 (1980), 206-207.

12. Augusta E. Foley, Delicado: La Lozana andaluza. Critical Guides to Spanish Texts. London: Grant and Cutler and Tamesis, 1977. Romanistishes Jahrbuch, 29 (1978), 370-371.

13. Theodore L. Kassier, The Truth Disguised. Allegorical Structure and Technique in Gracián's "Criticón". London: Tamesis Books Limited, 1976. Hispanic Review, 47 (1979), pp. 113-115.

14. Joan Arias, Guzmán de Alfarache, The Unrepentant Narrator. London: Tamesis Books Limited, 1977. Romanistisches Jahrbuch, 30 (1979), 349-350.

15. José C. Nieto, Juan de Valdés y los orígenes de la reforma en España e Italia. Mexico: Fondo de Cultura Económica, 1979. Quaderni Ibero Americani, 63 (1980), 775-776.

16. Cancionero de obras de burlas provocantes a risa. Introducción y edición de Frank Domínguez. Valencia: Soler, 1978. Hispania, 63 (1980), 429-30.

17. Juan Ruiz, The Archpriest of Hita: The Book of True Love. A Bilinugal Edition. Translation by Saralyn R. Daly. Old Spanish edited by Anthony N. Zahareas. University Park and London: Pennsylvania State University Press, 1978. Cuadernos Hispanoamericanos, 124 (1981), 444-447.

18. Actas de las jornadas de estudio suizo-italianas de Lugano, ed. José Manuel López de Abiada. Milan: Cisalpino-Goliardica, 1981. Romanische Forschungen, 94 (1982), 364-366.

19. Kuntz, M. L. Guillaume Postel, Prophet of the Restitution of All Things. His Life and Thought (Archives Interna tionales d'Histoire de Idées, 98). The Hague: Martinus Nijhoff, 1981. The Review of Metaphysics, 1985, 651-652.

20. La zucca del Doni (Venetia, 1551, Francesco Marcolini), prologue by Maxime Chevalier. Barcelona: Puvill, 1981. Hispanic Review, 51 (1983), 229-230.

21. Dario Fernández-Morera, The Lyre and the Oaten Flute: Garcilaso and the Pastoral. London: Tamesis, Ltd., 1982. Hispanic Review, 51 (1983), 463-65.

22. Antonio Torquemada, Jardín de flores curiosas. Edición de Giovanni Allegra, Madrid: Castalia, 1982. Hispanic Review, 52 (1984), 399-401.

23. Bartolomé Bennassar, La España del Siglo de Oro. Barcelona: Editorial Crítica, 1983. Hispanic Review, 53 (1985), 97-98.

24. Claude Chauchadis, Honneur, morale et societé dans l'Espagne de Philippe II. Paris: Centre National de la Recherche Scientifique, 1984. Hispanic Review, 54 (1986), 333-336.

25. Lope de Vega, Cartas. Edición, introducción y notas de Nicolás Marín. Madrid: Castalia, 1985. Hispania, 69 (1986), 886-67.

26. Formas breves de relato. Estudios coordinados por Yves-René Fonquerne y Aurora Egido. Universidad de Zaragoza, 1986. Hispanic Review, 56 (1988), 498-99.

27. Tri-linear Edition of Lazarillo de Tormes of 1554 Burgos, Alcalá de Henares, Amberes. Ed. by J. V. Ricapito. Madison, 1987. 79pp. Hispanic Review, (1988), 498-99.

28. Mario F. Trubiano, Libertad, gracia y destino en el teatro de Tirso de Molina. Madrid: Ediciones Alcalá, 1985. Modern Language Studies, XX (1990), 116-17.

29. Rodríguez-Luis, Julio. Novedad y ejemplo de las Novelas de Cervantes. Madrid: J. Porrúa Turanzas, Vol. II, 1984. Cervantes, 7 (1987), 100-104.

30. Friedman, Edward. The Antiheroine's Voice. Narrative Discourse and Transformations of the Picaresque. Colombia: University of Missouri Press, 1987. Hispania, 71 (1988), 821-822.

31. Gaspar Gil Polo, Diana emamorada. Ed. Francisco López Estrada. Madrid: Castalia, 1987. Hispanic Review.

32. Tatiana Bubnova, F. Delicado puesto en diálogo: las claves bajtinianas en "La Lozana andaluza". Cuidad de México: Universidad Autónoma de México, 1987. Hispania, 72 (1989), 541.

33. Dana B. Drake and Dominick I Finello, An Analytical and Bibliographical Guide to Criticism on "Don Quijote" (1790-1893). Newark, Delaware: Juan de la Cuesta, 1987. Revista de Estudio Hispánicos, XXIV (1990), 126-127.

34. Antonio A. Gómez Yebra, El niño-pícaro literario de los Siglos de Oro. Barcelona: Antropos, 1988. Hispanic Review, 58 (1990), 531-32.

35. DiSalvo, Angelo, J. Cervantes and the Augustinian Religious Tradition. York, South Carolina: Spanish Literature Publications Company, 1989, Hispania, 74 (1991), 668.

36. Sheila R. Ackerlind, Patterns of Conflict. The Individual and Society in Spanish Literature to 1700. New York: Peter Lang, 1989, Hispanófila, 105 (1992), 76-77.

37. La mistica spagnola, ed. Gaetano Massa. Rome: Dowling College, 1989. Hispania, 74 (1991), 306-07.

38. Storia della civilta letteraria spagnola, I & II. Ed. Franco Meregalli. Torino: UTET, 1990. HispanicReview, 60 (1992), 75-79.

39. Sheila R. Ackerland, Patterns of Conflict. The Individual and Society in Spanish Literature to 1700. New York: Peter Lang, 1989. Hispanófila, 105 (1992), 76-77.

40. Robert and Nancy Mayberry, Francisco Martínez de la Rosa. Boston: Twayne, 1988. Hispanófila, 105 (1992), 73-74.

41. Glen F. Dille, Antonio Enríquez Gómez. Boston: Twayne, 1988. Hispanófila, 105 (1992), 74-76.

42. Ronald E. Surtz, The Guitar of God. Gender Power, and Authority in the Visionary World of Mother Juana de la Cruz. Philadelphia: University of Pennsylvania Press, 1990. The Catholic Historical Review 77 (1991), 512-513.

43. Juan de la Cruz, Poesie. Edizione critica a cura di Paola Elia. Roma: Japadre, 1990. Hispanic Review, 60 (1992), 358-81.

44. Franco Meregalli, Introduzione a Cervantes. Rome: Laterza, 1991. Hispanic Review, 61 (1993), 279-81.

45. James A Parr, On Cervantes: Essays for L.A. Murillo. Juan de la Cuesta, Newark, Delaware, 1991. South Atlantic Review 57 (1992), 101-103.

## D. NON-TEACHING EXPERIENCE

1969 - 1971   EDUCATIONAL TESTING SERVICE - Reader for the Advanced Examination in Spanish (Princeton).

1970 - 1971   DEPARTMENT OF HEALTH, EDUCATION, AND WELFARE - OFFICE OF EDUCATION - INSTITUTE OF INTERNATIONAL STUDIES - Invited to serve as one of a selected group of non-government specialist in Spanish, to:
   1. Review and evaluate Research Contract Proposals for Latin-American Studies
   2. Review and evaluate proposals for fellowship
   3. Advise on College Curriculum

1970 - 1971   SECRETARY of the Spanish I Section of The South Atlantic Modern Language Association.

1971 - 1972   CHAIRMAN of the Spanish I Section of The South Atlantic Language Association.

DIRECTOR of the Hispanic Cultural Associations, Catholic University of America.

CONSULTANT for John Dingle Associates, Man-in-Washington Inc., to study and offer recommendations for the implementation of the Emergency School Aid Act (Title VII) of the EDUCATION AMENDMENTS of 1972, signed into law on June 23, 1972.

PROGRAM QUALITY CONSULTANT, Task Group C, working on Training Aids for Training Panelist under ESAA, Department of Health, Education, and Welfare. Special meeting at University of Miami, Coral Gables, Florida, August 14-1972.

CONSULTANT for the Cabinet Committee for the Spanish speaking: to formulate interdisciplinary curriculm for training teachers in bilingual education at M. A. and Ph. D. level.

CHAIRMAN of the Italo-Hispanic Comparative Literature Section of the Modern Languages Association meeting in New York-December 27-30, 1972.

1972 - 1973   VICE PRESIDENT in charge of programs of the Italian Society of Washington.

CO-EDITOR of Festshrift in honor of Helmut Hatzfeld, Catholic University of America Press, Ediciones Hispam.

1972 - 1973   CHAIRMAN of Italo-Hispanic Seminar of the Modern languages Association meeting in Chicago.

CHAIRMAN of Nominating Committee of Spanish I Section of the South Atlantic Modern Languages Association.

1973 - 1974   MEMBER of Executive Board of the Italian Executives of America, Inc.

MEMBER of the Board of Directors of Quaderni Ibero- Americani- University of Torino.

COLLABORATED in the Catholic University Comparative Literature Program and gave three lectures on the Renaissance.

CHAIRMAN of the "Latin Letters and the Spanish Renaissance" Section of the Kentucky Foreign Language Conference.

1975  READER for the Kentucky Romance Quarterly.

READER for the Catholic University of America Press.

CONSULTANT for the Institute of Modern Languages, to read and evaluate manuscripts on Spanish and Italian linguistics, cultural, and literary topics.

ACADEMIC CONSULTANT for the U.S. Office of Education, Washington D. C., August, 1975, to evaluate proposals for financial assistance to create programs in bilingual instruction at the university level.

MEMBER of Board of Academic Advisors, Institute of Modern Languages.

MEMBER of the Editorial Board of Journal of Hispanic Philology (University of Florida).


PUBLICATIONS CONSULTANT for Cátedra (Anaya- Las Américas) Publishing Company, to expand publications by inviting distinguished Hispanists to contribute studies and editions of major literary works.

ADVISOR to Northern Virginia Public School Systems to evaluate competitve examinations for Spanish language students.

COLLABORATED with Archdiocese of Baltimore to set up the Spanish component of the "Teachers' Professional Day" activities, in Baltimore.

CO-EDITOR of Hesperia: Essays on Italo-Hispanic Literary and Linguistics Relations (Georgetown University).

CHAIRMAN of the Italo-Hispanic Seminar of the Modern Languages Association meeting in San Francisco.

PROGRAM OFFICER for the National Endowment for the Humanities. Description of position: "Dr. Damiani will undertake a managerial role in the process of reviewing grant applications drafting agenda for outside panel meetings and preparing materials to facilitate deliberations of the National Council on the Humanities for its May, 1976 meeting.

The Education Division has a special need for Dr. Damiani's services because the Deputy Director is functioning as Acting Director in the vacancy of the Directorship and thus cannot devote sufficient time to programmatic matters. Dr. Damiani's background will be particularly valuable in promoting more applications in the area of modern foreign languages."

MEMBER NEH Staff Review Committee for the evaluation of Youth Grant Proposals.

NEH SUPERVISOR of Ohio State University's Program of Individualized Instruction in Foreign Languages.

KEYNOTE SPEAKER at the Annual Convention of Chairmen of Foreign Language Departments, State University of California, San Diego (March 12-13): "The National Endowment Support of Foreign Language Programs."

CHAIRMAN NEH site inspection team to evaluate the Medieval and Renaissance Humanities Program (April 25-27). University of Michigan, Ann Arbor.

CHAIRMAN NEH site visit to evaluate interdisciplinary humanities program for the health sciences and medical personnel at Creighton University (April16-19).

CHAIRMAN NEH site visit to Carleton College, Norfield, Minnesota (April 12-13).

CHAIRMAN NEH inspection team, Martin Luther College, Decorah, Iowa: Program in the Humanities (April 20-21).

CHAIRMAN NEH site visit, Thomas More College, Covington, Kentucky: Freshman Studies Program (April 22-23).

CHAIRMAN NEH Foreign Language Panel, Washington, D.C. (May 1).

GENERAL EDITOR Studia Humanitatis, (José Porrúa Turanzas Publishers - Mexico City - Madrid).

CO-EDITOR Ensayos series of Porrúa's publications "Siglo de Oro y Barroco."

MEMBER Editorial Board of Revista de Estudios Hispánicos. NEH REPRESENTATIVE to the Interagency Language Roundtable HEW, Office of Education, June 4.

CONSULTANT State University of New York (Potsdam), to advise on preparation of NEH grant in Foreign Language Teaching (September 16-18).

MEMBER Editorial Board of Kentucky Romance Quarterly.

MEMBER Executive Committee, South Atlantic Modern Languages Associations (three year term).

REVIEWER Research Proposals, Division of Research, NEH.

NEH Panelist: Division of Education Programs (January).

CONSULTANT U.S. Office of Education-Higher Education Assistance (March).

NEH Panelist: Special Projects Proposals (June).

READER NEH, Division of Research: Evaluate proposals for individual fellowship programs (September).

MEMBER: National Advisory Board for O.S.U. program in individualized instruction in foreign languages, meeting at O.S.U., May 18, 19.

ELECTED CORRESPONDING MEMBER of the Hispanic Society of America by the Society's Board of Trustees.

CHAIRMAN Renaissance and Golden Age Section, Kentucky Foreign Language Conference, April 27.

READER NEH, Division of Research: "Research Tools" proposals. December 15.

CHAIRMAN Renaissance Section, Louisiana Conference on Hispanic Language and Literature, February 28.

CHAIRMAN Italico-Hispanic Literary Relations, American Association of University Professors of Italian, National Conference, University of Illinois, Nov. 20.

CHAIR: President, Golden Age Section B, "Segunda Sesión de Ponencias," VII International Congress of Hispanists, Venice, Italy, August 25.

1981 CHAIRMAN Renaissance Section, Kentucky Foreign Language Conference, Lexington, Kentucky, April 27.

DIRECTOR, Collana di Testi e Studi, University of Turin, Italy.

CO-CHAIRMAN Italo-Hispanic Literary Relations Section, MLA, December 29.

1982 MEMBER: Advisory Board of Hispanic Journal.

1983 MEMBER: Editorial Board of The Comparatist, Southern Comparative Literature Association.

CHAIRMAN: Spanish Section II - Central Renaissance Conference, Bloomington, Indiana, April 9.

MEMBER: NEH review panel to evaluate proposals for the new Central Disciplines in Under-graduate Education Programs

RESPONDENT: MLA Session "The Questione della lingua in Renaissance Spain".

CHAIRMAN: International Symposium on Romancero y Cancionero Español, University of California, Los Angeles, Nov. 10.

1984 MEMBER Edtorial Committee, Centre for Renaissance Studies and Research, Carleton University, Ottawa.

1985 CATHOLIC UNIVERSITY OF AMERICA Graduate Student's Association Award "In recognition of Outstanding Achievement and Professionalism in Graduate Teaching."

ORGANIZER and CHAIRMAN: Literature and Art Section, 35th Annual Mountain Interstate Foreign Language Conference, Oct. 3-5, 1985.

DIRECTOR for USA of the Centro de estudios poéticos hispánicos, Madrid.

LIASON: The Hispanic Association of the Catholic University of America and the University Administration.

1986 CHAIRMAN: Golden Age Section, Louisiana Conference on Hispanic Languages and Literatures, Feb. 6-9, Baton Rouge.

Appendix 245

SECRETARY: Cervantes Section, Northeast Modern Languages Association, New Brunswick, N.J., April 3-5.

CHAIRMAN: Golden Age Section, Kentucky Foreign Language Association, Lexington, Ky., April 24-25.

MEMBER: LETRAS DE ORO Spanish literary prizes, funded by American Express, Travel Related Services, Inc. and the University of Miami. Other members of the BOARD include Mr. Bernard Hamilton, President, Latin American and Caribbean Division, American Express; the Hon. Rafeal Hernández Colón, Governor,Commonwealth of Puerto Rico; Mr. Jay Rodríguez, Vice President, National Broadcasting Co., A.L. Rauschenplat, Vice President, Pan American Airways; the Hon. Gabriel Mañueco, Ambassador of Spain.

MEMBER: The Catholic Commission on Intellectual and Cultural Affairs. Notre Dame University.

MEMBER: NEH, Division of Research Programs; Translation Panel, October 24.

1987 DISCUSSANT: "The Hispanic Literary Tradition," International Symposium in Honor of Octavio Paz, Miami, Florida, January 23.

MODERATOR: International Congress on Caribbean Literature, Interamerican University, San Germán, Puerto Rico, Oct. 7-10.

1988 PANELIST: U.S. Office of Education, Washington, D.C. Review of roposals for the Programs of Transitional Bilingual Education, Feb. 1-6.

EVALUATOR: South Atlantic Modern Languages Association.

READER: The Catholic University of America University Press.

ORGANIZER and CHAIRMAN: Section on the Spanish Picaresque Novel Pennsylvania Foreign Language Conference, Duquesne University, Sept. 16-18.

1989 CHAIRMAN: Spanish Literary Section, Rocky Mountain Medieval nd Renaissance Association, Grand Canyon National Park, April 21-23.

ADVISOR: Model Organization of American States General Assembly, Washington, D.C., April 3-6.

KEYNOTE SPEAKER: Diamond Jubilee Celebration, Holy Rosary Church, Washington, D.C.

1990 ADVISORY BOARD: Alfonsine Society of America Exemplaria Hispanica

ORGANIZER and CHAIRMAN: Section on "Woman in Hispanic Literature: Author and Character," Pennsyvania Foreign Language Conference, Duquesne University, Sept. 22 - 24.

CHAIRMAN: Spanish Pastoral Novel Section, MMLA, Kansas City, Mo., Nov. 1-3.

CONSULTANT: NEH proposal for the Interamerican University of Puerto Rico (NEH grant proposal approved, Jan. 1993).

1991 EDITORIAL BOARD: Colección Commemorativa del Quinto Centenario del Encuentro de Dos Mundos. Universidad Autónoma de Ciudad Juarez, Mexico

MODERATOR: Symposium on St. John of the Cross, Washington National Cathedral, March 3-5.

BLUE RIBBON PANEL: SAMLA QUINCENTENARY Program Committee

SECRETARY: Spanish I Section, SAMLA, Atlanta, Georgia, November 13-17.

EDITORIAL BOARD: Letras Femeninas

1992 EDITORIAL BOARD: Castilla Estudios de Literatura

BOARD OF DIRECTORS: Centro de Idiomas del Sureste A.C., Merida, Yucatan, Mexico

PRESIDENT: Council of Educational Development, Washington, D.C.

ACADEMIC CONSULTANT: American University of Rome

1993 NOMINATED: MLA Delegate Assembly

CONSULTANT: National Research Council Committee on an Assessment of Quality - Related Characteristics of Research - doctoral programs in the USA

CHAIRMAN: Cervantes Section, NEMLA, Philadelphia, Pa., March 12 -13.

EVALUATOR: NEH Seminar "El impacto del humanismo en el Nuevo Mundo", Interamerican University,,Aguadilla, P.R., August 17 - 21;

NOMINATING COMMITTEE: Spanish I Section, SAMLA, Atlanta, Georgia, November 2 - 5.